近世村社会の変容

——微視《ミクロ》の村落史

内田鉄平

近世村社会の変容―微視《ミクロ》の村落史―目次

第二部 村請制村にみる村社会の実態

豊後国日田郡五馬市村の位置（現大分県）

序章　本書の課題と目的

第一節　問題の所在

本書は豊後国日田郡五馬市村《いつまいち》というひとつの村が近世後期から近代へと変容していくなかで、地域・村人・家・家族、それぞれの視点から社会的関係を検討していく。それは村社会の変容を考察するにあたり、地域で生活する過程で個人または集団が何らかの事象を介して他の個人や集団と取り決めや交渉などの接触で構築・消滅する、社会的関係のあり方を通して村社会の変容を明らかにするものである。分析方法としては一つの村を基軸に置いて、村落内部の社会的構造及び社会的関係を地域や村内部の状況から考えていく。特に近世社会における支配単位の母体である村で生活する村人どうしの繋がり、繋がりを持つ村人の集団について集団の社会的関係を村の内外から考察していくにあたり、一つの「村社会」を中心として様々な視点から検討することが重要であると考えた。

村社会は周辺地域との関係や村内部における社会的関係によって大きく影響され、左右する。そこで本書の視点を村社会と定めその分析方法として村社会の実態解明を変容のあり方や変容の様子を示すことで、近世後期の村社会の実態を明らかにしていきたい。本書の目的である村社会の変容を分析するにあたり、四つの視座を設定した。

まず一つ目は村社会を地域との関係から見ていきたい。村社会を取り巻く地域との関係から考える場合、最も重要な視点は、近年の地域社会研究の成果を組み込むことであり、村々における行政制度の成熟度、村役人の行政能力の程度ではないだろうか。村社会と地域の変化は連帯性がみられる。そのことを村の社会的関係から分析すると、百姓と村との村運営や行政的な仕組みから考えなければならない。二つ目は小農民である百姓が成り立つための共同体の論理から村社会を考えることではないか。村の共同体は村を維持させるという目的のなかで年貢収奪を強要する存在であり、同時に村人の生活を維持する互助組織なのである。村社会にある共同体意識とは、まさに村のために百姓が経営を維持することではないか。三つ目は村社会という分析方法のもとで村請制との関係について考えることである。近世社会は村請制という絶対的な制度を堅守する一方、村内部では様々な社会的関係による社会変化が生じている。村社会のあり方を理解するには、行政村としての顔とともに村社会で起こる従来の規範に逸脱するような様々な変化に注意しなければならない。村社会の変容とは村が堅守する村請制のなかで生じる規範との差異であり、社会の変容を指摘するなかで村社会の実態を捉えていきたい。最後、四つ目は三つ目の村請制とも関連することだが、家や家族員の状況から社会の変容を明らかにすることである。村社会が変容するにあたり、その兆候が顕著に見えるのは家や家族のあり方だと考えた。その微細な変化を指摘することで社会全体の変容をから村社会の実態を探っていきたい。以下、四つの視座について次いで説明していく。

(一) 地域からの視点

近年の村落史研究では、地域社会の公共性や運営を通して村のあり方に関心が寄せられるなど地域社会を構成するひとつの組織のなかで村落史の問題が展開され、地域社会の分析を通した村のあり方に注目が集中している。まさに八〇年代、久留島浩氏(1)らによる研究では村の自律性という視点から分析の主眼は地域運営のあり方へと展開され、村の連合である組合村や惣代庄屋制など中間支配機構の役割に注目がむきはじめた。

その後も近世から近代への移行期を知る手がかりとして地域社会に注目が注がれ、地域社会の問題は、藪田貫氏(2)、平川新氏(3)らによる国訴を通した郡中議定における民衆運動の分析、また吉田伸之氏(4)は社会構造を前提とした地域社会のあり方から社会的権力論を提唱するなど、村々は近代社会を見据えた行政組織としての基盤たり得るのか、さらに村役人の地域運営を担う行政官吏としてその力量を問うなどして、地域社会論に大きな影響を寄与し村落史研究は展開されていった。そのことに関して大島真理夫氏[5]は今日の地域社会論研究に共通する関心として「支配の実現のメカニズム」を挙げ、領主構成や所領の固定、中間支配機構の発展度などが検討されていると指摘している。

ただし近世村落には、地域の公共性を形成するため自らが組合村に属し、そこでの役割を果たす行政村落として地域社会を構成している村の顔と、村で生活する際に生じる共同意識のもとで展開される村の顔があると考える。村落共同体について、渡辺尚志氏[6]は「近世の村を村落共同体と規定し、その中心的機能として土地所有を位置づけ」、豪農との土地所有関係で論じるなかで、これまでの共同体論を前進させ、小前百姓を束縛するという一面的理解から、村落共同体を村社会の運営のなかで検討し、教育や医療、社会保障など多様な側面から検討され共同体の機能について考察している。

つまり村は行政的制度が備わり地域秩序の形成におけるひとつの組織として役割が付与される一方、それぞれの村には旧来からの独自の共同体機能も並存しているわけで双方相俟ってこそ村社会の実態が見えてくる。

その意味で、地域の秩序形成においては幕藩権力側からの法令による秩序形成とともに、地域の性格や範囲は村のあり方からも大きく影響されるのでないか。村における共同体意識とは村社会のなかから見えてくるものであり、地域秩序（行政的制度を含めた）の形成の過程で支配者からの法令とともに村内部や村々を横断して組織されることもある社会集団の動向が村社会のあり方に大きく反映しているともいえる。平川新氏[7]が地域とは「既存の秩序や支配の契機を組み変えるような社会的結合の動きである」と指摘しているように、まさに地域を探るにはそれを構成する村々や村に内外部で発生する社会集団・社会的関係などのあり方が大きな鍵となるだろう。

また本書では村社会の実態を明らかにするため対象とする地域の最大を日田郡とした。大塚英二氏が「まず地域を検討する場合には村を越えた地域としての枠組みを空間的にある程度限定することが求められよう」(8)と指摘され、渡辺尚志氏は地域について「人々が日々の生活を営むうえで密接な政治的・経済的・社会的・文化的結合を持つ地理的空間」と前提したうえで「一村よりも大きく、最大で数か国に及ぶが、多くは数か村から数十か村である」(9)と指摘しており、本書の分析対象である五馬市村という一つの村を取り巻く地域として、郡の行政である政治的な影響や村における経済的な活動双方において五馬市村に影響を及ぼす範囲は日田郡である。本書で設定した地域を日田郡として、「地域からの視点」という場合において、その最大範囲を日田郡と設定した。

(二) 小農民から百姓成立へ

村社会という視点から分析を試みようとする場合、村においてどのように小農民が経営を行っているのか、それはこれまでの日本近世史の村落史における小農と共同体との関係がどのように展開されたのか、小農民からの視点を考えるにあたり、研究史を辿りながら説明していきたい。

第二次世界大戦後、日本近世史の再出発にあたり課題となったのは、まさに直面する社会問題である資本主義の形成がいかにしてなされるかであった。それは封建的小農民がいかにして自立していったのか、どのような農民層分解を経て、資本—賃労働という資本主義の生産関係が構築されるか、という考えが支持されていたからである。さらに小農民の自立の過程から分解に至るまでの研究に焦点が当てられ、小農民の自立から展開または分解という、幕末期から近代化の形成を含んだ分析が多くの研究者によって進められてきた。まさに小農民経営の成り立ちから分解までの歴史的要因を解明することから始まったのである。

このような研究状況において最も注目されるのは安良城盛昭氏(10)が提唱した太閤検地封建革命論である。太閤検地によって「作あひ」と言われる余剰生産物を在地領主に渡すことを止めて中間搾取を排除し、貢納関係を単純にして領主―小農民という関係が形成されたとする画期的な論証であった。それは古島敏雄氏[11]が主張されていた隷属的地主という存在が親方―被官制などを存続させ小農民の自立を阻害しているという学説にも影響を与えた。そうして太閤検地封建革命論において寄生地主の萌芽を見いだしていったのである。

この安良城盛昭氏の太閤検地封建革命論以来、日本近世史の研究は検地帳における名請人としての小農民の創出と経営の展開についての論証が主流となっていく。ただし、依然として「分付百姓」といわれた中世的隷属関係の存在が確認されるなど小農民の経営が非常に不安定であり、小農民の自立についての議論がさらに深まっていった。そのなかで小農民の経営が不安定な理由を佐々木潤之介氏[12]は過酷な軍役によるものだとして、軍役負担が軽減された慶安期に小農民の自立の一般化を指摘しつつも、依然として不安定な状況を認めていた。また、領主―小農民という、そのような関係のもと村が成り立つために村方地主（質地地主）の存在が必要であることも論証し、村役人のなかからブルジョアジーである豪農が誕生した経緯を分析している。

その後の研究は近世初期の小農民の自立とともに豪農が出現する過程としての小農民の分解にも注目が向き、明治維新百年祭批判を契機に佐々木潤之介氏[13]は豪農―半プロレタリアート論を展開し、日本近世史の研究関心は幕末期にも移っていく。また小農民の経営に研究の動向が注目されるなかで、小農民の経営を成り立たせる存在としての幕藩権力の研究に目が向きはじめた。同時に小農民たちによる幕藩権力への異議申し立て手段の百姓一揆にも分析が注がれるなど、小農民の存立基盤である幕藩権力との関連から小農民経営を考えていく深谷克己氏[14]の「百姓成立」論が多くの研究者に共感された。

また研究関心は貢納としての単位の村や一揆の母体としての村という小農民の生活する場である共同体組織の村そのものに移っていく。村のあり方に強い関心が持たれるのである。関心の中心は、これまでの貢納の対象である小農民がどのように自立していくのかという為政者からの統制や束縛というものではない。村に生きる小農民、小農民たちの日常的な横の繋がり、村における社会的関係のあり方を分析していく考え方が生まれはじめたのではないか。

先述した通り、深谷克己氏の「百姓成立」論の提起により村落史研究の課題は、村人たちのあり方から村内にみられる社会的結合、社会的集団論へと傾斜していったものと思われる。しかしながら、小農民の生活の基盤である村落史研究の共同体組織の研究は、依然として村を年貢収奪の共同組織として捉え、年貢や諸役を負う領主支配の視点からから統制される村としての分析に重点がおかれていたのでないか。その背景として当然そこからの解放こそが近代化への射程とされていたものと考えられる。ただし小農民をめぐる研究関心は共同体意識のもとで展開された入会や用水という村での共同管理についての分析や共同体組織のあり方を通して、小農民がどのように経営を維持していくのかという小農民の暮らしのあり方にも問題意識が広がっていった。

(三) 村請制と村社会

村を一つの社会として捉える視点が一般化していく嚆矢として水本邦彦氏(15)による村社会論が定義され、近年、村社会の機能や運営といった分析こそが村落史研究の主流を占めることになる。水本氏の分析された畿内地域の村々では、日常生活における村人を視点に村の自治や自律について議論されている。初期村方騒動から近世村落形成の動きのなかに「村惣中」という言葉に象徴されるような在地社会独自の近世村社会を国家との相対のなかで描き出している。ただし、村の自治という視点では村請制の問題とも絡んでくる。村を年貢収奪の共同体組織として捉えがちであったが村社会という視覚のなかで改めて村請制についても村人という視点から分析が進められよう。

この村請制は言うまでもなく幕府における支配の要として近世期を通して貫徹され、近代市町村制の成立まで堅守されてきたものである。近世中期以降、商品経済の発展のなかで商品生産が村々に及ぼす影響、さらには農村荒廃による年貢収穫量の減少という問題が発生する過程において村人は政治的意識を高めていくことになる。その村役人である庄屋・大庄屋を行政村の責任者として幕藩権力の末端に位置付け政治的中間層として彼らの政治的力量を分析する動きへと繋がっていく。さらに幕藩権力は領民への勧農政策や御救いなどの仁政的政策を財政逼迫によって不可能とみるとその代替を在地社会に求めた。藪田貫氏や久留島浩氏が指摘するように、その代替を「郡中惣代」に委託させ、飢饉などの発生には「郡中議定」を結ばせて治安維持に当たらなければならない。

また従来、近世初期における村方騒動では、小百姓との対比として庄屋の存在が浮かび上がるなかで質地地主として村請制を維持していくもので、庄屋は小農民の自立経営を阻害する存在として描かれていくことが多い。しかしながら、村を社会的関係という視点において村請制を問い直し、庄屋や大庄屋といった視点から幕藩権力との結合を見直すと中間層の役割や土地の移動以外における村請制の維持という論点が浮かび研究視野が広がっていった。一方で、村役人の不正摘発などから導入された入札制や年番制にみられる政治的混乱において村の運営が停滞するなどして村請制の維持が危ぶまれてくると、村田路人氏(16)が指摘するように、幕藩権力は在地における経済的優位者に対する依存度を深め、彼らにその業務の御用請負人（用達）に指名し委託するのである。

近世期を通し村請制という制度は維持される一方、村は内外より徐々に様々な要因によって社会的関係を変化させていくことになる。その意味で村社会の変容とは、幕府が定めた均一的な制度である村請制を各村の地理的・歴史的背景のもとで捉え返す場合に、その矛盾や補助のために従来の規範を逸脱させ村請制を堅守させるために用いられた変化ではないだろうか。村における公的文書である宗門改帳や検地帳、村明細帳などが本当に村の実態を示しているのだろうか。つまり領主に提出する内容と実態の社会状況の差異こそが村社会の変容ではないだろうか。村請制のもと村が成立するなかで社会は現実的に発生する様々な問題に対応しなくてはならない、制度の範疇で対処しきれない状況に迫られると村は村人の生活を守るために村社会の実態に即した互助機能を発揮する。それは村人個人が百姓成立として責任を全うできるという条件付きの互助であり、問題が村全体に及ぶと社会は家や個人より村の成り立ちを優先させることになる。

つまり村の実態を掴むためには村の運営と社会的関係を探ることであり、村請制下で村人の生活が脅かされる状況において村社会で見せる対応を分析することが不可欠であろう。その結果として村社会は従来の規範を逸脱する場合もある。具体的に示せば本書で検討する女性相続や隣村間でみる宗門人別帳の記載のズレなどは幕府が村請制の制度において想定しない事実であるが、そのような現象を検討することで村社会の変容を示していきたい。

（四）家や家族からの視点

これまでは村を社会的関係という視点から本書の課題を展開してきた。本書は近世後期における村社会の変容について、五馬市村という豊後国日田郡の幕領村の一村における社会的関係に焦点を絞り分析を行うものである。支配単位としての村が社会集団として成立するなかで村社会における問題を検討する従来の研究を参考にしつつ、一つの村における村人の生活を徹底的に追求し、一つの村に拘って問題を設定し、そこから具体像を描く必要があるのではないか。

当然ながら村社会がそのまま存続することはなく、村社会は近世社会の歴史のなかで時代とともに変容し、近代社会へと移行していくものである。その歴史の流れの過程を見ようとする時、地域のなかにある一つの村の歴史を描いていくことが重要だと考えた。地域社会というグローバルな視点で村を見ることと同時にミクロな世界から村を見ていくことも必要で、そのような歴史を描くことで事実が鮮明となることもあるのではないか。そこで村社会の変容を考えるにあたり、村を構成する最小単位である家のあり方、または家族員の様子に焦点を当て、分析していく視点も取り入れた。家や家族という存在は村や地域のなかで最も影響を受けやすく、家や家族の様相を探ることが村社会の変容を考える際に有効ではないか。そのことを近世期における村社会と家との関係について示すと次のように理解している。

近世村落の構成員は中世社会と異なり村での定住が原則である。さらに士農工商の強固な身分制の下にあり、百姓身分としての職分、家産、家格が固定的に存在している。そうして百姓として検地帳に登録された田畑を所持、耕作し、宗門改帳に記載された筆頭人（当主）の座を代々継承していく。このような生活母体を家と考えたわけである。さらに大藤修氏[17]が言われるように「家が先祖祭祀の単位となった段階では、家を保つことはとりもなおさず自己の死後における魂の安住の場を確保することにつながる」として、それぞれの百姓の家が祭祀権を獲得することにより先祖崇拝を意識していったという指摘も重要である。それ故、各々の家が自家の意識を持つ場合、家業（経営状況）に大きく左右される。また、近世期における家の歴史の変遷を概観すると分かるように、村における家に家意識が芽生えるのは、小農民経営が安定しだす十七世紀以降であり、その変化とは同族的集合体の家から単婚家族としての家になることであろう。

ただし、こうした家に対する認識については村社会にあって年貢や諸役の負担を負うことで共同体から認められ「百姓株」を持ち「一軒前」とみなされ、水利の運営や共有資源の利用、祭祀集団への参加が保証される。それは村での生活上不可欠な権利、義務を負ったときに認識するものであり、藤井勝氏[18]が指摘するように、村は百姓株を媒介として家を認識する。また、村請制の問題とも関連し、村社会内部における共同体意識との関連を考えれば、最も顕著に現れるのが土地所持の問題であり、土地所持のあり方こそが村人と村との社会的関係を深く結びつけていると考える。このような問題は神谷智氏[19]が村での高請地所持の意識について検討されており、そのなかで個や集団について村での土地所持の問題を論じられ、渡辺尚志氏[20]においては共同体意識のなかで土地所持の問題に触れ、他村に質流れとなった土地を自村に戻す越石や村が主体となって他村から借入を行う村借を指摘するなど、土地所持における村の共同体意識の存在を重要視している。大塚英二氏(21)は従来高利貸的関係と考えられてきた質地関係が内実は本百姓維持のための融通機能が働いていることを解明され、融通行為から土地循環による小農民分解を阻止しようとする共同体意識が機能していたことを論証された。

以上のように土地所持における村の共同体意識は村の社会全体が一定の経済基盤を有し、村人の社会的連携に大きく影響することを意味している。そのことは入会地や用水関係での共同体意識のほかに、小農民経営、家の維持のために村社会が大きな役割を果たしているものと確認されよう。それは家（百姓株）の維持において土地所持のみの分析に終始するのではなく、村人どうしの繋がりを視野に入れ社会的関係を明らかにし、村社会のなかにある共同体意識が家や家族員とどのように関与していたのかも注視しなければならない。つまり、このような共同体意識のなかに村社会が存在し、その村社会のなかにおいて最小の単位である小農民の経営、その具体的存在で、生活基盤である家が成り立っている。

故に村社会の構成単位である家は不変ではあり得ない。地域や社会的関係の変化とともにそのあり方を変える。その場合、最も影響を受けるのは家であろう。村社会において従来の規範から逸脱する事態など、その兆候が最初に現れるのは家であり、家の動向を微細に分析することで、村社会の変容が明確になるだろう。

第二節　本書の舞台五馬市村《いつまいち》

大分市内から久留米市へと抜ける国道二一〇号線、日田市天瀬町あたりに来るとJR久大本線と道路が並行している。その脇には玖珠川が流れており、天瀬町駅の周辺には天瀬温泉郷としていくつもの湯けむりが立ちのぼる。すぐ傍らには合楽川から流れ込んだ桜滝が勇壮な音を響かせている。そこから坂道を上っていき景観を眺望すると多くの谷が入り込んでいる。その坂を登りきると本書の舞台、五馬市村である。近世期の五馬市村は現在の日田市天瀬町五馬市地区に位置し、この五馬地区は日田市の南端で、標高三〇〇メートル程の平坦な台地上にあり、五馬台地と呼ばれている。近世中期以降、日田郡の幕領村の一つであり、近世後期において宗門改帳などの公的文書には各年とも村高七三〇石余・人別四五〇～五〇〇人とあり、なんら変化がないようだが、一つの村社会で起こる変容をみていくために、本書の舞台である五馬市村について概観していきたい。

（一）村落構造

図1は近世後期の五馬市村村絵図を基に村内の形や耕地を復元したものである。五馬市村について本項では村絵図と併せ村明細帳を参考に村落構造を中心に見ていくことにする。

まず村絵図をみると、五馬市村における村落構造の特徴の一つとして、村絵図などに「枝郷」と呼ばれる地域が村内に点在していることが確認される。この枝郷は近世後期には村組と呼ばれるようになるが、役割は変わらず村のなかの村という意味合いを持つ組織である。村内には複数の枝郷が存在し、枝郷は村人の生活の基盤となっているようで、年貢納入や婚姻の斡旋、質地契約などを村組が中心に行っているようだ。年貢徴収のための免割帳では村組ごとに石高の合計が記載され、質地契約に関しても基本的には所属の村組内部で土地移動が行なわれるなど、村組によって土地の管理などがなされてきた。また婚姻においても村内婚の場合、多くは村組内部の家どうしで行われている。詳細は第六章で旧枝郷である村組の役割を探ることによって村社会の実態と変容についても指摘していきたい。

村絵図を参考に村内の景観に目を向けると塚田村から流れ込む河川や溜池が確認され、河川や水路の周辺において水田が広がっている。村内には田畑が点在しているが、五馬市村は

図１「五馬市村村絵図」(『五馬市村文書』)

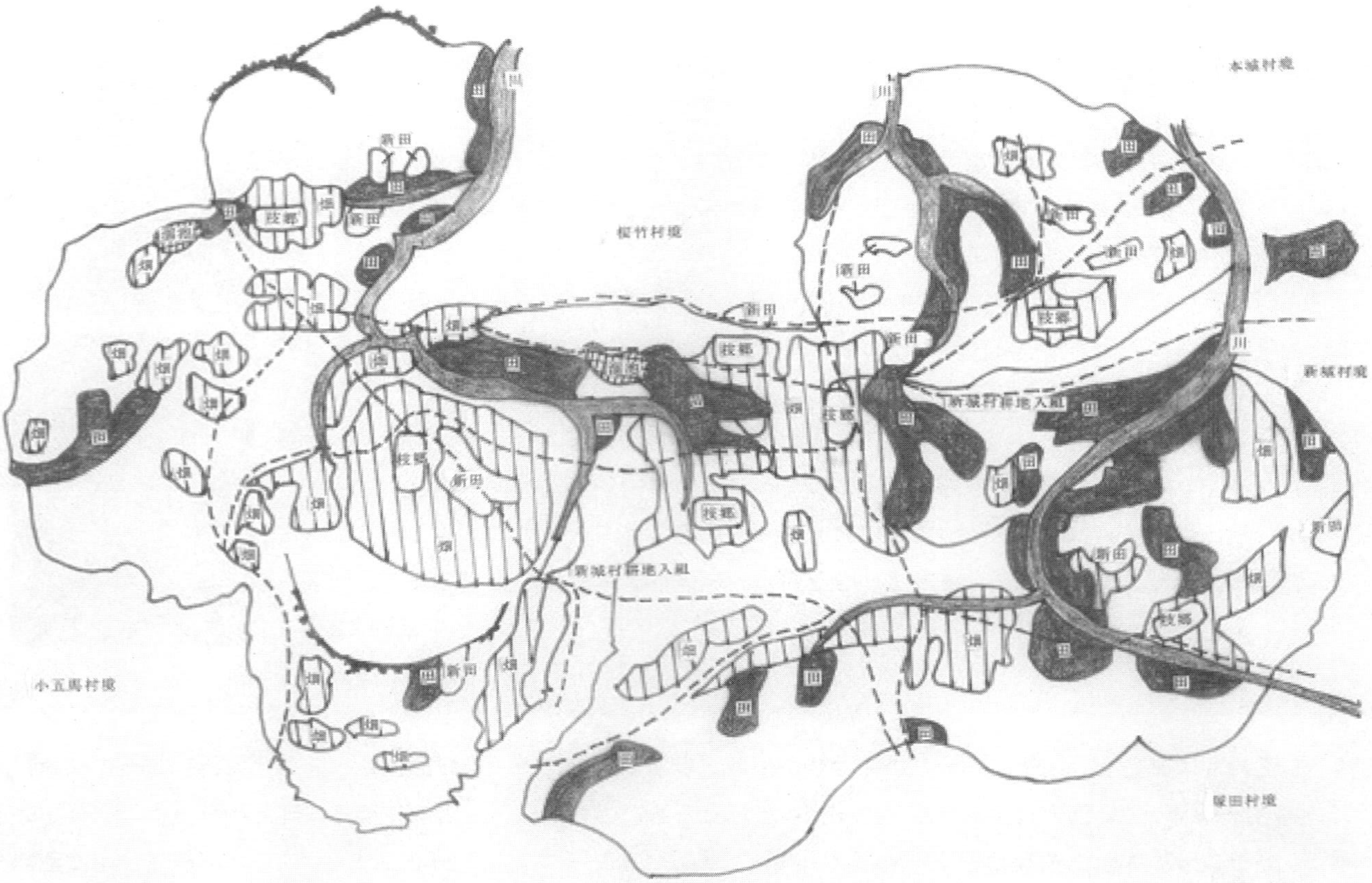

表１　天保九年村明細帳（主要記載を編成）

①村高及び田高・畑高

文禄弐巳年　宮部法印様御検地　但　水帳無御座候、
一高　三百壱石壱斗　　　　　　　　　　　　五馬市村

是ハ元和五未年石川主殿頭様御検地ニて出高　但、其節之水帳写名寄帳用来候、
右宮部法印様御検地増高之分ハ位違と申伝候、
一高　四百三拾石五斗七升九合　　　　　　　同村
　内　弐斗七升

残高　七百三拾壱石四斗九合
　此反別　六拾九町三反七畝六分
　　　　　此訳
（中略）
田高合　三百四拾四石七斗九升
（中略）
畑高合　三百八拾六石六斗壱升九合

②稲品種

一稲毛　万石　さぬき　七徳　伊勢めぐり　みのかけ　北国　生田餅　白川
一田高種子入壱反ニ付　壱斗八升より弐斗迄　　是ハ苗植
　　　　　　　　　　　壱斗六升より壱斗八升迄　是ハ実植

③稲蒔時期

一田方　種子二月彼岸後籾水ニかし、日数廿日程かし苗代仕、五月中前後植付申候、且又実植ハ四月中前後植付申候、

④畑作物

一畑方　大豆、粟、稗、蕎麦、芋、大根作申候

⑤田畑質地値段

田方　上　壱反ニ付　銀百弐拾五匁より九拾匁程迄
　　　中　壱反ニ付　同百目より六拾匁程迄
　　　下　壱反ニ付　同七拾五匁より六拾匁程迄
　　　下々壱反ニ付　同七拾五匁より三拾匁程迄
畑方　上　壱反ニ付　銀百匁より六拾匁程迄
　　　中　壱反ニ付　同七拾匁より六拾目程迄
　　　下　壱反ニ付　同七拾五目より三拾目程迄
　　　下々壱反ニ付　同五拾目程
　　　屋敷壱反ニ付　同百弐拾五匁より六拾目程迄
右田畑質入直段、右之通ニ御座候

⑥秣刈敷之事
壱ヶ所　桜竹村之内　福島野 壱ヶ所　本城村之内　麦津留野　のふ山 壱ヶ所　大鳥村之内　横手野 壱ヶ所　塚田村之内　平草野　亀石山野 是ハ右平草野生立悪く候間、前年より亀石山野と振替申候、右四ヶ所之内ニて入会刈来申候、尤右場所ニ銀銭之類出シ不申候
⑦寺院・社
玉来大明神　金凝大明神　専称寺
⑧人別
惣竈数　九拾四軒（水呑十軒　社人一軒） 惣人数　四百弐拾壱人（男二百拾八人　女二百三人）
⑨牛馬
牛馬　百拾疋（牛七拾九疋　馬三拾壱疋）
⑩御城米之事
但、庄屋・組頭立会米精縄俵相改郷蔵江納置、津出先年は江戸御廻米年々少々宛被仰付　豊前国中津浦迄附出居申候処、道法拾七里極々山坂難所ニて牛馬難儀仕候間、羽倉権九郎様御支配之節、皆長崎納御頭取被下同所皆納仕来申候、然ル処塩谷大四郎様御支配之節、文政十一子年御勘定様御越御取調之上、御取箇増並御口米米納御年限中江戸御廻米被仰付候得共、前断之通中津迄附出方極々難渋仕候間、当時は買替納御願申上、豊前国中津湊或は筑前加布里浦其所御上米米精相改皆納仕来候、但壱石ニ付欠米三升宛相添、並右入用壱石ニ付丁銭三百八拾文位相添納来申候、長崎御廻米之儀は当郡関村川岸道法七里銘々牛馬又は賃牛馬ニて附出居候処、去ル文政九戌年より日田郡中城村江御蔵所出来候て其後は同所江津出計立、同所より川船ニて関川岸迄積下シ申候、但、壱俵五斗入並壱石ニ付、欠米壱升其外納入用本途壱石ニ付、銀壱匁五分差出申候、
⑪作間之稼
日雇稼　葛根蕨堀申候、女は布木綿少々宛衣類用程拵申候、
⑫組頭・百姓代
（組頭）　平右衛門　善平　清兵衛　源兵衛　庄兵衛　栄右衛門 （百姓代）宇右衛門　安右衛門　平七

台地上に位置しており、天保九年の村明細帳の記載では村高七三一石余において田高は三四四石余、畑高は三八六石余として若干畑高が上回る「畑がち」な場所である。その畑では粟や稗、大豆などを栽培していたようだ。そのなかで畑では主に大豆を栽培していた。日田郡内では九つの筋が設定されており、筋ごとに年貢の徴収方法は異なる。五馬市村の場合、年貢の三分の一は銀納であった。そのため畑では大豆を栽培し売却益を銀納に宛てるほか、農間余業として

和紙の原料である楮を栽培するなど近世後期には商品作物への傾斜が進んでいた。因みに山間部の津江筋は年貢米の津出しが困難であるためすべて銀納であった。

最後に日田郡の村における共通する村落構造のひとつに村内に複数点在する各枝郷（村組）にはまとめ役である「あらけ」と呼ばれる村人が枝郷全体の差配をしていることを紹介する。[22]特に近世期を通じて日田郡内の村では数多くの兼帯庄屋が見られ庄屋不在の村も多い。庄屋の在村定着を阻むひとつの要因として、枝郷の有力者が近世後期に至っても村内で一定の発言力を保持しているほか、近世初期には頭百姓と呼ばれていた組頭による合議制のもとで村政が展開されたことが挙げられる。特に、村組の機能や役割を示すことは村社会の運営を明らかにするために重要であり本書第五章において庄屋の村運営の分析を試みる。

（二）村人の生活状況―耕地所持の状況―

次いで村人の生活状況について、各家の経営規模を概観したうえで、村全体の状況を説明していきたい。まず近世後期の各年代における各家の耕地所持の割合を、表2にまとめた。表を見ると家の持高として三石～六石の層（以後、中間層と表記）が最も多く、宗門改帳から各年代を通して家持高四石程度の経営規模の家が多いことが確認できる。そのなかで表を詳細に分析すると天保八年では中間層の一部が下層の二石未満に移り、文化・文政期に比べると若干均一化される傾向で、特に弘化五年ではその傾向が顕著である。その後、嘉永五年には再び中間層の割合が増していることから、天保期～弘化期において村のなかで上下階層への二極分化が一時期起きていたことが確認される。近世後期を通して経営規模に関して多少の変動はあるものの家の軒数、百姓株の数には大きな変化はなく、家数は百軒程度を推移している。五馬市村では近世後期において家の軒数＝百姓株の数は減らしていないのである。このように各家の持高は経営状況によって大きく上下するなかで、五馬市村の家の数は文化期から嘉永期を

表２　各年代における各家の耕地所持の割合

石高	文化15年	文政９年	天保８年	弘化５年	嘉永５年	安政５年
７石以上	28.5%	32.3%	31.7%	34.3%	29.1%	24.8%
３～６石	44.8%	47.1%	38.5%	33.3%	47.6%	49.5%
２石未満	26.7%	20.6%	30.0%	32.4%	23.3%	25.7%
家軒数	105軒	102軒	104軒	105軒	103軒	105軒

注）各年代の宗門改帳（『五馬市村文書』）を参考に作成。

表３　裏印鑑帳による質地契約の状況

宝暦６～寛政８	享和・文政期	文政期	天保期	弘化期	嘉永期
村内146（件）	村内109（件）	村内99(件)	村内143(件)	村内45(件)	村内104(件)
村外76	村外62	村外33	村外32	村外11	村外21
商人66	商人22	商人２	商人６	商人０	商人０

注）「裏印鑑帳」（『五馬市村文書』）（壱番～七番、三番欠損）より作成。

通して変わらずに維持されていることは年貢銀の支払いに支障を来す場合に質地契約による融通策を講じるなど、村社会が一定の互助組織として機能していたことを示すものであろう。当然ながら村社会は地域との連携を持ちながら変容していくわけで五馬市村においても周辺の村々とも質地契約を通して社会的関係が結ばれている。参考のために質地証文の控えをまとめた「裏印鑑帳」の宝暦期から嘉永期にかけての質地契約の借用主・質取人において、契約者どうしが村内のみ、どちらか一方が村外者、商人と分類しその状況を掲げ概要をみていく。

質地契約全体を見ると時期により質地契約の状況はやや異なっている。いずれの時期も最も多いのは村内での質地契約であるが宝暦・寛政期においては商人との契約が他の時期と比べると突出して多い。この詳細に関しては次項「日田商人と村社会」のなかで説明するとして、もう一つ村外者との契約においては時期が下るごとに少なくなり、嘉永期において質地契約の多くは五馬市村の村人どうしで取り結んでいる。享保期の村明細帳では二百石以上が出作として他村の村人が五馬市村の田畑を所有していたが、その後、徐々にその割合は減少し文化期以降は減少するものの百数十石程度で推移している。近世後期における五馬市村の耕地所持の状況としては、五馬市村の村高凡そ七百三十石余のうち村人が所持する田畑は五百五十石～六百石余で、その他は他村からの入作であり、五馬市村においても他村

表４　文政・天保期における質地契約の対象・件数

文政期質地契約134件				天保期質地契約181件			
村内99件	他村→自村20件	自村→他村15件	村内143件		他村→自村17件		自村→他村21件
１石以上の契約　38/134件			１石以上の契約　47/181件				
年代	文化15	文政9	文政13	天保8	弘化5	嘉永5	安政5
五馬市村村人の持高	550石余	616石余	588石余	590石余	640石余	586石余	572石余

注）五番・六番、二冊の「裏印鑑帳」（『五馬市村文書』）より作成。

の田畑を数十石所有していた。

ただし、各々の家の経営は常に安定していたわけではない。各家の土地の移動を示す質地証文について表４は文政期と天保期の質地証文から土地の移動についてまとめたものである。文政・天保期において質地契約の多くは村内、特に同じ村組に属する家どうしで契約を行うなどし、村組による互助機能が発揮されていたことが窺える。それは一つの質地証文を分析すると一石未満の質地が大多数であり、自家の土地を切り売りするなかで経営を維持していたものと考えられる。

つまり各家が百姓株を維持し経営を維持する様子が窺われるのと同時に、村や村組が何らかの互助機能を発揮していたことが推測される。家数が変わらないといって既存の家がそのまま時代とともに移行したわけではない。絶家となる家もあるだろうし、消えた百姓株を誰が継承することということも村社会のなかで行われる。まさに村で起きている家の微細な動向を追うことが村社会の変容を示すことになる。

また五馬市村の村落構造の特徴として表４にも挙げているように、村明細帳にある五馬市村の村高の凡そ二割程は他村の村人が所持している。免割帳や質地証文などで確認すると五馬市村内に字「宮の原」や「山田」などの字名の多くに隣村の新城村の村人が多く耕地を所持している。また同時に五馬市村の村人も他村の田畑を所持しており、五馬市村及び周辺の村々の間では出作入作の関係が近世後期を通して成立していた。秣場や刈敷などの森林資源を要する入会地についても表１の村明細帳をみると、自村のみならず他村に複数の入会地を持つ村々入会の関係であり、近隣の村々との耕地や入会地が互いに入り組んでいた。

（三）五馬市村と日田商人

次いで村社会における日田商人との関係について見ていきたい。近世後期の社会的関係として五馬市村の村社会が日田商人から受ける影響を二点ほど挙げておきたい。まず一点目は宝暦期における豆田の高田屋利右衛門による五馬市村の土地集積である。「裏印鑑帳　壱番」では宝暦六年から明和三年までの質地契約において商人との契約が他の時期と比べて圧倒的に多く六十六件存在するなかで、この時期に取り交わした商人との質地契約の殆どが豆田の商人高田屋利右衛門との契約であり、この時期五馬市村の一部田畑が高田屋利右衛門なる日田商人に流れていたことが判明している。ただし、享和期になると一転して高田屋利右衛門は借用主として五馬市村の村人と質地契約を取り交わし、五馬市村では宝暦期に高田屋が集積した土地を請け戻す形となった。これら一連の経緯については詳細を得ないが、その後、近世後期においては日田商人による土地集積の実施は確認されず、村内での質地契約が増えていく。

二点目は年貢銀や郡中入用の徴収代行を任じられていた掛屋の丸屋幸右衛門である。日田郡内では町場及び周辺の村や山間部など、その筋ごとにおいて租税の徴収方法は異なる。特に山間部にある津江筋では田畑耕地は殆どなく、年貢は材木や商品作物などによる売却益ですべて銀納とされていた。五馬市村については年貢の一部凡そ三分の一が銀納とされており、日田商人との関係では日田郡において日田商人の掛屋である丸屋幸右衛門が用達として、年貢銀納の代行徴収を任されていた。日田郡における年貢銀徴収や郡中入用徴収などは日田商人である丸屋が代行し、村が納入すると領収書として預書を丸屋から貰うのである。年貢銀に関しては十月を初納、翌月に二納、翌年三月に三納として三回に分割して納めているが、納める金銭の多くは三回目の三月に集中する。史料一は年貢銀初納を村々へと知らせる通達である。

史料一

一、銀弐貫五拾目也

右は当戌御年貢初納銀割賦、書面之通ニ候条、来月十四日十五日之内、急度上納可致候、若不納村方於有之は、厳敷遂吟味候条、其村相心得可申候、此廻状村下庄屋令請印、早々順達留村より可相返もの也、(23)

そのほかに史料二では郡中入用についても年貢銀同様に丸屋幸右衛門が用達として村々を廻村し、徴収している様子が窺える。

史料二

一、丁銭拾九貫八百六拾八文

右は当戌郡中入用前割書面之通相触候間、当月廿九日晦日両日之内、丸屋幸右衛門願書を以、御納可成候、此廻状村下令請印、早々順達留リ村より御返可被成候、已上、

戌七月廿三日(24)

また、郡中入用等について村方が支払い困難な状況において一時的に日田商人丸屋が肩代わりを行うこともある。史料三は天保の飢饉直後の天保九年において郡中入用などを徴収する丸屋に借入し、村々の負担について惣代が相談を行った末、書面の金銭に割賦されたとのことである。その他にも諸々の普請入用などを村々から徴収する代行

業務も行っていた。

史料三

一、丁銭拾九貫八百六拾八文　　五馬市村

右は天保七年申年、高木様御支配之節より去ル戌六月迄諸色高値ニ付、御陣屋向御普請入用、余事入用、郡中入用御取立元銭無之、御掛屋丸屋幸右衛門方借立之内、此節郡々惣代申談候上、書面之通割賦相触申候間、来ル五月十四日、十五日両日之内、丸屋幸右衛門方江御納可被成候、御承知之上此廻状村名下御請印被印被成、留リ村より御返シ可被成候、已上、

子四月廿一日　日田

会所（印）[25]

日田商人の家業経営についての分析において、これまで野口喜久雄氏[26]をはじめ楠本美智子氏[27]など多くの研究によってその実態が解明されている。日田郡における村社会との関係では藤野保氏[28]が指摘されたように、五馬市村では日田商人との質地契約などによる土地の集積はそれほど確認されていない。また多くの商人家では町場近郊の村々の村役人を兼帯するなど郡行政との結びつきも窺われる。山間部に位置する五馬市村との関係では第三章でみる農間余業の楮皮の販売をめぐり、日田商人は楮皮の仲買として独占的に村々から購入し町場へ売却していたが、近世後期において楮皮生産地域の村々が相次いで販売の自由化を求めるなか、五馬市村の属する奥五馬筋も販売自由化を役所に訴えるなど、山間部の村々による経済活動の変化によって日田商人の家業経営に影響を与えていた。特に年貢銀などの用達を行っていたことで日常的に村々との関係は強く、日田商人の存在自体も郡行政の運営や村社会

の運営に大きな影響があったものと考える。

(四) 村での人別・家の動向

ここでは五馬市村における村人の変遷や年齢階層、家内部の様子についてその概要を見ていきたい。表5は適宜に選出し各年代における村全体の年齢構成をまとめたものである。まず、村人別の変化について指摘していきたい。村社会の変容を課題とするなかで村人の数の推移を確認すると、村人の数は時期により若干の変化は見られるものの、大凡四五〇人前後で推移している。この結果において村社会の変容を示すことは難しい。そのため村社会の実態を知るうえでも村人どうしの関係や家族の変化などを詳細に分析することが不可欠であろう。

また村人の年齢構成においては各年代で一〇歳未満～五〇歳台が村の主な構成員であり、六〇歳を越えると減少している。ただし一〇歳未満の年齢層について、この人数の背景には乳幼児の死亡があることも留意しておかなければならない。既に歴史人口学の成果により江戸期における乳幼児の高い死亡率が示されており[29]、各年代で一〇歳未満の村人の割合は多いようだが、乳幼児期における高い死亡率があって、この人数であることから出生率はこれ以上に高かったことが推測される。村の人別や年齢構成においては表5・6で確認したように、それ程大きな変化は見受けられなかったわけだが、ただし各家の家族人数の推移を見るとそこでは文化期から安政期に至るまで微妙な変化が起きている。五馬市村の家人数では文化・文政期には四～五人の家が最も多い割合で四～五人の家を頂点にピラミッド型を有している。その後、天保七・弘化五年では四～五人家族よりも二人～三人家族の割合が増えている。同時に八人以上の家族も文化・文政期に比べ天保・弘化期の方が多い割合となり、中間層が上下に分化した形を取っている。嘉永七年、安政五年においては再び四～五人の家も増えているが、二人～三人の家も依然高い割合を示しており、ここでは六～七人の家が減少の結果と考える。

表５　各年代における年齢階層と人別の変遷

年代	文化７年		文化 14 年		文政７年		天保８年		弘化５年		嘉永７年	
	男	女	男	女	男	女	男	女	男	女	男	女
80 才以上	2	2	1	0	4	3	3	1	4	2	4	4
70 才台	8	6	12	3	8	11	13	12	11	5	7	7
60 才台	19	20	23	14	29	15	18	14	24	19	18	18
50 才台	32	19	34	22	26	24	32	18	20	23	23	24
40 才台	34	31	24	24	31	19	22	31	39	34	46	30
30 才台	27	24	38	29	37	32	35	31	42	34	39	34
20 才台	47	31	39	32	38	34	47	34	32	37	25	38
10 才台	31	27	37	41	42	36	29	43	42	45	34	39
10 才未満	39	39	40	32	37	32	30	19	31	36	36	34
合計	239	199	248	197	252	206	229	203	245	237	229	228
	438（人）		445（人）		458（人）		432（人）		482（人）		457（人）	

注）各年代の宗門改帳（『五馬市村文書』）を参考。数値の単位は人である。

表６　五馬市村における家人数割合の変遷

家族人数	文化 15 年	文政８年	文政 13 年	天保７年	弘化５年	嘉永７年	安政５年
８人以上	3.9%	5.6%	9.7%	10.4%	9.9%	4.7%	6.7%
６～７人	20.9%	19.9%	16.5%	12.3%	22.6%	20.6%	16.2%
４～５人	34.4%	41.5%	44.7%	33.9%	29.4%	29.0%	38.1%
２～３人	33.3%	22.6%	23.3%	36.7%	33.3%	36.4%	31.4%
１人	6.7%	10.4%	5.8%	6.6%	5.0%	9.3%	7.6%

注）各年代の宗門改帳（『五馬市村文書』）を参考。

つまり、宗門改帳に記載される村の人別や家の軒数だけでは村社会の様子を明確に見ていくことは難しい。そのなかで家の人数の変遷という一つの指標で分析を行うだけでも村社会の様々な変容を窺うことが可能であろう。

(五) 婚姻形態について

村人の生活を考えるなかで五馬市村における婚姻形態について見ていきたい。婚姻形態については各地の村・地域によって大きく異なるもので、最初に婚姻をめぐる研究を紹介する。婚姻の研究では当初、関口武・森藤勝元氏が農村、漁村における通婚圏を問題とされ[30]、それ以後民俗学、社会学における先学の研究が膨大にあるなかで、主題の中心は、通婚圏の問題、及び婚姻は村内婚か、村外婚であるのか。また、婚姻に関する若者組と呼ばれる組織の問題を中心に分析されていった。有賀喜左衛門氏は農村における婚姻の様相を①村内婚中心、②政治的区域

表7 近世後期、五馬市村へ嫁ぐ女性の出身地

村内婚	五馬市44	合計44
奥五馬筋	芋作2、桜竹14, 新城10、塚田16、出口11、本城6	合計59
大山筋	万々金3、栗林7、鎌手3、続木3、高取2、小五馬3	合計21
口五馬筋	女小畑2、湯山1、大鳥3, 赤岩5、柚之木1、苗代部0	合計12
その他	友田1（渡）、十二町1（渡）、小迫1（渡）、高瀬1（高）、馬原2（城）、上井手2（城）、中城2（城）、隈2（城）、秋原1（小）、引治1（玖珠郡）、戸畑7（玖珠郡）、山浦4（玖珠郡）、太田1（玖珠郡）、小里1（肥後国）	合計26

注）「五馬市村宗門改帳弘化五年」「五馬市村戸籍」（『五馬市村文書』）より作成。なお、婿養子の事例については除いている。「その他」の表括弧内の記載は筋名の略である。

の影響を受け、③通婚圏と村落階級層との関係重視、と述べており[31]、瀬川清子氏も、従来、若者組と呼ばれた村内の若者を中心とした組織が婚姻に関して一切を取り仕切るとされ、婚姻自体も村内婚が主たるものだと主張されている[32]。歴史学においても民俗学の成果を受けて、安丸良夫氏[33]や大藤修氏[34]が、有賀氏や瀬川氏の意見に同調され、婚姻について若者組の役割を強調されている。

そのなかで米崎清実氏は、武州多摩郡の農村における婚姻儀礼を分析され、婚姻の際には、若者仲間への承認を得たうえで、一連の婚姻儀礼を執り行ったと述べ、「この儀礼は、婚姻の承認と親類・組合を始めとする村社会への参入の承認を求めるという社会的意味を持っていた」として若者組の婚姻への影響を指摘されている。さらに、近世後期においては、村内における若者組を次第に「家長を中心とする家秩序の中で監視・統制していこうとする」動きをみせていたとも述べており、婚姻儀礼慣行には家と村社会が密接に関わっていた、との重要な指摘をされている[35]。それに関して川口洋氏[36]は、畿内地方を中心に村外婚も多く見受けられるとし、天野武氏は若者組の理解について「仲間の婚姻成立に承認を与える一様態であり」[37]、「むしろ婚姻成立に関する承認の一方式ないし祝意の表現と考えるべき」[38]とし、若者組についても全国的には分布しておらず、若者組を中心とした村内婚には疑問が持たれている。また、婚姻を個人の意志による婚姻の自由についての可能性を、嫁盗みの慣行分析から川鍋定男氏らが問題を提起されており、最終的には村の有力者による当該家の説得が行われることから[39]、婚姻において村

を通した家の意志が最優先されたことは間違いないだろう。

若者組が近世後期において衰退していくなかで、安丸氏が「これまでの若者組・娘組に媒介された青年男女の相対的な自由な結婚はすたれ、仲人が重要な役割をはたす家と家との家父長権に支配された結婚へと転換していった」(40)と安丸氏は婚姻という問題が、近世社会から近代社会への移行において、家自体の有り様に大きな変化をみせることになるという重要な指摘をしている。

婚姻の形態は地域、村ごとにより異なるもので問題を分析するにあたり、五馬市村というひとつの村社会のなかで本項では近世後期における五馬市村の婚姻の様相について確認していきたい。表7は五馬市村に縁付した女性の出身村を示したものであり、弘化五年の宗門改帳の記載を基に嫁いできた女房・母親の出身村記載は四〜五〇年遡ったあたりが最も古い年代である。(41)そこから明治三年前後までが分析期間となる。表7から近世後期において、五馬市村出身の女性がどこへ嫁いできたか明らかになったが、全体の一六二例のうち村内に留まる割合は三割にも満たず、多くの女性は他村へ嫁ぐ村外婚である。村外婚のなかで最も多いのは同じ筋にあたる奥五馬筋の村々である。次いで多いのは大山筋である。大山筋では冬季に紙漉を行うため多くの女性が季節労働として他出しているため、経済活動のなかで女性が大山筋に嫁ぐ機会も増えるだろう。口五馬筋については、そもそも口・奥五馬の両筋は近世期以前において五馬庄という信仰圏で結ばれた地域であったことから近世期における祭礼などの参加を通し一体感や交流が存在していたものと考える。

(六) 衣食住について

最後に村人の生活における衣食住についてみていきたい。衣服については五馬市村に関するものではないが、『大分県史民俗編』の日田郡内に関する様子では「現今(大正六年)ヨリ七拾年前マデハ、総テ尻切着物ニシテ、葬祭等ト雖、長キ着物所持者ナキ故ニ着ルモノナシ」とあり、簡素な衣服で長着を着る者が少ないようで、山仕事などでは麻の短着物に帯を締めるという具合であった。村明細帳にも農間余業として木綿を織ることが記されおり、着物に関しては自家用であった。

また食生活は麦飯・粟などの雑穀や麦飯が主食であり、白米は限られた家、限られた時にしか食べられないとある。五馬市村は畑で年貢銀のために大豆を栽培しているがその他に粟・稗・蕎麦・大根などを栽培している。

最後に住居について、日田郡馬原村では幕末の農家の間取りとして、凡そ三百軒のうち百八十軒程度が四間取りで、一間取りも家も四十軒ほどあると紹介されている。五馬市村において住居に関しては史料に殆ど残らないが火災や災害時において住居の様子が一部記されており、そこから住居の様子をみていきたい。

史料四

一居家一軒　但　桁五間　梁三間　　久助
一牛馬小家一軒　但　桁三間　梁弐間　　同人
一居家壱軒　但　ケタ三間　ハリ二間半　伝六
一牛馬小家　但　ケタ五間　ハリ二間半　小右衛門
一牛馬小家　但　桁三間　梁弐間　　十平
右は当月十一日正九ツ時頃ゟ大風雨ニテ書面之家吹潰申候、尤、御高札郷蔵無難人牛馬怪我無御座候、依之此段印形書付ヲ以御届奉申上候、以上、
　戌　七月　　奥七筋　三役人　連印

御役所(42)

史料五

一居家壱軒　但　梁行三間半　桁行六間半　　五馬市村百姓　小右衛門
一灰小屋壱軒　但　梁行弐間　桁行五間　　同人
一居家壱軒　但　梁行三間　桁行六間　　元七
一灰小家　但　梁行弐間　桁行四間　　同人

右は昨十一日四ツ時頃小右衛門灰小家かき灰ゟ火起候ニ付、居村は勿論近村ゟも早速馳付相防候へ共、折節風強く何分難消留書面之家数焼失仕候、尤御高札場蔵元無難其外人畜之怪我怪敷風聞等無御座火元小右衛門は早速入寺仕相慎罷在候、依之此段以書付御届奉申上げ候、以上、

子十二月十二日

右村百姓代　卯右衛門
組頭　逸右衛門
庄屋　信　作

日田　御役所(43)

史料四は台風の被害、史料五は火災の被害状況をいずれも役所に提出するために作成したものである。住居の規模としては、若干の差はあるものの、多くの住居は梁行・桁行三～五間の家であったと思われる。火事を起こした小右衛門は五馬市村において持高も十石程度と比較的経営規模の大きい家であり、小右衛門家において灰小屋や馬

小屋を所持していた。ただし、いずれも簡素な家であり掘っ立て小屋に近い住居ではないかと思われる。

（注）
（1）久留島浩『近世幕領の行政と組合村』東京大学出版会、二〇〇二年。
（2）藪田貫①『国訴と一揆の研究』校倉書房、一九九二年、②『近世大坂地域の史的研究』清文堂、二〇〇五年。
（3）平川新①『紛争と世論』東京大学出版会、一九九六年、②「「郡中」公共圏の形成」『日本史研究』五一一、二〇〇五年。
（4）吉田伸之①「社会的権力論ノート」久留島浩・吉田伸之編『近世の社会的権力』東京大学出版会、一九九六年、②「地域把握の方法」歴史学研究会編『現代歴史学の成果と課題Ⅱ　国家像・社会像の変貌』青木書店、二〇〇三年。
（5）大島真理夫「近世地域社会論の成果と課題」『日本史研究』五六四、二〇〇九年。
（6）渡辺尚志①『近世の豪農と村落共同体』東京大学出版会、一九九四年、②『江戸時代の村人たち』山川出版社、一九九七年、③『村からみた近世』校倉書房、二〇一〇年。
（7）平川前掲（注3）①。
（8）大塚英二「序章　近世地域研究のための覚書」『日本近世地域研究序説』清文堂出版、二〇〇八年。
（9）渡辺前掲（注6）①「第一章　日本近世における地域」。
（10）安良城盛昭①『天皇制と地主制（上）（下）』塙書房、一九九〇年（初出は一九五八～一九五九年）、②『幕藩体制社会の成立と構造』有斐閣、一九五九年。
（11）古島敏雄『近世日本農業の構造』（古島敏雄著作集第三巻）、東京大学出版会、一九七四年。
（12）佐々木潤之介「幕藩体制下の農業構造と村方地主」古島敏雄編『日本地主制史研究』岩波書店、一九五八年。
（13）佐々木潤之介①『幕末社会論』塙書房、一九六九年、②『村方騒動と世直し（上）』青木書店、一九七二年、③『村方騒動と世直し（下）』青木書店、一九七三年。
（14）深谷克己①「百姓」『歴史学研究』（一九八〇年度大会報告別冊特集号）、②『百姓成立』塙書房、一九九三年。
（15）水本邦彦『近世の村社会と国家』東京大学出版会、一九八七年。
（16）村田路人『近世広域支配の研究』大阪大学出版会、一九九五年。
（17）大藤修『近世農民と家・村・国家』吉川弘文館、一九九六年。

(18) 藤井勝「近世農民と家父長制」比較家族史学会監修『家と家父長制』早稲田大学出版会、一九九二年。
(19) 神谷智『近世における百姓の土地所有』校倉書房、二〇〇〇年。
(20) 渡辺前掲（注6）①。
(21) 大塚英二『日本近世農村金融史の研究』校倉書房、一九九六年。
(22) 染矢多喜男「日田地方の旧家の家号」『大分県地方史』一三六、一九八九年。
(23) 「天保十一年御用状留帳」（『五馬市村文書』別府大学附属博物館所蔵）。
(24) 「天保九年御用状留帳」（『五馬市村文書』別府大学附属博物館所蔵）。
(25) 「天保十一年御用状留帳」（『五馬市村御文書』別府大学付属博物館所属）。
(26) 野口喜久雄『近世九州産業史の研究』吉川弘文館、一九八七年。
(27) 楠本美智子『近世の地方金融と社会構造』九州大学出版会、一九九九年。
(28) 藤野保「近世後期における九州天領農村の構造」藤野保編『九州と都市・農村』国書刊行会、一九八四年。
(29) 速水融『歴史人口学の世界』岩波書店、一九九七年。
(30) 関口武・森藤勝元「村落通婚圏に関する諸問題その1」『地理学評論』第一九巻、第八号、一九四三年。
(31) 有賀喜左衛門『日本婚姻史論』日光書院、一九四八年。
(32) 瀬川清子『若者と娘をめぐる民俗』未来社、一九七二年。
(33) 安丸良夫『日本の近代化と民衆思想』青木書店、一九七四年、二四～二八頁参考。
(34) 大藤修『近世農民と家・村・国家』吉川弘文館、一九九六年、一二四～一三二頁参考。
(35) 米崎清実「近世後期の婚姻儀礼慣行と村社会」『関東近世史研究』第二三号、一九八七年。
(36) 川口洋①「尼崎藩領西摂一農村の通婚圏」『地域史研究』第一二巻、第二号、一九八三年。同②「近世非領国地域の通婚圏について」『歴史地理学』第一二四号、一九八四年。同③「近世地方における遠方婚について」『歴史地理学』第一四〇号、一九八八年。
また、村内・村外婚や若者組をめぐる婚姻の問題について川口氏と同様の意見として、溝口常俊氏、荒居英次氏らの論文がある。④溝口常俊「甲州における近世の通婚圏」『歴史地理学会会報』、第九五号、一九八七年（『日本近世・近代の畑作地域史研究』名古屋大学出版会、二〇〇二年、第五章「甲州における通婚圏」所収）⑤荒居英次『近世日本漁業史の研究』新生社、一九三六年。
(37) 天野武『若者の民俗―若者と娘をめぐる民俗―』ぺりかん社、一九八〇年、一八四頁参考。
(38) 天野前掲（注34）二〇〇頁参考。

(39) 川鍋定男「近世の婚姻慣行―自由結婚の歴史的考察―」青木美智男・佐藤誠朗編『講座日本近世史10』有斐閣、一九九二年。
(40) 安丸前掲（注30）二五頁参考。
(41) 天保末期から弘化期にかけて宗門改帳の記述に関する法令が役所から出され、その間詳細な記述内容のもと、女性の出身村が確認でき、そのなかで最も詳細に記述されている弘化五年の宗門改帳を利用した。
(42)「乍恐以書付御届奉申上候」(『五馬市村文書』別府大学附属博物館所蔵)。
(43)「乍恐以書付御届奉申上候」(『五馬市村文書』別府大学附属博物館所蔵)。

第一部　日田郡地域社会と村社会

第一章　近世後期における豊後国日田郡会所と村社会

はじめに

本章は豊後国日田郡における郡役所の下部組織として創設された会所に焦点を当て[1]、会所の果たす役割や性格を通して会所が地域社会の成り立ちにどのように寄与するのか検討するものである。本書の分析の基軸を村社会とした背景には地域社会を規定する村社会のあり方を分析するなかで、村社会における変容の兆しとなる家や家族の微細な変化に着目する一方、村や社会的集団が地域の秩序を形成していくうえで結ばれていく村社会どうしの複雑な社会的関係についても考察が必要だと考えた。

その課題の一つとして日田郡を地域社会として設定する際に、その地域がどのような行政的組織を基軸に成立しているのか、そのことを検討する必要があろう。それは支配者行政の動向が地域（村や社会的集団）に少なからぬ影響を与えるからである。そこで本章では日田郡行政において中核的組織として郡行政の下部組織である会所を取り上げ、会所の実態や性格を通じて地域社会の成り立ちを検討していきたい。

会所をめぐる問題では、これまで久留島浩氏によって幕府領地域の郡中惣代・惣代庄屋のあり方のなかで問題が提起され、その組織母体である会所は自治的な性格を有する「中間支配機構」として位置付けられてきた[2]。菅原憲二氏は主に近世期の都市における会所を分析し、会所が成立する背景や時期的な問題に触れながら会所の発展類型を分類し論じている。そのなかで惣会所の性格を「御用之会所」と「町方之会所」とに分け、惣代庄屋を御用と惣

表1　日田郡各筋と村

渡里筋	10か村
城内筋	11か村
高瀬筋	8か村
口五馬筋	6か村
奥五馬筋	7か村
大山筋	6か村
津江筋	7か村
小野筋	10か村
大肥筋	6か村

注）『日田市史』参考。

代に整理し、そのうえで会所の性格が様々な要因で変化することを指摘している。(3) 一方、志村洋氏は会所の成立について久留島浩氏とは対する立場にあり、基本的に「御用」認識が大庄屋や庄屋、小前層で異なるものの、惣代庄屋は「御用之会所」のなかで機能するものだとし、久留島氏が主張する自治的な要素に関しても御用意識の概念のもとで存在すると指摘されている。(4)

ただ、惣代庄屋及び会所を巡っては、久留島氏も「現実に郡中惣代の果たしていた機能が、結果的には代官支配体制を補完するものであったことを考慮せねばならず、現在までのところいずれの評価が妥当であるか判然としない」(5)と述べており、依然評価が分かれている問題であろう。そのことを著者自身、重要な問題は郡中物代を取り巻く環境を地域社会の実情に照らし合わせながら検討を行うことではないかと考える。詳細は次節以降みていくが、日田郡では惣代庄屋に該当する存在として筋代が会所組織を運営している。その各筋のなかで本章では奥五馬筋の動向を中心に分析を試みる。筋代は日田郡を行政区分で分けた九つの筋内のそれぞれの庄屋が務めるものである。ゆえに会所の機能や彼らの活動に注目することで、その地域の置かれた現状や成り立ちの様子が明らかとなるのでないか。そのため日田郡会所と村社会とを繋いでいた会所詰庄屋及び筋代の動向に注目していきたい。以上のような問題認識のなかで第一節では会所の成立する背景について確認していき、次いで二節では会所の活動内容について検討していきたい。また第三章では日田郡という地域社会のなかにあって会所が担ってきた性格についても考えていく。

第一節　日田郡会所の成立の背景

本節では日田郡会所が設置された経緯について考える。『日田市史』を参考にすると、正徳四年（一七一四）の豆田町絵図には花月川左岸の橋の下流に会所と記録された場所が見受けられる。その後は丸山町側の川沿いの道路に面する所へ移ったという。ただし日田郡会所の成立した時期や経緯の詳細は現在のところ不明であり、幕末期から明治期にかけて西国筋郡代役所から日田県へ引き継いだ文書のなかから会所の成立について検討していきたい。

史料一

一揖斐酒造助在勤之砌は前々ゟ仕来に而寄合所と唱、郡中惣代庄屋日田陣屋附に三人定詰いたし、公事出入其外都而郡中諸御用向取次いたし候故、郡中入用多分相掛候由聞に付、以来定詰庄屋差止可申、乍然年来仕来候事に而無拠子細有之、差支候筋も有之候はゞ可申立旨、寛政三亥年印状を以被仰渡有之候に付、段々糺之上定詰庄屋差止候而も、強而差支之筋も不相聞候間、同五丑三月ゟ元陣屋・出張陣屋とも右寄合所定詰庄屋差止申付其御屈（届カ）有之、公事出入其外諸願筋之儀は其村々役人共直に役所之（ママ）罷出相願可申旨申渡、諸御用向之儀は右に而差支無之処、陣屋修復其外郡中入用之品々割合方等之儀、夫々取計候者無之候而は差支候に付、右取計候庄屋定置御用向取計候積、郡中之者共評議之上取極候段先前支配申送に付、右之趣を以取計、尤右庄屋両人一所に引替り候而は新規之もの計に而不弁理に付、壱人は六月ゟ五月迄壱ケ年、壱人は十二月ゟ十一月迄壱ケ年宛為相勤候旨、先支配申送有之候、[6]

史料に沿って説明すると、会所が何時成立したのか詳細は不明であるが、揖斐酒造助在勤（天明六～寛政五年）

表２　近世後期における西国筋郡代と役人数

年代	郡代名	江戸詰	日田詰	豊前四日市詰	日向富高詰	天草富岡詰
天保 10 年	寺西蔵太	16 人	10 人	2 人	2 人	
天保 14 年	竹尾清右衛門	10 人	19 人	2 人	2 人	
嘉永 元年	池田岩之丞	15 人	14 人	2 人	2 人	2 人
文久 3 年	屋代増之助	10 人	12 人	2 人	3 人	4 人
慶応 2 年	窪田治部右衛門	10 人	13 人	3 人	2 人	3 人

注）『日田市史』を参考に編集。

までは「寄合所」と呼ばれ、郡中物代として筋代の庄屋が三名日田の陣屋附として常駐し、訴訟や郡内の様々な御用向きの取次ぎを行っていたという。しかしその後、会所での運営経費や定詰する庄屋の費用が嵩むとして、寛政五年（一七九三）定詰庄屋を廃止している。おそらく、その費用を郡中入用として負担している村々から不満が噴出したのではないだろうか。しかし、その結果村々から役所への願書や訴えなどが村役人から直接役所の方へ申し出ることになった。そのことは殊に支障はなかったのだが、陣屋修復等の郡中入用として役所から割り付けられる負担を取り仕切る者が居ないため差し支えが生じるとして、直後に会所運営の中核をなす会所詰庄屋の制度は復活している。その際に会所詰庄屋の費用軽減を図り人員は三名から二名とし、任期は一年で二名が動じに交代すると支障があるとして、一人は六月、もう一人は十二月に代わるよう取り決めている。そうして、会所は郡中入用を扱うことを名目として復活したが、会所が果たす役割はそれだけではない。会所は郡内の筋代を通じて役所からの廻状を経由させ村々へ伝達する役割を担っていた。また、村々からの願書や報告等も会所を介して役所へ上達されている。

会所へ依存する理由として役所組織にも問題がある。表２に示したように、日田郡における郡代の役人数をみると分かるように、幕末期の西国筋郡代の詰め役人の構成は江戸詰及び日田詰と出張陣屋（豊前四日市・日向富高・肥後（天草）富岡）に分かれ、江戸及び日田には十〜二十人、出張陣屋には二〜四人の役人が詰めていた。そのなかで江戸詰はかなり重要な役割を果たしており、特に郡代が日田にいる時は、勘定所への事務は一切江戸役人が行っていたので、日田の役所よりも人数が多いこともあったようだ。つまり、広大な地域を支配するにあたり当初より郡代及び手代ではとても統治するのは不可能であり、会所の機能を利用せざるを得ないのである。会所は西国筋郡代の統治において極めて重要な組織であり、各藩にみる郡方役所に相当するだろう。しかしながら、これは裏を返せば西国筋郡代の支配地域と在所する役人の数の少なさを考慮すると、まさに統治機構の脆弱さを会所という組織によって補完しようとしているのではないか。具体的には次節、会所の廻状の機能で触れることにする。その点については、佐藤晃洋氏も会所を通して伝達される廻状の分析から西国筋郡代がこのような仕組みを設定し、近世後期に継続させたのは支配機能の脆弱性を露呈するものだと指摘している(7)。

加えて著者自身は筋代を構成している村々の庄屋の在村における基盤の希薄さも会所組織が一時期中断するも復活し近世期を通して存在し続けた理由ではないかと考えている。本書第五章で検討を行うが、近世期の日田郡では従来、近世初期での村方騒動によって在村運営の困難さから庄屋職の売買などが頻発していたものの、元禄期に庄屋―組頭―百姓代の村方三役制が確立し、村落の近世化が達成したものと評価されてきた(8)。ただし近世後期においても日田郡では各村において庄屋不在の兼帯庄屋の村が多いことが確認され、庄屋が在地に根を下ろすことは困難な状況ではないかと推測している。それは近世初期に頭百姓と呼ばれた村内の有力層がその後は組頭として依然村社会に一定の影響力を持っていたのではないか。さらには日田商人なども日田の町場周辺の村役人を兼帯するなど、庄屋が安定した村運営を行えない状況にあったものと思われる(9)。この点については第五章を参考にしてほしい。

また会所の成立に大きく影響する事実として村落間での争論において日田郡では会所が解決機能を有していたことが挙げられる。例えば日田郡五馬市村に残された文書において、隣村との秣場争いや御用荷運びなどをめぐる対立など村どうしの紛争に際し、会所に詰めている筋代の庄屋によって仲裁が図られ、最終的には左図で示したような会所詰庄屋の名（「会所詰庄屋　渡里村庄屋　源平殿・同用松村庄屋　瀬兵衛殿」）で奥書された文書が当事者どうし

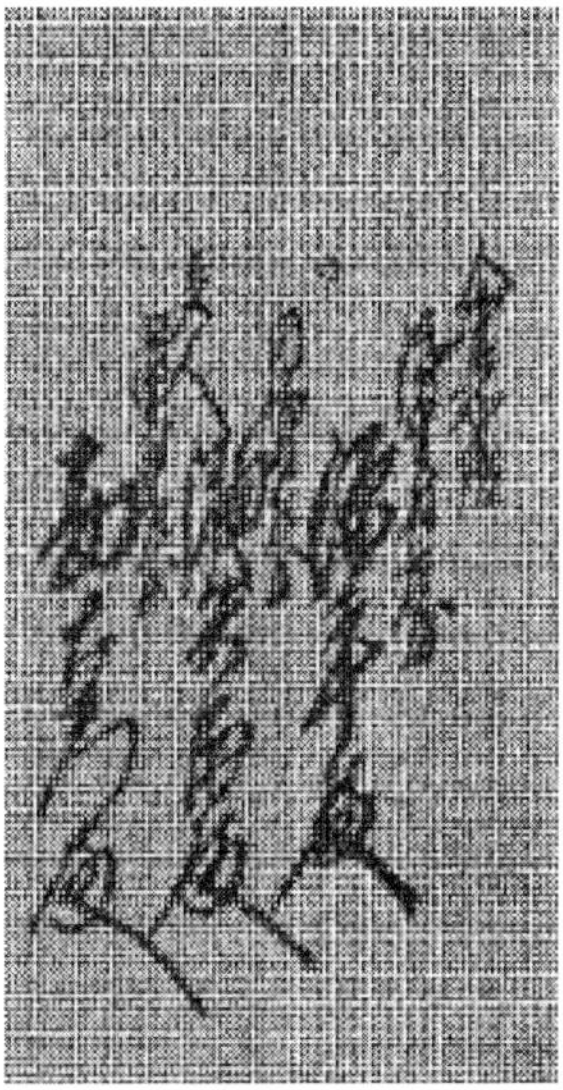

で作成された内済文書に数多く残されている。会所が設立された背景として郡代の支配機能の脆弱さが前提としてあるなかで、会所は役所の支配組織の一部であり、一方で在地社会の村どうしの関係にも影響を持ち、地域の安定した運営には不可欠な組織となっているのではないか。そこで次節以降では会所の活動や性格についての分析に移りたい。

第二節　会所の行政機能

本節では会所が村社会の運営においてどのような役割を果たしていたのかに注目し、会所の行政機能について検討していく。先述したように、日田郡会所の成立の背景には役所に詰める役人数など脆弱な支配組織を補完していくものとして会所が設立されたなかで、会所の活動内容の実態を解明することで、会所と日田郡という地域社会との結びつきを探っていきたい。具体的には会所を通して伝達される廻状についての分析を通じ、会所の機能を明らかにしていくとともに会所の運営を担っていた筋代の活動にも注目していきたい。

（一）　会所による廻状伝達

日田郡における会所から伝達される廻状については佐藤晃洋氏による同郡の寺内村の先行研究が存在する。佐藤氏は幕末期、弘化四～慶応三年までの「御用状留」に記載のある廻状内容について、「年貢」「長崎廻米」「郡中入用」「囲米・置米」「法令・触」「諸連絡」「庄屋呼出」「調査指示・報告」等の項目にまとめられている[10]。これらの先行研究を参考にしながら、表3にまとめた五馬市村の天保十五年の「御用状留」にみる廻状の内容等を分析して

表３　「天保十五年御用状留」における廻状

日時	発信	内容	日時	発信	内容
1月　6日	役所	年頭における役人心得	8月3日	役所	定免切替と新規定免
2月	会所	郡中入用について	8月22日	会所	人馬御用について
2月26日	役所	西丸普請について調査	9月	会所	長崎廻米入用銭割賦
3月　2日	会所	参集要請	9月	役所	人相書
3月　4日	会所	山本院継目奉加について	9月8日	会所	氏神祭礼への見廻り
3月　5日	会所	会合への参加要請	9月14日	会所	田方検見での人足催促
3月　5日	会所	江戸廻米買付について	9月16日	役所	酒造について
3月　7日	筋内	筋代御用勤め	9月24日	役所	富高陣屋附牢屋普請
3月11日	筋内	会合（江戸廻米について）	9月29日	役所	高入新田への新規定免
3月13日	会所	宗門改先触れ	10月	役所	郡中入用割賦
3月14日	会所	宗門改先触れ	10月	役所	初穂について
4月20日	会所	大橋繕入用について	10月	会所	中城御蔵所普請入用
5月19日	役所	大橋取繕入用について	10月6日	役所	私領引合一件（玖珠郡）
5月20日	会所	大原山神宮継目について	10月11日	筋内	筋代御用勤め
5月27日	会所	絵踏案内	10月18日	会所	長崎廻米買替
6月	筋内	筋代御用勤め（夫食年賦）	10月19日	役所	江戸廻米・長崎廻米
6月　1日	会所	御用状持賃御用人馬賃延引	10月23日	筋内	筋代御用勤め
6月10日	会所	祇園参詣での日傘禁止	10月27日	役所	定免について取調
6月17日	会所	会所への呼び出し	10月29日	会所	呉崎新田普請入用
6月18日	会所	郡中入用について	11月2日	御蔵所	取立御米見分
6月20日	会所	会所への呼び出し（頼母志）	11月4日	筋内	筋代御用勤め
7月　8日	会所	長崎奉行通達	11月12日	御蔵所	御米川下しについて
7月　8日	役所	御林内立入者への木札請取	11月25日	会所	御用状持賃振合
8月	会所	大原宮神事入用	11月25日	役所	鳴物停止
8月　2日	会所	郡中入用納入の延引	11月25日	役所	年貢銀三納について

注）「天保十五年御用状留」（『五馬市村文書』）を参考。

いくことにする。表3は日記に記載された一年間の廻状をまとめたものである。そのなかで表を通覧すると会所からの廻状の内容を判断して、日田郡行政の大部分を会所組織が担っていたものと断定できよう。さらに廻状がどこから発信されたかに注目したい。表をみると多くの廻状は会所から発信されている。これは廻状による伝達の方法が近世後期より会所を通じた方法へと変わったためである。これまで役所による触れと会所からの触れと二種類存在したものの、近世後期より役所発信の廻状も会所を介して各村々へ伝達されており[11]、会所発信の廻状は増えている。ただし幕府から出された法令などは役所が直接廻状を伝達している。表3における人相書の手配や「鳴物停止」などが典型的な例である。また、役所からの触れに先立って会所の方で添え書きなどを記す場合もある。一例を示すと史料二は表3にある橋脚の修繕に関するもので、花月川にかかる橋脚の修繕のため奥五馬筋にも人足差出が割り当てられたが、遠方という理由から代わりに金銭を支払うことが記されている。

史料二

（前略）

右は、大橋取繕入用人足其御村々遠方之儀、正人足差出方御迷惑ニ可有之候間、書面之通百石五人当、賃銭別紙相触候間、来ル十五日迄無間違御納可被成候、賃銭納方御延引ニおいては下飛脚差立候間、右日限無間違相納可被成候、此状早々御廻シ可被成候、以上、

辰四月廿日

会所

右村々　御役頭中[12]

史料二にあるように、大橋修繕に関する金銭の負担が役所より来る旨を会所から関係する奥五馬筋に廻状として触れている。特に会所からは負担金の延引に注意するようにある。そして会所から廻状が来ておよそ一月後、郡代役所の方から次のような廻状が流されてきた。

史料三

覚

一、銀　三拾五匁壱分三厘　五馬市村

右は花月川通陣屋廻村之内、大橋取繕普請請入用銀書面之通、割賦相触候条、来六月九日十日両日之間、丸屋幸右衛門預リ書を以可相納候、此廻状村名下庄屋令請印、早々留リ村より可相返もの也、

辰五月十九日

日田御役所　村々庄屋与頭

五月廿二日出口より受取新城え継立(13)

会所からの先触れに対応して役所から人足代替金を日田商人の丸屋に納めるように指示した「覚」が廻状として流れている。会所の役割として役所からの法令を村々に先んじた対応を促すために予め会所が廻状を出すこともあったようである。御用状留における廻状の伝達内容から判断すると日田郡の行政における会所の役割は大きく、役所の下部組織でありながら行政の中核的存在を示していた。廻状の内容から会所組織の重要性は確認できた。では会所の組織運営などはどのように行われていたのだろうか。その点を次に明らかにしていきたい。

（二）　会所と会所詰庄屋

会所には交代制で会所詰庄屋が二名常駐している。会所詰庄屋は日田郡の九つの筋を代表する筋代によって構成されている。先述したように、会所詰庄屋の任期は一年が原則とされていた。しかし現実には渡里村庄屋の源平のように安政二年（一八五五）十二月から同五年六月まで連続して三十二カ月勤務している者もいる。これは渡里村が役所から近いため定詰費用が少なく済むということや個人の能力・人格なども考慮されていたのだろうか。近世後期、安政二年〜文久元年（一八六二）までの七年間に渡里村の源平は通算五十カ月も勤めていた。また、何らかの火急の案件が発した場合には史料四にみられるように筋代は急ぎ日田の会所に出かけていたようだ。史料では早朝より印判を持参し会所へ出勤しているようである。因みに奥五馬筋の場合、筋代は各七か村の庄屋が期間を定め輪番としている。(14)

史料四

被仰渡候御用申談候儀有之候間、明廿八日朝五ツ時、印判持参御出勤可被成候、甚差急之儀ニ御座候間、聊無遅滞右刻限御出勤可被成候、以上

子十一月廿七日　　会所

廿八日出勤、会所交代之事　序ニ穿抜尋方届致(15)

次に、会所はどのような活動を行っていたのか。志村洋氏は「多くの論者は、近世後期に確立する郡中議定や地域入用システムなどに着目するものの、それらが実際に取り極められる合議の場などに関しては十分な検討を行わず、結果として、地域社会の運営主体を村役人一般に溶かし込むことになっている」(16)と会所における合議の場とし

ての検討について、これまでの研究が不十分であると提言している。そのことを念頭に置き、ここでは具体的に会所をめぐる活動の様子を確認していきたい。会所には会所詰庄屋として常勤の者がいるが、表3の三月二日の内容として史料五にあるように、会所から各筋代に江戸廻米の買付場所替えに関する話し合いを行うために参集の要請が出されるなど、時折、各筋代が会所に呼び出され、様々な問題に対応すべく会合を開くなどして話し合いの場が持たれている。

史料五

去卯年江戸廻米買替納米、買付方場所所替其上ニ、田ノ浦積、大坂御廻船方差支之旨被仰渡、小倉米筑前黒崎湊え積廻シ、彼是諸雑費相懸リ引負人難渋之趣、別紙之通歎書差出候ニ付、此節筋代衆立会得と御相談被成下、御積立方差支ニ不相成様御筋内村々御談合之上、来十日迄再会被成候様可申談候事、

三月五日　　　　会所

筋代衆中(17)

このように御用状留では各筋の筋代にむけて会所に参集を呼びかけ、然るべき問題に対し話し合いを行った様子が記されている。その様子を示す史料としてもう一点挙げておく。

史料六

先達中被仰渡候女子畑村道造出夫之儀、申談置候処如何取極候哉、毎度御沙汰ニ可被成候間、御筋内申談之趣来ル十日迄否哉御申出可被成、若不承知之村方も有之候ハハ、其旨可被申出候、御役所へ御届可申上候、此段

被仰付候間、無等閑御申出可被成候、以上、

子六月八日　　　会所

五馬市信作殿

出口弥惣治殿　同所え遣(18)

史料六は嘉永五年の御用状留に記載されたもので、女子畑村へと続く道普請に関して出夫のことが度々議題に挙がっており、そのことについて会所から筋内での意見の集約を図るように指示が出ている。このように史料五・六を通して明らかなのは、郡行政において何らかの問題が生じると会所詰庄屋の差配のもと、各筋に対し筋代を通して意見の集約を図るなどし、会所が村々の合意形成をある程度促している様子を確認できる。ただ、その際に各筋内での合意形成がどの程度日田郡行政に反映されていたかは今後さらなる検討の余地があるだろう。しかしながら会所詰庄屋や惣代的な立場である各筋の筋代によって会所の運営が成り立ち、会所が郡行政を下支えしていたことが確認されたが、次いで奥五馬筋の筋代の動向に焦点を当て、筋代と会所との関係を探っていきたい。

(三)　会所運営と筋代

日田郡行政を話し合うため筋代たちは度々会所に呼び出されているが、その内容について一例として天保九年の御用状留の内容から検討していきたい。史料七には「筋代申談候覚書」とあって、筋代として会所に参集し話し合う内容の覚書であろう。

史料七

筋代申談候覚書
一、御米御取立日限之事
一、同所々詰庄屋之事、
一、中城詰庄屋賃銀之事、
一、御米俵拵之事
一、買替米之事、
弐分三分ニ而も申談積
一、御口米并三厘余江戸御廻米受負申談之事、
一、関河岸破渡場繕之事、
一、御巡見様入用追割之事、(19)

史料にあるように話し合う内容は郡全体に関わることで、年貢関係の内容であり、これまで繰り返し述べてきた通り、日田郡行政において会所組織の役割が大きいことが改めて看取される。では会所における話し合いに出席する筋代の意見はどのように形成されるのだろうか。奥五馬筋の様子から見ていくなかで、先に結論からいうと奥五馬筋における筋代は輪番制であり、個人の意見が会所へ持ち込まれることはなく、史料八にあるように会所へ筋代が呼び出される場合、予め筋内において意見の集約が行われているようだ。

史料八

筋代御用勤候処、申談御用有之候間、明後廿三日朝五ッ時、出口弥惣治殿宅え無御名代御自身御出席可被成候、

桜竹俊吾

以上、
辰五月廿一日
本城良平殿
塚田俊左衛門
出口弥惣治殿
芋作連平殿
新城彦右衛門
五馬市信作殿(20)

表3においても筋内による廻状が幾度か確認されるが、その全てが筋内における合議の参集を呼びかけるもので、史料五にある「村々御談合之上」とあるのも、これも筋代の意見を形成するための話し合いが筋内において行われていたことを示している。さらには会所と筋代との密接な関係を示すものとして、史料九を検討していきたい。

史料九

一昨日晦日、筋代相勤処、当子御口米上納之儀、当月か閏月ニテモ相願候得は、出来可申段御内沙汰会所迄有之、右ニ付、筋惣代相談有之候得共、閏月と相成候得は、三月之上納多分ニ有之、還て当月之方宜と評議一決ニ相成、願書左之通、
願書大略

御米之儀、御高札御直段ヲ以、当月十四日・十五日御上立被仰付被下候、納入用之儀モ壱月ニ付、銀十五匁之
当ヲ以御割賦可被下候、
右之通ニ御座候間、追々御割賦モ相廻リ可申候間、先此状早々御廻可被下候、以上、
二月三日
桜竹俊吾
当村留まり(21)

史料九では筋代が集まり口米上納の時期について話し合いが行われている。事前に会所の方で申し合わせの沙汰があり、筋内で上納の時期について当月か閏月かの話し合いをおこなっている。その話し合いで奥五馬筋では三月上納となれば、その他の上納分も一緒となるため当月にした方が良いとの結論を得た。奥五馬筋では会所に対し当筋の意向として当月における上納を願い出ている。まさに会所と筋（筋代）と連携して郡行政を行っている一場面である。このような会所の活動が確認されるなかで、日田郡という地域社会のなかで会所の性格をどのように位置付けることができるのか、その点を次節で考えていきたい。

第三節　地域社会と会所

本節では会所の成立の背景や会所の活動内容について検討してきたことを踏まえ、会所自体の性格について考えていきたい。会所のあり方を地域社会との関係から考察を進めていくなかで、日田郡会所が行政の中核を担っていたことは前節までの指摘で明らかとなった。会所自体は郡役所の下部組織であり、「御用之会所」として機能している様子が強いと思われる。そのような見解を再考するため、本節では日田郡会所が地域社会のなかにあって、ど

のような役割を果たしていたのか、村々の繋がりや地域社会という視点から会所の位置付けを探っていきたい。

（二）会所と日田商人・丸屋幸右衛門

会所の性格を捉えていくうえで、まず日田商人との関係性を踏まえていくことにする。寛政期頃に会所は一度廃止となるのだが、その理由として、挙げられたのは運営費としての郡中入用の高騰が問題となっていた。表4は文化七年（一八一〇）の五馬市村村入用の内訳をまとめたものだが、そのなかでも「陣屋修復」をはじめ御用向の費用の割合が最も多い。さらに、直後の文化十三年には郡中入用は増加し三十七貫目余となり、次いで天保六年には四十五貫目余まで負担が増えたものの、その後は幕末期まで二十五〜三十貫目くらいを推移している[22]。確かに村入用において郡中入用の出費は莫大であるものの、会所は明治初期まで存続していることから、地域社会にとって必要であったものと頷ける。その運営費である郡中入用は史料十にあるように、掛屋である日田商人の丸屋幸右衛門が役所の業務代行を担い徴収していた。

表4 文化七年五馬市村村入用について

16貫622文（陣屋修復、御用向賃等々）
1貫96文（大原山神事祈祷料、山本院祈祷料等）
1貫20文（大原山神事入用人足代等）
730文（伊勢初穂料）
600文（宇佐宮初穂料）
1貫100文（組頭・百姓代会所召出宿滞・飯代）
570文（御用出勤における宿代等）
1貫280文（村中祭礼入用）
1貫3文（免割における組頭・百姓代見廻・飯代）
1貫480文（道橋川除け、井堰修繕入用）
3貫580文（1年分の御用向き筆・紙・墨代入用）
1貫520文（油・蝋燭、松明代）
9貫741文（朝鮮人臣使来訪における当村出銀）
37文（右同断入用相渡分）
2貫660文（上井手村橋架入用）
米5斗（年番組頭壱人給）
米2石5斗（諸御用方世話における出米）
米1石（廻状定夫壱人分の出米）
米4石／丁銭43貫34文

注）「村入用諸出米銀惣百姓立会割付連判帳」（『五馬市村文書』）を参考。

史料十

一、丁銭拾九貫八百六十八匁　五馬市村

右は、当亥郡中入用前割、書面之通割賦相触候間、当月廿日廿一日両日之内丸屋幸右衛門預り書を以御納可被成候、此廻状村名下江御印形被成早々御順達留リ村より御返し可被成候、以上、

亥七月

会所

右村々　御役頭中(23)

このように郡中入用を徴収する様子は各年代の御用状留において確認できる。序章でも指摘したように日田郡では丸屋幸右衛門がこの業務を一手に引き受けていたようで、日田郡役所において史料十一にもあるように郡中入用の徴収を丸屋幸右衛門に任せていたことは明らかである。

史料十一

一、郡中入用之儀前割は前年十一月、中割は其年三月取立来、尤仕来之通御役所に而取立済之上、丸屋幸右衛門ゟ手形之相預ケ置、会所に而入用之節に手形差出候間、手附・手代奥印いたし相渡、尤竹尾清右衛門取締主法之通、月々勘定仕上為致候上、年々十二月より十一月迄壱ケ年分惣仕上為致来申候、則去々寅年迄之分は治部右衛門方に而見届相済申候、去卯年分勘定仕上書類差出候はゞ、可然御取計可被成候、(24)

その徴収の様子について詳細に見ていくと、史料十一及び複数の御用状留から村々では郡中入用を前割賦、中割賦と振り分けて納入し、その代わりに幸右衛門は預り手形（預書）を発行していたようだ。ただし場合によって村

が郡中入用を支払えない時には幸右衛門が貸付して肩代わりすることも多く(25)、会所にとって高騰する郡中入用の徴収さらには一時的な貸付などを負っていた日田商人丸屋幸右衛門の影響は大きかったであろう。また日田商人との関係から会所の性格を論ずる場合、会所が必ずしも日田郡の各筋の意志を代弁する会所とは限らないのである。この問題は第三章で検討するが、近世後期に日田郡では郡を二分する争論が巻き起こる。奥五馬筋をはじめ山間部の筋では和紙の原料である楮皮を自由に販売する動きを見せる。従来日田商人が安価な値段で独占的に買い占めていた楮皮の他国売り出しは痛手であり、奥五馬筋が役所に願い出た折、日田商人から原料の楮皮を買い、和紙を製造する町場周辺の村との仲裁役となった会所であるが、奥五馬筋の意見に当初は耳を貸さず、原料仲介をする日田商人を庇う姿勢がみられた(26)。このことは会所詰庄屋に日田の町場周辺村が多く就任していることも影響する。さらには会所の運営資金を日田商人による代行業務として徴収させていることからも、会所としては日田商人側に不利益を生じさせる事態を避けようとする思惑があったのではないか。

(二)「庄手一件」における会所の対応

ここでは会所内部における不正への対応をめぐり、会所の性格を考えていきたい。会所は各筋代によって日田郡行政の中核を担ってきたが、そのなかで会所詰庄屋が指導力を発揮することで村どうしの争論などの仲裁に当たっていた。問題を解決する側にある会所において大規模な不正事件が文久二年に発生する。会所詰庄屋を勤めた庄屋の庄手三十郎なる者が会所入用金などを二重に取るという事件を起こすのである。一連の内容を記した史料は「文久二年庄手一件書類入」として袋とじにされているが、そのなかで史料十二の会所入用金が列記された覚書のなか傍線部において二重取りの記載がされている。

史料十二

覚

未十一月十二日

一丁銭六拾三貫四百四拾五文　会所入用銭

此金九両壱分永弐拾五文五分

此利金三両永六拾文九分

但未十二月ゟ戌七月迄三十三ヶ月一ヶ月壱分利足

同

一銀五百五拾五匁四分

此丁銭五拾八貫五百九拾五文

此金八両弐分永六拾六文八分

此利金弐両三分永七拾七文

但右同断

右弐拾三両弐分永弐百三拾文弐分

是ハ三十郎殿二重ニ請用可申候分[27]

（後略）

さらに三十郎による不正事実の内容が次の書状に詳しく記されている。これら一連の文書は奥五馬筋の惣代等によって備忘したものであり内容は次の通りである。

史料十三

御米入用二重取、会所入用二重取、融通講金問方金不始末之一件、大坂願之一条、其外共庄手三十郎殿不束之儀取調方貴殿方江当筋代御頼申候、然ル上ハ郡方一統厳重取締相成候様事之御取斗可下候、仍而為後日印形書付差返申候処、如件、

文久二戌年七月

村々三役人

筋惣代当

――――(28)

史料は庄手三十郎が郡中入用金のほかに米入用の二重取りや融通講金などの扱いにも不正を行っていたことが発覚したと書上げている。その後、「此度日田郡中引合之儀差起リ、勘定不勘弁之取斗有之候処、兵（岳）林寺大超寺殿江相頼、（後略）」(29)として、この事件の取り扱いを日田郡内にある二つの寺院に依頼し、内済によって問題を解決しようと会所組織が動いている。会所で発生した一連の事件については八月七日付の書状で奥五馬筋の庄屋たちに「庄手一条之儀、別紙之通被可相済ニ相成、皆々引取ニ相成申相候処、此段申上候、已上、」(30)として何らかの解決がなされたことを告知している。

史料十四

（前略）
然は庄手一件儀内済相成候処、承り申、三カ村之義ハ書付印形不致栗林方へ差返申、左様御承知可被下候、尤、城内筋は六七ヶ村出来、高瀬筋ハ弐村、小野筋ハ三四ヶ村出来、郡中一体ニして三分一は出来不申得□御座候由、承り申、何連雑□取之検与奉存候、併事済相成候上は印形□〔虫損〕□入不申処ニ奉存上候、(31)
（後略）

その後、会所は村々に対し庄手一件を寺院による内済で解決しようと申し出ているが、村々の理解を得るまでには至らず、日田郡内の三分の一の村においては依然、内済が出来ていない様子と推測される。ただ、この一件に対しての結末を知る史料がなく、詳細は掴めないものの、郡中入用の不正徴収という会所組織の信用に関わる事件において役所による主導で問題解決は図られず、会所は日田郡内の寺院に内済を依頼し、会所による問題の解決を図っている。このように会所自体は役所支配の下部組織にあるものの、会所組織を動揺させる問題に対しては筋内村々の理解を寺院による内済で解決しようとするなど、行政の組織に属してはいるものの、筋内の村々との内済では地域社会の顔である寺院を解して問題を解決させようとしていた。

おわりに

本章では日田郡郡役所の下部組織である会所に注目し、会所が日田郡という地域社会のなかにあってどのような役割を果たしていたのか検討してきた。日田郡において会所がいつ頃設立されたのか詳しい経緯は分からないものの、寛政期に会所詰庄屋の制度が一度廃止され直後に再開された事実を考えると会所の組織の重要性を指摘できるだろう。それは会所の機能に注目すると明らかで、会所が日田郡郡役所を補完する役割を担う存在であった。そのなかで会所の機能を詳細にみていくと、会所を中心とした廻状伝達、さらに会所を支える組織として日田郡の筋代の存在が大きい。当初、筋は日田郡を支配統治するうえで便宜的に設定されたものであるが、これらの組織が日田郡の行政を支えたことは間違いないだろう。本章で確認した奥五馬筋では、輪番制のもと筋代を選出し、筋内で合議の場を設け、様々な問題に会所組織と連携し対処していたことも窺える。

では、会所は郡役所の下部組織として御用の組織であるとも断定できない。会所を取り巻く環境は複雑である。会所を構成する筋代や運営費の徴収を行う日田商人など、状況によって会所の性格は微妙に変化するだろう。ただ会所の活動に関して一貫して言えることは日田郡という地域社会のなかで、会所は地域社会の安定のために動いていることが見えてくる。日田郡の郡政を支えることは言うまでもなく、村落間での争論に際しても、会所詰庄屋が仲裁を行い、問題解決を図っている。また、会所内での不正が発覚した場合においても、役所組織でありながら、寺院を中心に各筋に内済を呼びかけるなどしている。つまり御用の組織でありながら在地社会の意向などが筋代によって会所へ運ばれ、日田郡の行政に一定の影響を与える仕組みとなっていた。

ただし、本章では会所の持つ機能や活動の一部を紹介・分析したもので、全体像を提示するには至っていない。課題としては今後、日田郡という地域社会がどのように変容していくのか、そのことを様々な視覚から考察することと、周辺地域を含めた会所という組織が地域社会のなかでどのような存在であるのか、このような問題点を含め、地域社会のあり方や変容について今後も研究を進めていきたい。

注

（1）会所とは菅原憲二氏が指摘するように「誰かと誰かが会う空間」であって中世の武家屋敷にその源流を求めることができよう。

また、会所の意味合いは広く、物産会所などの商業的活動での会所も含まれるなか、本章では幕府領の役所の下部組織として成立した会所について地域社会との関係から検討していきたい（菅原憲二「日本近世都市会所論のこころみ」朝尾直弘教授退官記念会『日本社会の史的構造　近世・近代』思文閣出版、一九九五年）。

（2）久留島浩『近世幕領の行政と組合村』東京大学出版会、二〇〇二年。

（3）菅原前掲（注1）参考。

（4）志村洋「幕末期松本藩組会所と大庄屋・『物代庄屋』」久留島浩・吉田伸之編『近世の社会的権力』山川出版、一九九六年。

（5）久留島前掲（2）六七頁参考。

（6）村上直校訂『江戸幕府郡代代官史料集』近藤出版、一九八一年。

（7）佐藤晃洋「日田郡幕領における『御廻状留』」『大分県地方史』一四四号、一九九二年。

（8）楠本美智子「第四章　天領『日田騒動』とその後の農村」『近世の地方金融と社会構造』九州大学出版会、一九九九年。木村忠夫「近世日田農村史の若干の問題点」『九州文化史研究所紀要』一六号、一九七一年。

（9）幕末期に日田郡において兼帯庄屋が多いことは既に『天瀬町史』（天瀬町発行、一九七一年）において日田郡八四町村のうち在村の庄屋は三九名であるとして半数近い村では庄屋不在であった。

（10）佐藤前掲（注7）参考。また次の論分も併せて参考とした。佐藤晃洋「日田県時代における中間支配機構」『大分県地方史』一四八・一四九合併号、一九九三年。

（11）会所による廻状の増加については著者は佐藤晃洋氏における日田郡寺内村の廻状分析と同様の見解であり、場合によって触れの順序や触れ継ぎの方法が複数存在していたことも指摘されている（佐藤前掲（注7））。

（12）「天保十五年御用状留」（『五馬市村文書』別府大学附属博物館所蔵）。

（13）「天保十五年御用状留」（『五馬市村文書』別府大学附属博物館所蔵）。

（14）各年代の「御用状留」において、物代職を筋内の庄屋で輪番していることが確認される。

（15）「嘉永五年御用状留」（『五馬市村文書』別府大学附属博物館所蔵）。

（16）志村前掲（注4）一二一頁参考。

（17）「天保十五年御用状留」（『五馬市村文書』別府大学附属博物館所蔵）。

（18）「嘉永五年御用状留」（『五馬市村文書』別府大学附属博物館所蔵）。

（19）「天保九年御用状留」（『五馬市村文書』別府大学附属博物館所蔵）。

（20）「天保十五年御用状留」（『五馬市村文書』別府大学附属博物館所蔵）。

（21）「嘉永五年御用状留」（『五馬市村文書』別府大学附属博物館所蔵）。

（22）各年代の「村入用諸出米銀惣百姓立会割付連判帳」（『五馬市村森家文書』大分県立先哲史料館所蔵）を参考に郡中入用の費用を示している。

（23）「天保十五年御用状留」（『五馬市村文書』別府大学附属博物館所蔵）。

（24）村上前掲（注6）参考。

（25）一例を示すと、天保十一年の「御用状留」には次のように天保七年に諸色高値の際に丸屋幸右衛門から借りた金銭への返済についての廻状が記載されている。このように日田商人の丸屋幸右衛門は郡中入用を徴収するのと同時に掛屋としての顔も見せている。

一、丁銭拾九貫八百六拾八文　　五馬市村

右は天保七年申年、高木様御支配之節ゟ去ル戌六月迄諸色高値ニ付、御陣屋向御普請入用、余事入用、郡中入用御取立元銭無之、御掛屋丸屋幸右衛門方借立之内、此節郡々惣代申談候上、書面之通割賦相触申候間、来ル五月十四日、十五日両日之内、丸屋幸右衛門方江御納可被成候、御承知之上此廻状村名下御請印被印被成、留リ村ゟ御返シ可被成候、已上、

子四月廿一日　日田

会所（印）

（26）「安政四年　楮皮一件書物控」という史料は、奥五馬筋が楮皮の他国自由売買をめぐり役所や関係する組織との折衝を記録したものである。近世後期、日田郡では和紙の製造をめぐっては原料を生産する地域と原料から和紙を製造する地域との利害対立が発生していた。この問題をめぐる地域社会論について本書第三章で検討していく。

（27）「覚」『五馬市村森家文書』。

（28）「御米入用」（『五馬市村森家文書』大分県立先哲史料館所蔵）。

（29）「差入申一札之事」（『五馬市村森家文書』大分県立先哲史料館所蔵）。

（30）「庄手一条之儀」（『五馬市村森家文書』。大分県立先哲史料館所蔵）。

（31）「庄手一条内済」（『五馬市村森家文書』大分県立先哲史料館所蔵）。

第二章　日田郡における筋の編成と地域
—奥五馬筋を事例に—

はじめに

地域とはどのように形成され、どのように認識されるのか。地域は、あくまで概念の空間であって、その空間で生活する人々が相互に認識し生まれるものである。その形成過程や成立背景は千差万別であるが、渡辺尚志氏が「人々が日々の生活を営むうえで密接な政治的・経済的・社会的・文化的結合関係をもつ地理的空間」[2]であると指摘するように、地域を構成する社会的関係とは、村社会もしくは村社会内部の社会的集団を基軸として取り結ばれる関係であって、地域とは一国単位を示すよりも、数か村から郡内の村々を単位として成立することが多い。

図1　日田郡九筋[1]

そこで本章では地域が形成され認識される様子を近世期に日田郡内で組織された政治的空間である筋の編成から注目していく。図1に示すように日田郡では近世期に代官が領内を支配するにあたり、便宜的に九つの筋を設定し、郡の行政は役所の下部組織である会所を中心に会所詰庄屋と各筋から惣代とし

て筋代が参集し話し合いを行い、筋が郡内の組合村としての役割を担うなど、人々にとって筋は一つの地域として認識されていたのではないか[3]。政治的空間である筋が郡内で編成されるにあたり、郡内において何らかの地域の論理のもとで編成されたと考える。

つまり行政的に設定された筋という組織も、中世期より在地社会にある地域結合に影響されて成立していくものと考える。政治的に設定された空間と地域との関係を論じた研究成果を幾つか紹介すると、稲葉継陽氏は、熊本藩の行政組織である手永が戦国期の地域単位を踏まえて編成されたことを指摘しており、近世期での行政組織の設定において中世期の在地社会の影響を考えなくてはならない[4]。金谷千亜紀氏が分析された組合村の運営においては、組合の基盤が助郷・鷹場組合などの重層的な役負担の関係性にあるとしながらも、組合村の運営の根幹は村々の共同意識として、在地社会にある村どうしの共同性・一体性に言及している[5]。また工藤航平氏は、武蔵国八条領は近世期に葛西用水の水利組合として地域編成が設定されたものの明治期になると、「八条領」は解体され、そのなかで上郷・下郷という地域的枠組みを重視した行政区が設定されたことを指摘し、近世期に行政組織として設定され広く認識されていた地域は重層的な構造であって、同時にその内部ではさらなる地域結合が見られることも明らかにされた[6]。

地域は生活する人々の社会的関係や人々の繋がりによって設定された空間であり、結合や集団によって認識される地域の概念は様々である。そのなかで幕領の組合村については行政のために編成された「地域」であって、政治的空間であると同時にその運営方法を通して、組合村などは公共的な地域に成熟したと評価できよう[7]。組合村などを対象とした地域として、渡辺尚志氏が指摘するように政治的空間であり、組合村などの村連合については、「組合村＝地域論ではなく、地域論としては豪農・小前・貧農層・無耕作層などからなる社会構造をおさめたうえで、組合村など村を超えた諸関係と個別領主・国家の役割とを検討[8]」することで地域の全体像が明らかになると説明している。その意味で地域を知るには設定された政治的空間のなかに生じる公共性の基底を探りつつ、そこで生活する人々が認識する地域観を検討することが重要であろう。例えば日田郡九筋のひとつ津江筋において、広瀬淡窓の弟広瀬旭荘は「余が郷津江は深山幽谷他国の人は往来せざる地なり」(9)と記しているように政治的組織である各筋においても生活する人々はそれぞれの地域観を持っている(10)。

そこで本章では近世期に日田郡役所が設定した筋に着目し、その成り立ちや認識の背景を、近世期以前の状況を踏まえながら、日田郡における筋の編成を通じ近世後期における日田郡の状況を考える。併せて近世期に編成された日田郡の筋について、明治期以降どのような地域的なまとまりを示すのか考察していきたい。

第一節　中・近世期における日田郡の村と筋の成立

日田郡内の九つの筋はどのように編成されたのであろうか。本節では近世期における日田郡の筋編成の背景を明らかにしていきたい。先述した稲葉氏の指摘などを踏まえれば、筋が日田郡行政のなかで必要とされ、編成に至るには日田郡における旧来から存在するどのような「地縁の論理」、「地域観」が影響しているのかそのことを念頭に検討していきたい(11)。

(一)　近世初期の日田郡の村々

近世期に設定された日田郡九筋がどのような地域の秩序や組織を基軸として成立したのか、その経緯を検討することは日田郡における近世村の成立を探ることが不可分であろう。本節で

表１　慶長七年の日田郡の村高

入江村	291（石）
東村	100
五馬庄	2772
津江村	1677
石井・堂ノ尾村	968
西高瀬村	403
東高瀬村	622
上野村	1093
柚木・湯山村	1084
井手村	778
堀田村	203
竹田村	1646
くくり・ゆけい村	1346
馬原村	931
万々金村	767
栗林村	487

注）『日田市史』を参考に作成。

表2　寛文4年における日田郡の村々と各筋について

渡里筋	友田村　草場村　十二町村　山田村　羽野村　二串村　坂本村　入江村　渡里村　小迫村
小野筋	用松村　財津村　小竹村　伏木村　藤山村　林村　川内村　秋原村　竹尾村　台村
奥五馬筋	塚田村　本城村　出口村　五馬市村　桜竹村　新城村　芋作村
口五馬筋	女子畑村　湯山村　大鳥村　赤岩村　柚之木村　苗代部村
津江筋	栃原村　梅野村　大野村　赤石村　柚木村　川原村　野田村
高瀬筋	石井村　堂尾村　高瀬村　上野村　内河野村　川下村　山手村　小畑村
大肥筋	中島村　中村　鶴河内村　高野村　祝原村　関村
城内筋	上井手村　下井手村　堀田村　竹田村　古城辺明屋敷村　中城村　求々里村　刃連村　庄手村　城内村　馬原村
大山筋	万々金村　鎌手村　続木村　高取村　小五馬村　栗林村

注）『日田市史』参考。

は、はじめに日田郡における近世期に設定された村の成立過程を追いながら、その後に設定された九つの筋との関係を検討していく。

近世期に設定された筋の原形を探るため、まずは近世初期の日田郡の様子を確認していくことにする。表1は近世初期にあたる慶長七年の日田郡の村を示したものである。日田郡での検地については諸説あるものの、日田郡下に残存する村明細帳からも文禄二年（一五九三）に宮部法印が検地を行ったことが判明している。[12]文禄期の検地の後、慶長七年（一六〇二）の時点で把握されている村は表1にある村々であり、慶長七年の段階ではその後に成立する近世村落は依然成立していない。この段階は近世期に入って村切りされた直後であるが、この慶長七年の村の範囲こそがその後に設定された筋と密接に関わっている。

実は、この慶長七年段階における村は、中世期に成立した地域結合の範囲に大きく影響している。その後表2に示す通り、日田郡においては寛文四年（一六六四）には既に日田郡七十一か村が成立しており、この数十年の間に行政的な組織の編成が進み、村の様子が慶長七年と大きく様変わりした様子が見て取れる。[13]慶長期に認識された村からどの時点で、近世村落が成立したのかは次の課題であるが、当初村切りによって成立した慶長七年段階の村というのは、中世期の地域の状況を色濃く反映させているのではないか。そのことを幾つかの事例から確認していきたい。

例えば表1にある津江村は、『上津江村誌』(14)などを参考にすると慶長期以降、栃原村、梅野村、大野村、赤石村、柚木村、川原村、野田村へ分村されるが、分村された村をひとつにまとめると、まさに慶長期の津江村であり、表2を参考にすると慶長期の津江村がそのまま津江筋へと移行されることになる。つまり慶長七年の津江村の範囲がそのまま津江筋へと移行している。

さらに表1にある五馬庄とは中世期に俗称として認識されていた地域の範囲である。中世期において日田郡下の荘園は日田荘と大肥荘のみであり、正式な荘園ではないものの一定の地域結合として認識されていたようだ。その五馬庄は慶長十三年段階には五馬村と記載が変わり、表2が示すように寛文四年には慶長十三年の五馬村は十三か村に分村され、その十三か村には口五馬筋と奥五馬筋という二つの筋が設定された。近世期の口・奥五馬筋の範囲こそ中世期の五馬庄と呼ばれていた地域結合に該当する。

また九筋のうち大山筋は表1の万々金村と栗林村を併せた二村で構成されている。元々中世期には俗称として、万々金村と栗林村を併せた範囲を大山庄と呼んでいたようであり、慶長七年段階では中世期の俗称である大山庄が二村に分かれ検地されたものと思われる。その後年代が下ると二村から六村となり、その六村が近世期の大山筋に該当する。史料一は国人領主の知行目録において、地域の範囲を示す言葉の大山庄のなかに「またね村分」との記載がある。

史料一

戸倉反重宛行知行目録写

豊後国日田郡之内

一、百九拾壱石壱斗六升七合八才ハ大山庄之またね村分(15)

この「またね村」とは万々金村のことであろうか。ともかく大山筋の原形は大山庄であり、その庄内に近世村落の範囲が含まれていたことを窺わせる。

このように近世期に設定された筋は中世期の地域結合の影響を受け、中世期の地域的なまとまりが近世初期の村切りに一定の影響をあたえ、その後に設定された筋においても大まかな枠組みを継承したものと考える。従来、豊臣政権下で行われた「村切り」についても、史料の残存状況や検地によって把握したのは村よりも庄郷が大部分であったことを伊藤陽啓氏が指摘されるなど、近世村落の成立では在地社会の「地域の論理」などの影響を十分に考慮すべきであろう。(16)まさに近世村落の成り立ちは、権力者側からによる一方的な政策ではなく、長谷川裕子氏が指摘しているように、村の成り立ちは中世末期の在地状況を反映しているものであり、(17)日田郡が近世期に設定した筋も、中世期において存在していた地域結合の影響さらには近世初期の村切りに大きく影響されているのではないか。

筋が設定された時期、幕府領では大庄屋制が廃止された時期にあたり、大庄屋制の廃止に伴い日田役所では支配地を統治するため、筋を設定し、各筋への法令順達や郡行政への金銭的負担を求めるため役所の下部組織に筋代を参集させ寄合所を設け、郡─村をより行政的な組織へと変質させていったのではないか。なお近世後期に寄合所は会所と改め、各村庄屋により惣代的な性格を付与させることになる。(18)日田郡において近世期に筋を設定するにあたり幕藩権力は中世的な地域の範囲を参考にし、円滑な郡行政を遂行のために設定していくなかで、筋設定の経緯について次項では五馬庄を事例に筋の編成において原形となった地域結合について検討していきたい。

（二）五馬庄の変遷

近世初期の日田郡の村の成立が中世期において成立していた地域結合の影響を受けており、五馬庄や大山庄、津江庄が中世期の俗称で正式な荘園ではないことは渡辺澄夫氏をはじめ多くの自治体史で指摘している[19]。荘園ではなくとも人々の間で長い間地域として認識されていた俗称が中世期から近世期においても継承され、その後の日田郡行政の軸となる筋へと編成されていく経緯こそが重要ではないか。本項では、五馬庄を事例に俗称である地域結合が成立した背景と、その俗称が近世期に至るまでどのように継承されていったのか、その過程を探っていきたい。

五馬庄という地域の成り立ちを探るには遡って和銅六年（七一三）の『豊後風土記』の「昔者此山有土蜘蛛。名日五馬媛。因日五馬山。」[20]という記載に注目していきたい。そのなかで五馬庄は五馬山と呼称されており、古代にはこの地域を五馬媛と呼ばれた首長が治めていたようだ。『天瀬町史』[21]には、五馬媛が、景行天皇が熊襲平定のため九州に来られた際、天皇に帰順したとの伝承を紹介している。この五馬媛が支配する範囲とは、玖珠川と大山川に挟まれた現在の五馬台地一帯であり、まさに五馬庄の範囲に該当する。その時期に創建され五馬市村に鎮座する玉来神社には景行天皇と五馬媛を祭神としていることから、五馬庄は信仰的な結びつきを背景とする地域として古代より認識されていたと考える。なお近世後期においても五馬庄の名は人々の間で共通する地域結合として文書に記され、口・奥五馬筋の両筋を信仰圏一帯として認識させるもので、近世後期においても依然として信仰的結合が確認される。その様子については第三節で確認していく。

古代より地域結合の認識が確認されるなか中世期には史料二にあるように享徳二年「山中薬師堂鰐口銘」と、日田郡下における五馬庄が地域結合を示す名称として広く使用されていたことが窺われる。

史料二

日本豊後州日田郡五馬庄山中堂鰐口、
時旦那子孫繁昌氏、
享徳二年霜月十五日[22]、

信仰的な結合が五馬庄の成り立ちに大きな影響を受け、その後五馬庄という地域は中世後期には支配者所領の範囲として使用され、一定の地域として認識されている。例えば史料三の『日田記』には郡内を示す地域区部として「三郷三庄」という表現で示し、そのなかに「五馬庄」の名称が記載されている。

史料三

日田記

豊西記曰勅ヲ奉テ石井・岩崎・堀・武田ノ四人当初開発ノ為、帝都ヨリ下向セシメ郡内ヲ三郷三庄ニ分ツ、野郷、日理郷、有田郷、大山庄、五馬庄、大肥庄是ナリ[23]、

また同様に『日田記』には戦国期、五馬庄に関する記載として永禄十二年（一五七〇）二月五日付けで財津治部少輔への安堵状が大友氏配下の財津氏へ発給されており、財津氏は五馬庄の管理を行ってようだ。

史料四

一大友殿御代ニ大山之内由木、中津尾、下津留、此三ケ村ハ、日田御奉行衆之内、財津殿と申仁、御知行ニ御取被成候、此代官ハ財津弥六左衛門と申ものニ而御座候、則財津殿ハ五馬之庄御郡代ニて御座候[24]、

その他に『日田記』では田北紹鉄の反乱に関連し、討伐を行った地域として五馬庄の記載が度々行われるなど、中世期において五馬庄は正式な荘園ではないものの、日田郡を実質的に支配していた日田氏の被官である財津氏の一所領として記載されるなど五馬台地一帯の地域を現す地域呼称は継承されている。(25) このような呼称使用の背景には信仰的な信仰圏を背景に、五馬庄一帯がひとつの地域的まとまりとして認識され、中世期において一定の地域として成立していたものと思われる。

その後、文禄年間の検地を経た慶長七年においても公的文書に五馬庄として記載され、やがて慶長十三年には五馬村という記載に変わり、日田郡で近世村落と筋が設定される前後に旧五馬村は十三か村と分かれ、五馬庄は口・奥五馬筋へ編成されていった。おそらく、近世期において筋を設定する場合、支配を行う上で便宜的に五馬庄を二筋に分けたのであろうが、五馬庄の地域認識は、近世期と通じても消えることはなく、近世後期の万延元年（一八六〇）の「御用談記」において年貢枡の取り扱いに関し、口・奥五馬筋が互いに争論となった場合でも史料五の文言にあるように両筋は一村同様であるとの記載がなされるなど両筋において五馬庄としての一体性が窺える。

史料五

一、此度御蔵所斗枡一件、別紙之通極出来候上は、両筋之儀一村同様ニ相心得居、両筋丈ニ而前後相争候様之事ニ而は不宜候間、小前末々迄も申聞睦間敷計り、若壱弐ヶ村ニ而茂右極ニ相違いたし候取計を請候節な事実取調候上、相互申合勝手不申張、早速新枡願立申候（後略）、(26)

ただし両筋は近世期を通して政治的・地理的と互いに独自の生活圏を形成していき、行政的にも分離していくなかで奥五馬筋における行政・経済的など重層的な内部構造についてみていきたい。

第二節　近世後期における奥五馬筋

近世期において旧五馬庄には口五馬・奥五馬筋が設定され、日田郡では円滑な郡行政の遂行を図るため役所の下部組織に設定された会所を中心に、各筋から筋代を選出させ、会所を中心とした行政組織のなかに筋を組み込んでいった。これまで日田郡と組合村の機能については、佐藤晃洋氏による組合村（各筋）と役所との廻状を介した分析から郡行政の実態が明らかになりつつある。[27] また本書第一章における役所の下部組織である会所の機能を指摘することで、郡行政をめぐる会所と筋代の関係や奥五馬筋における惣代庄屋としての役割の一端を明らかにしてきた。言うならば、近世期において日田郡下における九つの筋も地域として広く認識され、一例を示せば史料六のように五馬市村は筋単位での稲刈りの時期を役所に提出していることから日田郡において筋は行政組織に組み込まれ日田郡支配下での、自らの地域を示す呼称として使用されていた。

史料六

本新　　　　　　　　　　　　　日田郡五馬市村
一惣田反別弐拾七町五畝拾四歩
　内
七町弐反歩　　　　　　早稲
　是は八月廿五日頃ゟ苅上可申候
拾弐町三反歩　　　　　中稲

是は九月五日頃ゟ苅上可申候
七町五畝拾四歩　晩稲
是は同月十日頃ゟ苅上可申候
〆
但筋内一同右去午年扣反別之通書上申候、尤、苅上右同断之事、右は私共組合村々当未田方根付取調候処、四月廿五日ゟ五月廿四日迄ニ皆根付仕候ニ付、此段為御届以書付奉申上候、以上、
未五月
右村々惣代
五馬市村庄屋　信作
日田御役所(28)

筋は近世期の日田郡において郡行政には欠かすことの出来ない組織として機能している。第三章の「楮販売における奥五馬筋と地域社会」では、近世後期において日田郡役所と各筋の間で筋を単位としたやり取りから筋ごとに生活を守る意識が確認される。楮皮販売の自由化を求める山間部の筋と、紙漉の原料である楮の価格の上昇を嫌う紙漉側の筋は生活に直結する自らの利益が全面的に展開され、郡のなかで筋が大きな生活圏でもあることも伺わせる。また次いで奥五馬筋による日田役所への願書である史料七を見ていきたい。

史料七

奥五馬筋七カ村之儀、山中野依之場所ニ付、先前ゟ牛馬之子を育、両築肥之間より買ニ入込候ものへ売渡、御

年貢銀其外江仕来候処、五六ヶ年已前ゟ牛馬他国売出方御差留ニ相成、売捌方極々差支大ニ難渋仕候、尤、他国江売出し候而は、自然ニ牛馬無数直段も高直ニ相成一躰ニ取候而は郡中可為迷惑与之御趣意ニ可有候得共、郡中村々ニ而も秣場之多少ニ寄、飼もふと見競相承候儀ニ付、下直ニ有之候迚一疋繋居候小前繋候訳ニ分至リ不申、殊ニ駒子牡牛子老斗は是非他国へ売出不申而は郡内江其年々ニ育候分不残売附候品々ニ決而無御座（後略）、(29)

長文のため趣旨のみを紹介するが、奥五馬筋では牛馬を育て、それを他国へ売り渡し年貢銀の足しにしているが、数年前より他国販売を制限され、奥五馬筋の村々が困惑したとある。まさにこの史料七も、楮皮販売の自由化と同様で、奥五馬筋が日田役所に対し自らの生活のために奥五馬筋全体牛馬販売の自由化を要求したものであり、筋という単位を自らの生活圏と意識している。その意味で近世期において旧五馬庄を二筋に編成する際には、地理的な判断によって山間部である奥五馬筋が設定された可能性が高い。近世期に旧五馬庄から奥五馬筋を設定する際に生活する人々の生活圏も考慮したのではないか。その意味で筋は支配者による独断的な編成というより、従来からそこで暮らす人々の生活圏を背景に設定されたと考える。

では近世期には日田郡の各筋が行政・生活の枠組みとして成立していくなかで中世期よりの旧五馬庄の地域観はどうであろうか。そこで奥五馬筋で生活する人々の地域観を探るにあたり、一例として家や村社会の意向が反映する婚姻を事例として、五馬市村から嫁ぐ婚姻の実態を示した。なお養子の事例は除いている。五馬市村では村内に複数ある村組が婚姻に大きな影響を及ぼし多くの婚姻は村組内部で行われているようだ(30)。そのなかで近世後期の婚姻の事例一六

表３　近世後期の婚姻状況

五馬市村（村内婚）	44
奥五馬筋の村へ嫁ぐ	59
大山筋　〃	21
口五馬筋〃	12
城内筋　〃	6
渡里筋　〃	3
高瀬筋　〃	2
小野筋　〃	1
その他（玖珠郡）	14

注)「宗門改帳」と「五馬市村戸籍」(『五馬市村文書』)より作成。

二を分析していくと、五馬市村から村内へ嫁ぐ女性は全体からして二七％である。五馬市村以外の奥五馬筋の村々に嫁いだ女性は三六％である。この両方を合わせると五馬市村からの婚姻は奥五馬筋全体で凡そ六二％となる。五馬市村から地理的にみて大山筋や口五馬筋の村々はともに近隣である。特に五馬市村では村内婚以外の婚姻では旧五馬庄の口五馬筋よりも大山筋に嫁ぐ方が多い。この背景には大山筋で冬季に女性が紙漉きを行うために大山筋周辺村々に多くの女性が出稼ぎに行く経済的活動による交流があることが口五馬筋より多くの女性が嫁いでいる理由ではないだろうか[31]。

第三章で見られた楮皮の販売自由化や牛馬の売買をめぐる動きなど、近世後期に奥五馬筋は経済的な単位としてまとまった地域観が窺える。また奥五馬筋では森林資源の枯渇に悩み、村々入会として、村明細帳などでは奥五馬筋内部の村々が互いの入会地の採草の取り決めを行っている[32]。時に争論に発展することもあるが、そのような筋内で取り決めた事実からも生活のため村どうしで筋内の生活を基軸とした地域認識が存在していたのであろう。さらに五馬市村全体の質地契約では隣村の新城村をはじめ奥五馬筋の村々との契約が殆どであり[33]、まさに筋という範囲が生活の場としての地域であると認識されている。

ただし近世後期においても旧五馬庄の地域認識は信仰という結びつきのなかで継承されていた。次節では信仰という側面から旧五馬庄の範囲であった口・奥五馬筋の近世後期における結合の様子について見ていきたい。

第三節　信仰からみる旧五馬庄域—近世後期の五馬庄十三か村—

第一節で示したように、中世期を通じて広く認識されていた五馬庄は、五馬台地一帯における玉来社などの信仰的結合を背景に認識されていた地域である。津江筋でも中世期に地域結合が見られ、津江庄はそのまま筋に編成されている。津江庄一帯は安楽寺という寺院の寺領であって、そこに老松社を広く勧請し、近世期には津江筋七か村

玉来神社

すべてに老松社が鎮座するなど、津江庄においても信仰的結合を背景とした地域結合が中世期における信仰的な結合を背景に成立している。前節で見たように近世期に筋が設定され、五馬庄は支配上口五馬・奥五馬筋の二筋に編成されるものの、旧五馬庄の地域認識は消滅したわけではない。両筋は五馬庄という地域を信仰的な結びつきによって近世後期においても認識されていた。その点を五馬市村における玉来神社、金凝神社の二社と村々との関係から検討していきたい。

（一）玉来社と五馬庄

玉来社は近世期において玉来大明神と呼ばれており、『天瀬町誌』[34]によると旧村社とある。中世期の五馬庄では玉来社の信仰圏そのものが地域結合の契機となっており、近世後期においても依然として口・奥五馬筋をひとつの地域と認識させる信仰圏を有していた。

そのことをまず実際の玉来社の石鳥居に残る文言から確認すると、そこには「宝暦二年四月　日田郡万々金村石工仁右衛門・源蔵、願主日田郡五馬市村庄屋喜祖兵衛永□」[35]とあり、宝暦二年（一七五二）に五馬市村庄屋が石鳥居を寄進してことが確認され、下って文政八年（一八二五）には「奉寄進　施主五馬市邑庄屋森周平・同邑新兵衛・同邑品右衛門、文政十丁亥八月吉日、石工万々金邑源助・石垣山口邑源六、五馬市邑氏子中」[36]とあり、石鳥居が五馬市村庄屋である周平らによって寄進されている。玉来社は五馬市村の中心の小高い丘にあり、近世後期には五馬市村の村人による玉来社の石鳥居等の寄進から五馬市村を中心とした信仰が確認されるものの、史料八、天保九年（一八三八）村明細帳には、玉来社を中心に毎年秋に祭礼が行われ、金凝社と併せて二社が「口奥五馬筋氏神」と記され、両社の秋の祭礼に口・奥五馬筋から村人が参加して祭礼市などが立てられるなど、玉来社の氏子が旧五馬庄の範囲に及んでいたことが窺われる。

史料八

是ハ本社拝殿修復之儀五馬市村ゟ前々仕来申候、右両社之儀口奥五馬筋氏神ニて毎年九月十八日ゟ廿一日迄祭礼市立申候[37]、

また天保九年の村明細帳では、玉来社において毎年賑やかに祭礼が開催されていたことが示されるものの、近世後期、玉来社の祭礼が一時期寂れており、その祭礼を賑やかにしようとする動きが次の史料九から窺える。

史料九

日田郡五馬庄拾三ヶ村氏神五馬市村玉来大明神九月十九日ゟ廿一日迄年々定例祭御座候然ル処、以前は賑々敷御座候処近年至而淋敷相成申候間近頃恐多御願御座候得共御慈悲御勘弁を以祭中一二日之間小見セ物御免被成下候様奉願上候、右願之通被仰付被下置候ハヽ、難有奉存候、以上、

表4　玉来社について（旧村社）

祭神	景行天皇　五馬媛　等々
由緒	創立不詳。古来より五馬庄内の宗祀と伝える。

注）『天瀬町誌』参考。

未九月

百姓代　新兵衛
組頭　善左衛門
庄屋　周平

日田　御役所(38)

史料には玉来社の祭礼の活気を取り戻そうと祭礼の期間「小見セ物」を出店する許可を役所に願い出ている。そのなかで五馬市村の庄屋は玉来社について「五馬庄拾三か村氏神」と表現し、玉来社が五馬庄の氏神であることを述べるなど、近世後期においても玉来社の信仰圏は旧五馬庄の範囲であり、近世期における口五馬・奥五馬筋の村々であったことが確認される。次いで史料十は役所へ奥五馬筋から差出した祭礼での風紀取り締まりに関するものである。

史料十

差出申一札之事

当郡五馬市村玉来宮祭礼之儀、近年不取締之儀在之、右は氏神祭礼之儀ハ氏子中心を以、祭礼相勤可申処、五馬市村是迄之心得方ニ而ハ小前不弁之もの共は此上悪事増長いたし、終ニは一村は勿論、組合村々迄困窮之基ニ相成候儀ニ付、此節厳重御吟味可被仰付之処、右之次第不容易儀ニ付、格別之御勘弁を以、向後村役人共一同申合、決而不取締之儀無之様、勿論取締向申談候共、祭礼不賑合ニ為致与申訳ニは無之、実意正道を相守、祭礼仕候得は神慮ニ茂相叶候儀ニ付、決而心得違仕間敷旨、厚キ御慈悲之御利解之趣承知、奉畏恐入難有仕合

ニ奉存候、然ル上は以来之儀は不取締之儀無之様、村役人并組合村々共申合、小前末々迄行届様一同利解為申聞、尚又祭礼中は時々見廻可仕候、依之組合村々惣代連印書付差出申候間、右之段宜敷被　仰上被下候様奉願上候、以上、

巳

九月

日田郡五馬市村

小前惣代

品右衛門（印）

百姓代

新兵衛（印）

（以下組頭、庄屋、組合村々惣代計十一名略）

会所詰

刃連村庄屋

仙助殿(39)

史料十から玉来社の祭礼が奥五馬筋などの氏子によって催されていたことが確認できる。史料に役所からの玉来社祭礼において組合村以外おそらくは口五馬筋などからも多く参加することから風紀の乱れの取締まり求められ、筋として取り締まりに勤める旨が記されている。

金凝神社

（二）金凝社と旧五馬庄

次に金凝社について見ていきたい。金凝社に残る由緒では金凝社の創立年代は不詳であるが、玉来社の五馬媛伝承と同様に金凝社も古代より五馬台地一帯の地域を信仰圏としていたと思われる[40]。ただし表5の由緒には和銅三年に十三カ村より石虎を奉納とあるのは、おそらくこの十三か村は近世期の口・奥五馬筋の十三か村であり、近世期に奉納された際に作られた由緒ではないだろうか。ただし、この由緒を見る限り中世期の五馬庄から近世の十三か村への地域認識を結びつけることは可能であろう。本項においても信仰による中世期から近世期における地域結合の連続性について金凝社を通して確認していきたい。そのなかで玉来社と異なるのは金凝社が郷社ということである。つまり位置付けとして金凝社は郷社とあって、玉来社より五馬庄全域に氏子圏を有することが一層明らかとなる。そのことを裏付けるものとして金凝社の石鳥居左右石柱に刻まれた文言を読んでいき、その内容を史料十一としてまとめた。

史料十一（金凝神社　石鳥居　正徳四年（一七一四））

（右柱）日田郡渡里村石工伝内・宋右衛門・藤七・同郡五馬庄苗代部村弥兵衛

（左柱）日田郡五馬郷　本城村願主高倉助作・同姓甚左衛門・江島平右衛門・庄屋日隈

表５　金凝社について（旧郷社）

祭神	綏靖天皇　武磐龍命
由緒	創立起願詳ならずと雖も綏靖天皇の丁亥八年舟師を筑紫に下し、熊襲を誅することあり、又、大化新政に当り五馬庄を置かれ、和銅三庚戌年九月、十三カ村より石虎を奉納せし事実より考えるに、和銅以前の創立なるが如し。

注）『天瀬町誌』参考。

仁右衛門、正徳四年甲午三月吉日(41)

左右石柱いずれも建立に関わった人物の名前が記されている。そこには苗代部村など旧五馬庄内の村名が記されており、玉来社の事例とも併せて考えると近世期を通してなお旧五馬庄地域は氏子による信仰において結ばれていたことが確認される。また天保四年の石垣の修繕では「天保四年癸巳九月吉日、本城村庄屋山田良平・新城村庄屋羽野彦右衛門、同村前庄屋羽野連平、世話人本城村（後略）」(42)とあり、五馬市村に鎮座している金凝社を他村の新城村や本城村が修繕するなど、金凝社が旧五馬庄の郷社であったことは拝殿等の修理の様子からも窺われる。本殿正面の右側の石柱からは近世後期において神殿などを修復したことが確認され、石柱には「奉再造金凝神殿、本城邨産子、奥口十三邨産子、願主本城村庄屋山田久右衛門」(43)とその後の世話人や氏子の名前が記されており、その内容を史料十二としてまとめた。

史料十二

五馬庄惣鎮守金凝社他は五馬市村で拝殿は新城、神殿は従往古本城村之修造所也、是旧殿破損故、口奥五馬十三村之□〔虫損〕衆人一心合力、以奉納再建所也、
嘉永七年甲寅年秋九月五日以吉日上棟、(44)

史料にあげた石柱には嘉永七年（一八五四）に金凝社の拝殿や神殿が修復された時の状況

が記載されている。そこには従来から拝殿は新城村、神殿については本城村によって修復がなされたことを明記したうえで、この時の修復においては口・奥五馬筋の村人の協力によって再建されたことが記されている。

また、金凝社で行われる毎年秋の祭礼には多くの地域から参加していたことが次の史料十三から確認される。史料には祭礼において相撲などを開催し風紀を乱す恐れを指摘され、留意する旨を会所の方から奥五馬筋の村々に触れが出されていることから、この金凝社の祭礼には少なくとも奥五馬筋の村人が参加することが確認される。役所からの触れが筋ごとに出されているため旧五馬庄に該当する口五馬筋の村々にも出され口五馬筋の村々からの参加の可能性も推測される。

史料十三

当月祭礼ニ付、太鼓ヲ打チ若きもの集リ相撲相催候趣相聞、心得違旨以外之儀ニ付、仮令祭礼たりとも右様之儀不仕候様、尚又追々御見廻リも可有候間此段被仰渡候間、急束御村々共右之趣、小前之ものえ御論可被成候、必無等閑様御取計此状刻付を以御廻シ可被成候、以上、

九月八日　　会所

始　桜竹　本城　新城　塚田　出口　芋作　五馬市留リ

右村々　御役頭中(45)

祭礼などを通し口・奥五馬筋の十三か村の村人によって五馬市村に鎮座する二つの社は近世後期においても信仰の対象とされている。両筋十三か村はまさに中世期に俗称として認知されていた五馬庄の範囲であり、信仰的な結合が地域結合の契機にある五馬庄の範囲が、近世後期において口・奥五馬筋の範囲と合致していることは、中世期

から近世期において玉来社や金凝社の信仰圏が存続しており、近世後期においても両社を中心とした十三か村の結びつきを確認することができた。

おわりに

本章では近世期に日田郡に設定された筋について、筋の成り立ちや機能について奥五馬筋を中心に検討してきた。中世期に確認される地域結合がその後の近世期における村切りに大きく影響し、多くの村は分村し、郡内には近世村落が成立するが、近世初期の村切りされた村と筋との範囲が多く合致されていたことを考えると、日田役所は中世期において成立した地域結合を近世期に筋を設定する段階で参考にして編成したと指摘できるだろう。

中世期に呼称される五馬庄や津江山などの地域は中世期に信仰的な結合を契機に人々から認識され、その地域結合を日田役所は利用し、役所下部組織に寄合所を設け、日田郡役所はそれぞれの筋代を通し筋は掌握し円滑な支配を行うことで郡行政の円滑な運営を目論んでいた。そして筋は旧来からの地域結合を基軸に設定されており、そこは人々の生活の場でもあった。

そのなかで五馬庄に注目すると、五馬庄は近世期には口五馬・奥五馬筋の二筋の行政的組織に編成され、奥五馬筋を見ると、一つの生活圏を形成したことを確認することができた。筋内における婚姻の様子や村々での入会地の設定については筋を単位としたひとつの生活の場であり、牛馬販売の自由化については筋が役所に対し訴願するなど、筋によるまとまりを強く意識させる事例であろう。近世後期には筋が一定の生活圏となっていた点については第三章によって明らかにしていく。本章で検討した筋の原形は中世期における地域結合を近世期に編成し、日田役所が支配のために利用したもので、筋は行政的役割の基底にあり信仰・生活の場という重層的な構造を含んでいた。同時に奥五馬筋では近世期を通して信仰圏として口五馬筋の村々とを併せた旧五馬庄の地域認識も残存していたの

表6　中世期から現在における日田郡の地域・自治体の変遷

時　期	中世期	近世期（筋）	昭和後期	現在（2012年）
日田郡	日田荘	渡里・小野・高瀬・城内	日田市	日田市
	大肥荘	大肥		
	大山庄	大山	大山町	
	津江庄	津江	中津江・前津江・上津江村	
	五馬庄	口五馬・奥五馬	天瀬町	

である。その点に関連し松本和明氏[46]は畿内近国を事例に領主支配の支配による結合を相対化するための地域結合を検討されている。そもそも非領国地域と幕領日田郡では支配の形態も異なるものの、領主支配による地域結合が近代をむかえるにおいてどのような変遷を辿るか、松沢裕作氏[47]は近代行政制度と組合村との違いについても指摘しており、今後地域の結合を考えるうえで参考としていきたい。

明治二十一年において連合村からの合併では五馬市村は塚田村、出口村と合併し新村の五馬村を成立させるが、甲斐素純氏[48]が紹介された明治二十一年の新町村合併における選定事由のなかで五馬市村を「五馬荘ニ属シ」とするなど、各村では前権力者による行政組織の名称である筋の呼称ではなく、各村の合併に際し、中世期からの地域のまとまりを合併事由として用いている。

近世期には各筋が生活の場であったことは奥五馬筋を事例に指摘したが、中世期における地域結合の影響は信仰を契機に認識され近世後期においても口・奥五馬筋による祭礼や社殿修復などを通し広く両筋十三か村には残存していたことも確認でき、それは近世期において設定された筋を含め、中世期から現在に至るまでの日田郡内の地域編成の変遷を見ると非常に興味深く、大きな影響を与えている。

表6に日田郡における中世期から現在に至るまでの地域や自治体の変遷の流れを示したが、日田郡で設定された筋という枠組みが近世で消滅したあと、地域の枠組みでは筋設定で参考とされ中世期において認識された地域結合の枠組みが一定の基盤を成し得ていたと思われる。中世期に俗称であった大山庄は近世期に大山筋六か村となり、

近年の合併直前まで大山町域であった。また五馬庄域にあった十三村は近世期には口五馬筋と奥五馬筋に分割されたものの、その後は合併し栄村・天瀬町域となっている。現在の日田市は合併により日田郡そのままの範囲となったものの旧日田市域も中世期の日田荘・大肥荘域である。

近世期に日田役所が設定した筋は、その原形は中世末期における地域的なまとまりに求めることができ、本来はこのような地域が中世から近世を通しそこで生活する人々のなかで共通認識にあった空間ではないか。その地域的なまとまりを近世の幕藩権力が円滑な支配のために利用したものと考える。そのため表6で示した歴史的な地域の変遷がそのことを物語っているのではないだろうか。

（注）

（1）中野等「幕府年貢米の長崎廻米をめぐる諸問題」丸山雍成編著『幕藩制下の政治と社会』、二三八頁引用。
（2）渡辺尚志「第一章　日本近世における地域」『近世の豪農と村落共同体』東京大学出版会、一九九四年。
（3）本書第一章参考。
（4）稲葉継陽「第一章　熊本藩政の成立と地域社会」吉村豊雄・三澤純・稲葉継陽編『熊本藩の地域社会と行政』思文閣出版、二〇〇九年。
（5）金谷千亜紀「一八世紀における組合村の地域運営」浪川健治ほか『周辺地域から全体史へ』清文堂出版、二〇〇九年。
（6）工藤航平「近世後期の葛西用水八条領組合の組織的変遷と地域意識」『文書館紀要』一九、二〇〇六年。
（7）久留島浩『近世幕領の行政と組合村』東京大学出版会、二〇〇二年。平川新①『紛争と世論』東京大学出版会、一九九六年、②「「郡中」公共圏の形成」『日本史研究』五一一、二〇〇五年。
（8）渡辺尚志『豪農・村落共同体と地域社会』柏書房、二〇〇七年。一九八頁参考。
（9）『上津江村誌』一九九二年、八八頁参考。
（10）青木美智男「地域文化の生成」『岩波講座　日本通史第一五巻』岩波書店、一九九五年。

(11) 村田路人『近世広域支配の研究』大阪大学出版会、一九九五年。
(12) 森山恒雄「第二章　文禄二年没収領の豊臣蔵入地」『豊臣九州蔵入地の研究』吉川弘文館、一九八三年。
(13) 『日田市史』等を参考にすると、慶長期に比べ寛文期頃では村が分村され大きく変化する。また元禄期には村方三役制も整備されることから日田郡における近世村落の成立については十七世紀の半ば頃だと考える。
(14) 『上津江村誌』一九九二年。
(15) 渡辺澄夫編『豊後国荘園公領史料集成八(下)』別府大学図書館、一九九五年。
(16) 伊藤陽啓「「村切」再考察のこころみ」『信濃』第五五巻、第三号、二〇〇三年。
(17) 長谷川裕子『中近世移行期における村の生存と土豪』校倉書房、二〇〇九年。
(18) 本書第一章参考。
(19) 渡辺澄夫「豊後国日田郡日田荘・津江山・大肥荘について」『大分県地方史』一七〜二〇号、一九六九年。
(20) 「豊後国風土記」渡辺澄夫編『豊後国荘園公領史料集成八(下)』別府大学図書館、一九九五年。
(21) 『天瀬町史』一九七一年、三頁参考。
(22) 「山中薬師堂鰐口銘」渡辺澄夫編『豊後国荘園公領史料集成八(下)』別府大学図書館、一九九五年。
(23) 芥川龍男・財津永延編『日田記』文献出版、一九七七年。
(24) 前掲（注23）同史料。
(25) 「大友氏所領打渡機構と日田」杉本勲編『九州天領の研究』吉川弘文館、一九七六年。
(26) 「中極書之事」『奥五馬筋桜竹村并本城村庄屋文書』日田教育委員会、二〇〇九年。
(27) 佐藤晃洋①「日田郡幕領における「御廻状留」」『大分県地方史』一四四、一九九二年。②「日田県時代における中間支配機構」『大分県地方史』一四八・一四九合併号、一九九三年。
(28) 「覚」(『五馬市村文書』別府大学附属博物館所蔵)。
(29) 「乍恐以書付奉願上候」(『五馬市村文書』別府大学附属博物館所蔵)。
(30) 本書第六章参考。
(31) 本書第三章や七章で一部紹介しているが、五馬市村において女性を中心に冬季は紙漉のために大山川流域の村々へ出稼ぎを行っているようだ。そのために大山筋との経済的な活動を通じて婚姻の割合も高くなったのではないかと考える。
(32) 本書序章参考。
(33) 本書第四章参考。

(34)『天瀬町誌』一九八六年、三八七頁参考。
(35)玉来神社、現地調査による。
(36)玉来神社、現地調査による。
(37)「天保九年　村明細帳」(『五馬市村文書』別府大学附属博物館所蔵)。
(38)「乍恐以書付奉願上候」(『五馬市村文書』別府大学附属博物館所蔵)。
(39)木村忠夫「近世日田農村史の若干の問題点」『九州文化史研究所研紀要』一六号、一九七一年。末尾史料「五馬市村祭礼之儀ニ付差出候取締書付　奥五馬筋村々」を利用した。
(40)『天瀬町誌』一九八六年、三八六頁参考。
(41)金凝神社、現地調査による。
(42)金凝神社、現地調査による。
(43)金凝神社、現地調査による。
(44)「金凝神社」の記載箇所を参考とした。甲斐素純編『豊国の神々』宝八幡宮社務所、一九九八年。
(45)「天保十五年御用状留」(『五馬市村文書』別府大学附属博物館所蔵)。
(46)松本和明「近世畿内近国における領主支配と地域結合」『ヒストリア』二一八、二〇〇九年。
(47)松沢裕作『明治地方自治体制の起源』東京大学出版会、二〇〇九年。
(48)甲斐素純「明治21年の市制・町村制と玖珠郡・日田郡―新町村名選定事由を中心として―(その2)」『大分県地方史』一九五号、二〇〇五年。

第三章　日田郡における楮皮販売と地域社会—奥五馬筋を事例に—

はじめに

地域社会とはどのように形成され、どのように認識されるのか。地域社会は、あくまで概念の空間であって、その空間で生活する人々が相互に認識するものである。その形成過程や成立背景も千差万別であるが、渡辺尚志氏が「人々が日々の生活を営むうえで密接な政治的・経済的・社会的・文化的結合関係をもつ地理的空間」であると指摘するように、地域を構成する社会的関係とは、村社会もしくは村社会内部の社会的集団を基軸として取り結ばれる関係であって、地域社会とは一国単位を示すよりも、数か村から郡内の村々を単位として成立することが多い。

本章では地域社会が形成され認識される様子を近世期に日田郡内で組織された政治的空間である筋に注目する。日田郡では近世期に代官が領内を支配するにあたり、便宜的に筋を設定したとされるが、その筋が設定された経緯

表１　日田郡各筋と村

渡里筋	10か村
城内筋	11か村
高瀬筋	8か村
口五馬筋	6か村
奥五馬筋	7か村
大山筋	6か村
津江筋	7か村
小野筋	10か村
大肥筋	6か村

注）『日田市史』参考。

について前章で指摘し、中世以前からの地域的なまとまりが近世社会において利用されていたことを明らかにした。日田郡における地域社会の様相を検討するにおいて日田郡内に設定された筋は、近世期に設定されたものの行政的組織のみとして組織され機能していたわけではない。日田郡という地域社会のなかで生活する人々にあって筋はそこに属する村々を結びつけるもので、地域のなかにある村社会で生活する村に注目していきたい。そこで本章では豊後国日田郡における地

域社会の形成過程を日田地方の特産品の和紙及び原料の楮皮生産・販売をめぐる各筋の対応や立場を通して問題を提起し明らかにしていきたい。

日田郡は近世中期以降明治期まで一貫して幕府領として支配されており、郡内を支配統治するにあたり九つの筋に分割し、それぞれに筋代と称される者が各筋の惣代的な役割を担っていた。筋代の多くは庄屋が就任しており本章で事例とする奥五馬筋では、所属する七か村の村々の庄屋が輪番制を取って役職に務めていた。筋代たちは日田郡役所の下部組織の会所のもとで年貢納入などに関する話し合いを行うなど日田郡行政に大きな影響力を持っていた。その筋のひとつ奥五馬筋が近世後期の安政四年に「楮皮一件書物控」という文書を作成する（以降「楮皮一件」と表記）。この文書が作成された背景には日田郡内を二分する対立が存在するわけだが、本章では「楮皮一件」を読みながら、近世後期の日田郡の地域の実態を探っていく。では近世後期の日田郡における楮皮栽培と和紙製造についての概況を先に見て、「楮皮一件」が作成された背景を考えていきたい[1]。

表２　日田郡における紙漉村について

（大肥筋）	友田村・下井出村・石井村・高瀬村・祝原村
（高瀬筋）	上野村・堂尾村
（奥五馬筋）	本城村
（大山筋）	万々金村
（渡里筋）	草場村

注）『日田市史』参考。

近世期の日田郡では和紙は特産品であり、日田出身の農学者大蔵永常は自身の体験によって書き記した『広益国産考』で紙漉について、大規模な工場などを設けると却って損益を生じると紹介している。また、近世後期の国産奨励を背景に多くの諸藩では楮の栽培と紙漉が行われている。『日田市史』を参考にすると、日田郡村々で生産された楮皮は九月一日から翌年の三月一日まで半年間は生産農民が領外へ直接売買することを行わない方針で、この間に楮皮の値段を豆田や隈の町人と話し合って決め、町方が買い上げるとある。ただ表２において日田郡で紙漉を行う村をまとめると、その多くが町場近隣の村である。ただし、津江筋と奥五馬筋は例外とされ年間を通して他国への販売が認められていたが、町方が自らの統制下に置こうとして他筋同様の扱いを申し出ている。おそらく、その時分に奥五馬筋は反発し「楮皮一件」を作成したものであろう。日田郡内の幾つかの筋においては年貢を一部もしくは全て銀納とあるなかで、多くの村々では大豆などの売却益などを充てるほか、各村で「作間の稼ぎ」として楮皮を栽培し楮皮を売却、またはその楮皮で紙を漉き、和紙の売却から年貢銀納の一部としていた。支配する日田郡代も、このような商品作物の売却益から年貢の完納を願っていたようだ。

その特産品の和紙をめぐる日田郡周辺の状況を簡単に触れておくと、諸藩は利潤によって逼迫する藩財政を立て直すとして積極的に進めるなか、特に佐伯・岡・臼杵藩などでは盛んに和紙製造・販売を奨励していたようだ。臼杵藩では楮皮と紙の自由流通を規制し、藩が独占的に買い上げ販売する体制を取っていた。また佐伯藩の紙漉は、村々において盛んに行われていた。ただし佐伯藩領番匠村を事例にして検討された楢本譲司氏は次のように指摘している(2)。元禄期以前においては村内で数名が農閑期に楮を紙に漉いており、元禄期～宝永三年においては、幕府による紙漉の育成策が開始され、享保期には、村役人が紙座を設け、そこに藩側も保護するという政策を取り、その後は藩の専売制へと移行するというわけである。ただし、藩による専売制は十八世紀後半から徐々に崩壊していく。従来、藩は楮を作る農民から楮皮を買い上げ、それを紙漉農民に下げ渡し、完成した紙を大坂市場で売却し利益を上げていたが、農民による直接販売が萌芽するのである。つまり、農民自体が楮皮を売買するようになり、藩が独占的に楮皮を入手することが困難となる。藩は楮皮の公定価格を決め、他村売りの禁止、楮皮の年内完全消費などを取り決めるが、実際守られていたか疑問視されている。

確かに他領でも日田郡と同様に商品作物の奨励による財政立て直しなかで、藩や村社会それぞれの立場において互いの利害が生じており、それらの動向を追跡することでその地域の成り立ちなどが見えてくるのではないか。そこで先述した通り「楮皮一件」の史料から近世後期の日田郡の状況を分析し、地域社会の成り立ちについて検討していきたい。

第一節　安政四年奥五馬筋の楮皮他国販売の願い

「楮皮一件」では、安政四年三月に奥五馬筋の総意として役所へ提出した願書の写しが記されている。『日田市史』の内容からして、町方の紙漉側が統制を強めようとしての対応ではないか。安政四年楮皮の売買において奥五馬筋の村々は日田役所に対して次のような書類を提出している。

史料一

御内宅江差出候処会所ヲ以紙漉与熟談いたし見候様御内意を以則会所へ差出候願書写

乍恐以書附御歎願奉申上候
日田郡奥五馬筋之儀山中ニ而一躰田地耕作仕付候、手入は多く取呉無数甚難渋之土地柄ニ御座候、同山中ニ而も津江筋抔は山野広く多分之材木を伐出、其外草類等も冬出来仕山稼ニ而百姓之徳用多く候得共、奥五馬筋は山中ニ而も山野狭く、山野之所徳至而無数少々杉山等仕立候而も両川岸遠く候得は、板ニ拵牛馬ニ而附出候得ば是以百姓、百姓徳用至て無数漸楮皮重々御年貢銀之足しに仕候、口五馬筋は所々紙漉少々宛御座候、其上町近在紙漉多き場所ニも行程近、売捌方便利宜敷候得共、奥五馬筋は所ニ紙漉も無御座候、両市中ニ附出候ゟ外売捌方無御座大ニ迷惑仕候、追々承り候得は、玖珠郡并津江筋ハ先年御歎願申上百姓自侭ニ売捌方候而も不苦候様被　仰付多分百姓勝手ニ相成候趣ニ及承候ニ付、何卒当筋も右同様ニ売捌方出来仕候様御歎願奉申上候呉候様、私共迄精々申出候、尤自侭に売捌方出来仕候而も市中町人之手ニ掛り不申而は自分ニ売ニ参り候程之事も出来仕間敷候得共、何時も百姓自侭ニ売捌候様ニ相成候ハヽ、他国ゟ買ニ参り候ものも有之、多分百姓勝手ニ相成可申奉存候間、近頃恐多御願ニは御座候得は、右玖珠郡津江筋同様何時も百姓勝手ニ売捌候而も故障無之様被　仰付被下置候様奉願候、乍恐前断奉申上候、小前百姓難渋之程御賢察被遊被下候而願之通被　仰付被下置候ハヽ偏ニ百姓御救与重畳難有奉存上候以上、

安政四巳年三月

七ヶ村
三役人

日田御役所(3)

願書である史料一の内容を検討すると、史料には奥五馬筋が山間部なため「取呉無数甚難渋之土地柄」であると述べ、奥五馬筋の劣悪な環境を他筋と比較したうえで自分たちの置かれた状況を説明している。願書に口五馬筋には紙漉を行える場所があることや、楮皮を町へ運ぶ際にも便利な場所であると述べたうえで、奥五馬筋の不便さとともに、その楮皮を「外売捌方無御座候」と自由に他国への販売も禁止されている状況を述べている。さらに、玖珠郡や津江筋は先年において他国への売買が許されており、この願書による奥五馬筋の主張は「何卒当筋も右同様ニ売捌方出来仕候様御歎願奉申上候」という一言に尽きるのではないだろうか。

奥五馬筋が日田役所に願書を出したのが安政四年三月、直後の四月八日に日田郡の会所詰庄屋の方から奥五馬筋の出口村庄屋である弥惣治の元に書状が来ているが、おそらくその時の奥五馬筋の筋代が出口村の庄屋・弥惣治であったと思われる。では会所詰庄屋から来た書状の内容を見てみよう。

史料二

以手紙得貴意候、然は奥五馬筋村々ゟ楮皮旅出勝手売捌之儀答申、願書御差出ニ相成、御談之趣ヲ以郡方紙漉物代衆申談候処、別紙歎願書差出候間写仕差進申候間、御筋内村々江得斗御談シ此節は先ツ御見合置被下候ハヽ、其内折を見合申談熟談相努候様、精々申談候様可仕候、御同役方江も宜敷御談可有之此節申進候以上、

四月八日

用松確蔵
渡里源平

出口弥惣治様(4)

書状には会所詰庄屋から奥五馬筋の村々に楮皮の勝手な売り捌きを行うのを見合わせるように申し出ている。おそらく奥五馬筋から役所へ歎願書が出てその内容を写すとして、弥惣治へ返書を差し出す一ヶ月もの間、史料二にあるように郡方の紙漉物代衆はその対応を話し合ったのだろう。史料には別紙において紙漉物代衆側から嘆願書を差出すとあり、その嘆願書の内容を史料三として紹介する。

史料三

乍恐以書附御歎願奉申上候

日田郡奥五馬筋七ヶ村之楮皮之儀は紙漉稼も無御座、両市中ニ附出ゟ外売捌方無御座、迷惑仕候ニ付、津江筋ハ先年御歎願奉申上、百姓自侭ニ売捌方仕候而も不苦候様、被仰付多分百姓勝手ニ相成候ニ付、右同様ニ売捌方被　仰付被下置候様願書之趣私共御呼出之上、御読聞之上、尚又御利解之趣承知仕候、然ニ処先々御支配之

節、郡方并両町舟方一統御紏之上冬ゟ二月中迄は他国江売出候儀不相成、三月ゟ売出候様申極御願申上御聞済被仰付一同難有承知仕候処、去ル亥年二月隈町兵右衛門ゟ楮皮積下候間、友田・入江・石井・佐古四ヶ村ゟ見当差押置、御訴奉申上候処、去ル戌年津江筋村々之儀ハ皆銀納之村方ニ而、難渋致差支候ニ付、積下候節申談相成居候段御利解被　仰付候得共、当郡紙漉稼之者共承知不仕候間、右申極ニ相成候、始末御吟味奉願上候処、用松村瀬兵衛上野村勘右衛門立入取扱被　仰付候ニ付、右両人立入双方申立候、始末御聞調ニ御座候処、津江筋村々之儀は高山烈風寒深く所柄故出産之楮皮至而下品ニ而当郡紙漉中難相用不弁利ニ有之去ル戌年申極之趣覚も有之候間、以後は紙漉中茂勘弁いたし無差構川下之積熟談仕候義ニ御座候、先々　御支配之節申極之儀凡弐拾六ヶ年之内楮皮壱把ニ付代金壱分弐朱金之直段之年柄数ヶ年有之其節は紙漉稼之もの共紙直段は楮皮直段ニ応し候而も不落致シ引合兼極之難渋仕候得共、楮皮ニ不限諸産物之品下落いたし候義其年之振合当時之直段与高直之直段与見競候而は金弐朱余茂相違ニ付、冬ゟ二月中迄楮皮他国出不相成故下直ニ相成難渋申立候得共楮皮ニ不限当時雑穀并外産物之品迄下落いたし、紙直段之義は楮皮直段ニ応し、直段相立候儀ニ而諸産物両町舟方一統申極御願済ニ相成居候義、数年来事相済当時直段下落いたし難渋申立筋限勝手筋申談軽率御歎願奉申上候様、相成候而は外筋ニ名様之義御歎願可奉申上も難斗小前難渋仕不取締之基与小前一統歎ヶ敷奉存候間近頃恐入御願ニ奉存候得共何卒御慈悲之御勘弁ヲ以申極之通御利解被　仰付被下置候ハヽ、紙漉村々小前一統穏ニ相成御仁恵之程難有仕合奉存候、依之郡方紙漉惣代私共印形仕願書奉差上候以上、

已四月

郡方紙漉惣代

日田郡友田村　十兵衛

右同断　同村　嘉右衛門

右同断　入江村　竹右衛門
右同断　同村　　源兵衛
右同断　佐古村　此右衛門
右同断　石井村　忠兵衛

御会所詰御庄屋
渡里村　源平殿
用松村　雄蔵殿

前書之通御歎願奉申上候ニ付、私共一同奥書印形仕奉差上候以上、

友田村入江村庄屋　平右衛門
石井村佐古村庄屋　久右衛門(5)

紙漉物代方から提出された嘆願書の内容では、最初に奥五馬筋による楮皮販売の自由化を勝手な振舞で迷惑だと述べている。さらに奥五馬筋が津江筋も先年楮皮売買自由化が認められたのだからと主張する件に対して紙漉物代側は、津江筋は殊更劣悪な土地柄であり年貢もすべて銀納で難儀をしているとして、津江筋と奥五馬筋では条件が異なることを挙げている。また「去亥年二月」に結んだ取り極めでは、二十六年以前において冬季二月中までは他国へ楮皮を売却しないことを郡方、両町方、舟方と取り結んでいたことを指摘し、奥五馬筋の勝手な振舞だと反論している。

紙漉物代方の主張として、奥五馬筋による楮皮販売自由化への反対理由に楮皮を原料に紙漉を行う村々において和紙の原料である楮皮を他国へ自由に売買されると、楮皮の量が減少し値段が高騰することを懸念していることが

推測できよう。この安政四年における歎願書を通して、日田郡の和紙は村々において栽培された楮を楮皮へと加工する奥五馬筋の村々と、その楮皮から和紙を漉く村々との間で、楮皮売買の自由化をめぐり対立が生じていたことが確認される。では、その紙漉惣代に対し、奥五馬筋はどのような反応を示したのであろうか。その後の展開を見ていきたい。

第二節　紙漉惣代と奥五馬筋

紙漉惣代方から指摘された二十六年前の取り決めによって、冬季二月中までは楮皮の勝手な販売を禁止していると指摘された奥五馬筋であるが、そう簡単にはこの主張を取り下げることはしなかった。奥五馬筋では二十六年前の取り決めに関する史料を見つけその内容を「弐拾六ヶ年已前取極ニ相成候由之書物類会所ニ而取調候処左之通」と題し、会所において二十六年前に結んだ経緯を書き写し示している。その内容については史料四として掲載し、この二十六年前に結んだ約束の内容等を検討していくことにする。

史料四

乍恐以書付附奉願上候

私共儀、作間紙漉稼仕御年貢御上納足ニ粮米売立渡世仕候処近年隈町之商人楮多分買集、川船ニ而筑後国ニ積下候ニ付、当郡楮無数相成紙漉共甚タ難渋仕候間何卒　御慈悲之御勘弁を以向後楮之儀他国江売出不申当郡中ニ而売買仕候様被　仰付被下候様奉願上候、穀類之儀両筑ニ積下之儀茂在之趣ニ候処、御慈悲之御勘弁を以決而他国出不相成候様厳敷被　仰渡小前一統難有仕合ニ奉［虫損］右様被　仰渡候上は、此上御願筋無御座候得共、後年ニ至り候而は、自然与相ゆるみ売荷等下積ニ隠し穀類積下候義も無覚束候間川筋之内ニ而改方宜敷場所ニ而船積之荷物相改候様被　仰付被下置候ハハ穀類積下候心遣ひ無之、一統安楮仕候儀ニ付、何卒此段奉願候、右願之通被　仰付被下置候ハハ、一統難有奉存候、依連印形

日田郡紙漉惣代
下井手村　和助
外拾五ヶ村

天保三辰年二月
日田御役所

御郡代
塩谷大四郎様
天保三辰年御利解書(6)

史料には二十六年前の楮皮他国販売禁止となった経緯が記されている。そこには日田郡紙漉惣代の下井手村・和助ほか十五か村から近頃隈町の商人が日田郡の楮皮を買い集め、それを筑後へ舟で運んでいるとして、品薄となり紙漉が困難であると役所へ願い出た。そのことにより楮皮を他国販売することが禁止となった経緯が記されている。また時期が経てば徐々に気持ちが弛み、売り荷の下に隠すなどして川下しを行うことを懸念し、舟の積み荷では改める然るべき場所を設定してほしいと願い出ている。その願いを受け、日田役所では六か条からなる「天保三辰年利解書」を作成していたことが確認される。

史料五

一作間之稼ニ紙漉渡世いたし候ものハ、右惣代を以三分一納銀納足ニいたし、其余徳家内相続之手当ニいたし候ニ可有之候、且、紙を漉立候処、若其紙他所出差留ニ相成候而は、其所限ニ相成、直段も下り紙渡世之詮

茂無之様可相成候、穀類与ハ少々は訳も可違候得□□〔虫損〕穀類楮抔一概津留百姓ニ取候而は、難儀は凡同様之道理ニ即自侭之申方ニ候、
一百姓一式之者残米は勿論、山林茶楮其外雑穀等茂売払、銀納足ニ相納其余特を以家内相続致し候ニ可有之候処、楮其外雑穀之類迄津留ニ相成、土地限ニ致し候而は格別直段引下り諸品作立候詮も無之は勿論銀納出来兼、且、家内相続相成間敷候間、百姓之作出候雑穀類も年柄ニ寄他所出致シ程々直段不引立候而は村々難儀いたし候、在方ニ而百姓之外余稼之もの共之ためて已ニ拘り百姓之品下直ニ相成候而は、決而不相済事ニ候、
一不作之節は酒造迄茂減石造被　仰出候、右躰之節は穀類他所出差留［　］〔虫損〕申事勿論ニ候、年柄ニ寄候而は、□〔虫損〕下条之通、雑穀茶楮之類も程合宜敷直段ニ不相成候也、差支候訳ニ付、手前勝手のみを考候、小前之存込ニ可参事ニは無之、村役人なるものは心掛可申致事、
一村々百姓共は第一田畑を作山林之手入を能々致し、家銘相続御年貢を無滞納候事、百姓之本業ニ候、勿論紙漉ニ不限、職業之ものとても無之候而は難成事ニ候得共、百姓は本ニ候、飢饉之節食物無之候而は一日茂難立事ニ付、田畑無油断作立諸作取実多キ□〔虫損〕江可心懸事、折要ニ候如斯諸人之損失相成候、農業之儀ニ付、其百姓之不嚢様心懸候上之余稼ニ候、且、農工商前後都而差支不相成様程合宜敷融通与申儀茂大切之事ニ付自侭勝手のみ不申筈与申茂、相弁候は則、村役人は□〔虫損〕所ニ候、壱軒之内ニ而も養子召遣ひ等中々自侭ニは参り兼候者ニ而、勘弁与程合了簡いたし合候得ニ何事茂睦敷参り候、自侭之利合ニ募り候ものは、終ニ其所住居難成様ニ可相成嘆ヶ敷次第ニ付、小前江も寄々可申赦事、
一万事自他を考道ニ背、人物宜敷可致事ニ而、自分宜与のみ心得利運立之事いたし候而は、後而、不快身上茂□《衰カ》候者ニ付、兎角常を守、且、人物は宜敷可致事ニ候、
一小前願立候品等有之節、道ニ背不筋之願方いたし候得は、願も不相立上、後々迄小前之人気を損、品ニ寄、

御仕置請候ものも出来、村方衰微之基ニ付御作法之通、願筋は其村庄屋組頭江申談若難整節は組合之庄屋江申談筋違之取斗無之様ニ五馬丶小前江も申付可置事ニ候、何如様之願方等いたし候而も、□〔虫損〕宿は不［　］〔虫損〕得は、小前ニ私之不訴様ニ而存候趣ニ迄此意味相守永々村々繁栄いたし候得は、大慶之事ニ候、

辰二月

出合セ候

村役人(7)

史料五の「利解書」第一条では、紙漉物代は楮皮の他国売買の禁止を申し出ているが、それは紙漉をした紙もそうであるように、その場所へ留めて置けば、その場のみにしか行き渡らず値段も高くならない。また、第二条も同じような趣旨で、紙以外の茶や楮など雑穀でさえも売り払って銀納の足しにする際に、その雑穀なども一定の場所に留めておくと値段は下がることを引き合いに出し、楮皮も同様として、楮皮のみを他国へ出すことを禁止する、その申し出は我侭だと述べ、第一条に続き「津留」をしないように諭している。その他、第三条以下では不作の場合における対応として、雑穀や茶・楮の値段が安定しないため、村役人として小前のために役儀を果たすように述べるなど、百姓としての心得などが記されており、楮皮の売買に関しては第一条・二条において役所の意見が集約されている。

日田役所からの意見が紙漉惣代側には予期せぬ内容であったのだろうか、紙漉惣代は天保三年二月、日田役所に対し、会所詰庄屋の貫平・柳右衛門や船方惣代の久兵衛らと連名し、「乍恐以書附奉願上候」と題した書状を差し出している。内容の一部を紹介すると、当時より楮皮の他国売買を願い出た奥五馬筋に対し「右は郡中百姓難渋之意味も不相弁、且、融通之節も不相心得、行々は銘々難渋ニ相成候筋も不相心得」と、非難したうえで「暫く御猶

予被成下候様奉願上候以上」(8)とある。この書状が作成された段階では日田郡会所の会所詰庄屋は紙漉惣代側の立場に立っていることを指摘しておきたい。また続いて紙漉惣代は翌月の三月に早速、日田役所に対し、自らの立場を綴った書状を提出している。

史料六

乍恐以書附奉願上候
私共作間ニ紙漉稼仕夫食之たしニいたし家族共養育仕候処、近年楮直段高直ニ相成、紙直段下直ニ而、売立方引合兼紙漉共極々難渋仕候、乍併楮売出候、小前ニ而は高直ニ有之方可然候ニ付、紙漉共之処ニ而も一概ニ下直ニ相成候様、右願候儀ニ而は無御座候得共、近年秋末ゟ楮之儀川船ニ而両筑へ多分ニ積下シ右躰直段高直ニ相成候由ニ付、以来之儀は村々小前并紙漉双方共差支不相成様取締方被仰付被下置候ハヽ、御慈悲之儀与難有仕合奉存候、格別之御勘弁を以願之通被　仰付被下置候ハヽ、一同御赦与難有仕合奉存候、依之紙漉惣代連印願出奉差上候、

辰三月

日田郡紙漉惣代
下井手村　和助
上井手村　庄右衛門
友田村　伝七
北河内村　久兵衛
石井村　忠兵衛

日田御役所

前書之通御願申上候ニ付、奥書印形仕候、以上、

上井手村庄屋　勘右衛門
石井村庄屋　久右衛門
下井手村庄屋　柳右衛門
友田村庄屋　広次
北河内村庄屋　幸兵衛(9)

史料には近年の楮皮値段の高騰、さらには紙値段の下落により難渋していることを訴え、楮皮高騰の原因を今年の晩秋より川舟で筑後・筑前に運んでいることを挙げている。また、書状には紙漉惣代の連印とともに、関係する村の庄屋も署名捺印している。史料六にある内容を受け、さらに翌月の四月には楮皮売方惣代と記された草場村の平右衛門、求々里村の利平二、さらには舟方惣代として隈町の山田半四郎、豆田町の中村平左衛門が連名した書状「乍恐書付奉願上候」が日田役所に提出され、また奥書にも関係する村々の庄屋・組頭が記されている。

史料七

乍恐書付奉願上候

先達而紙漉渡世之もの共ゟ楮他国出御差留被下置様ニ、奉願候処、願人物代御召出、御立御利解被成一同難有承知奉畏、早速楮売方之もの共并舟方共打寄、取調候処、楮他国出相止直段相下り候而ハ、地方出産之品百姓共御年貢筋も差支、勿論冬ゟ初春迄は在々ゟ両町江楮附出、二三月之頃ゟ他国江積下候儀御座候間、此節得斗

熟談之上、売出候儀相止、三月ゟ勝手次第他国江も売出候筈、申極度左候得は、紙漉渡世之もの共は二月迄之内ニ春分漉立候丈は楮直段等熟談之上、買入置差支無之様、手当可仕候、然ル上は楮売方ニ而ハ三月ゟ勝手次第他国江も売出候義ニ付、直段等響候儀無御座、又舟方ニ而は楮売方熟談次第之儀ニ付、勿論聊差支無御座候、何卒格別之御儀を以、已後右熟談之通、御聞済被下置候ハヽ、難有仕合奉存候、依之一同連印以書付此段奉願上候以上、

辰四月

紙漉惣代
下井手村　和助
同
友田村　伝七
同
石井村　忠兵衛楮売方惣代
草場村　平右衛門
同
求々里村　利平二
舟方惣代
隈町　山田半四郎
同
豆田村　中村平左衛門

日田御役所

前書之通奉願上候ニ付、奥書印形仕奉差上候以上、

三松順平
森伊左衛門
下井手村庄屋　柳右衛門
友田村庄屋　広二
［虫損］□□村庄屋　勘助
求来里村庄屋　留右衛門
石井村与頭　二郎治(10)

史料六において、紙漉惣代側は楮皮の高騰と違法の川下しによって自分たちの生活が脅かされていることを主張している。さらに史料七では楮の売買の取り決めを述べている。そこには冬季の二月中まで他国へ売ることはなく、日田の町へ運んでいるとし、三月からは自由に売買してよいということを川下しで他国へ運ぶ舟方においても取り決めを定めている。この史料より楮売方惣代、舟方惣代らと連名して楮の売却の期間を定め、そのことを遵守することを主張していることが確認された。

奥五馬筋では、日田役所からの「利解書」の内容を受けて、紙漉惣代衆が楮皮販売禁止に至る経緯について確認し、次いで紙漉惣代が津江筋との間で取り結んだ内済についても記しており、その主要箇所を史料八に示す。後続箇所に楮皮売買が自由である津江筋の件にも触れ、その取り決めの内済の内容も記しているが、長文のため途中省略した。

史料八

内済熟談申極書之事

一津江筋村々之儀、御年貢皆銀納之所柄ニ付、諸産物売捌方兼而不差支船無之候而は、御上納方当惑仕候処、間々有之候ニ付、多年右之儀御歎筋等仕居候得共、是迄は通船ヲ以、川下ヶ仕候儀申極之趣意も有之哉ニ而、相整兼居候処、昨年来同筋村々ゟ御歎願相成内済熟談取扱候様会所詰江被　仰付候ニ付、豆田・隈両町郡方共立会熟談之上、津江筋諸産物川下ヶ仕候様申極書等出来、諸産物川下ヶいたし、村々一般相悦ひ居候、然ル処右熟談之儀急速之儀ニ而、郡方紙漉稼之もの共江、談方行渡不申哉ニ而、当亥三月十五日隈町中津屋兵右衛門ゟ津江筋出産之楮船弐艘積下候処、郡方紙漉物代ゟ於筏橋積舟差留置、右始末御会所詰迄申出候ニ付、会所詰ゟ昨年来両町并郡方津江筋村々立会、熟談之趣御演舌相成候得共、兎角居り合方出来兼候間、右兵右衛門川下仕候楮は無別条川下ヶ、為致右川下之儀ニ付、紙漉中迷惑之廉も有之候ハヽ、可申出旨御談有之、紙漉中茂任其意、右楮不差構、川下ヶ為致其後津江筋村々之楮、先年之郡方熟談書相振、川下ヶ相成候得は、自然ト郡方外筋之楮茂紛入多分他国江売捌相成候得ハ、楮直段引上、郡方紙漉中難渋不少成行候段物代ヲ以申立候、且、郡方之楮之儀は、三月朔日迄は郡方紙漉楮手当中ニ付、川下ヶ見合候規定、先年出来有之候得共、右熟談茂郡方一統江は不行届有之候得共、右次第ヲ以、御役所表江御歎願奉申上候処、各様方江和談内済取斗方被　仰付候ニ付、此度双方申立候始末巨細御聞調之上、和談内済申極左之通、

（中略）

右之通一同立会熟談之上申極候処、相違無御座候、後日、違変為無之、申極書四通相認メ連印仕津江筋、且、豆田・隈両町会所紙漉物代江一通宛預り置候処、仍而如件、

嘉永四亥年五月(11)

（後略）

史料では津江筋の場所柄が山奥であり年貢も全て銀納ということを考慮し、諸産物などの売却にも差し支えないように述べたうえで、川下し通舟により他国へ流すことが可能になったが、紙漉物代などへの充分な連絡が行き渡らず、船荷を差し押さえられる事態も発生したり、また津江筋の楮に他筋の楮を混入させたりと、楮皮高騰の要因になっていることを指摘し、三月一日までは川下しが出来ないことを明確にしたうえで各方面へ内済の呼びかけを行っている。中略箇所では津江筋の楮皮の品質に言及し、他筋の楮が混入しないことを留意させることや、楮皮の収穫期には会所に報告し、紙漉物代の実地見分と収穫量の報告と舟へ積む数量や日にちを関係方面へ通達することを取り決めている。

後略箇所には、津江筋の惣代や津江筋村々の村役人と友田村・入江村・石井村・佐古村・寺内村・北河内村・小畑村・馬原村・下井手村・刃連村の紙漉物代の連印と石井・友田村の庄屋の名前、さらには舟方として隈町の京屋半四郎、豆田町の広瀬源兵衛、さらには両町の町年寄の名前が記され、宛人には会所詰庄屋の名前が三人列記され会所による内済であることが確認される。

このように、奥五馬筋は楮皮他国売買の自由化の願書を安政四年に日田役所に提出した際、紙漉物代側から反対され、その理由に挙げられた天保三年の取り決めを確認し、嘉永期における紙漉物代側と津江筋との楮皮販売に関する内済の取り交わしについても調査している。その後安政四年三月の時点で反対された奥五馬筋が再度楮皮販売の自由化について歎願することになる。

第三節　安政四年、奥五馬筋における楮皮売買の一部自由化

安政四年の三月に奥五馬筋では楮皮売買の自由化を日田役所に願い出たところ、紙漉物代からの反対に遭い、その反対した根拠を天保三年の取り決めを持ち出してきた。そこで奥五馬筋は天保期に取り決めた内容を検討してきたわけだが、そのことを受け奥五馬筋は前節に見た史料にある返答書と津江筋の内済書の写しを添えたうえで安政四年五月に会所に対し次のような主張を行った。ここで奥五馬筋は日田役所ではなく会所に提出したということは、おそらく紙漉物代側とともに会所の理解を求める必要を感じ、会所に対して奥五馬筋として自らの立場を説明することになる。

史料九

以口上書御歎申上候
奥五馬筋楮皮小前自侭売捌之儀、先達中御歎願奉申上候処、紙漉御取調之上紙漉物代ゟ差出候返答書并津江筋
取極書写、一同御添、出口弥惣治江御紙面等遣ニ相成、委細同人ゟ承知仕候、然ル処右紙漉中ゟ差出候書面江、
楮直段之儀は楮代品物同様之相場ニ候間、下落致候とて弐拾六ヶ年已前、二月中迄ハ他国出不罷成様取極出来
居候事を今更津江筋同様ニ他国出相成候様御願申上候事、軽々敷勝手を侭之儀申出候様ニ御返答被申上候段、
甚タ迷惑ニ存候、右は二拾六ヶ年以前取極出来居候訳ハ当筋ニおいて一向存不申候、且又、楮直段ハ諸代品物
同様之相場之様ニ被申立候得共、是又近年之処、一円承知不仕候、訳は楮買入候は寄合を致シ仮直段を立、何
れ之楮ハ何拾何匁と段々ニ相極候内、奥五馬筋之儀は楮下品故昨年抔も銭六拾目と相定右申極与高直ニ買候者
は過料金五両差出様堅く申合せ有之由、時初冬頃銭八拾匁位ニ而買ニ参候もの御座候得共、□〔虫損〕買致候とて厳

敷被取段候由ニ而、其後ハ両町紙漉中ゟも買ニ参り候は無之、然ル時ハ金諸代品物同様之相場とハ訳、相違致候哉と奉存候、乍済楮皮ヲ以、第一ニ御上納銀之足しニ致候場所柄ニ付、三月末迄囲置候得は、必定高直ニ相成候は乍存、無拠両町ニ附出、冬内売尽申候、別而歎ヶ敷訳は昨年抔ニ致シ候而も、仮直銭六拾目と申合有之候、銭八拾目余と買候而も利益有之趣ニ而、肥前買ニ参り候者も有之ニ付、先年之通冬ニ正通之本直段相立候ハヽ、小前多分之益へ相成候事と存候、只今之通他国出相障置買候者斗申合、冬中売分て、叶ぬを見込仮ニ下直段［虫損］□相立候事実ニ〆買縊穀と申ものニ而、一統甚タ難渋不軽候、此等之情恕厚く御推［虫損］□被成下、何卒自由売捌之義御聞済奉願上候、尤一件ニ楮不足ニ而郡中紙漉年々他国ゟ多分買入候義ニ候ハヽ、紙漉難渋と申事も可有之候得共、三月ニ相成候得は、過半他国へ買出候義ニ付、奥五馬筋丈殊ニ下品之楮自侭売出来候共、左而已紙漉ニは相成申間敷奉存候、脇筋へ響候様ニ被申候得共、先達差上候御歎願書面之通之場所柄ニ而、外筋と替り別々出産之品無之、御年貢銀仕立候第一之代品物之儀ニ付、格別之御勘弁ヲ以、右願之通、御執成被下候ハヽ、一同難有奉存候、

己五月　　　　　　　　　　　　　七ヶ村

三役人　印

五月朔日差出候事

御会所

前書之通り会所詰江差出同前ゟ紙漉惣代江相渡候得共、急埒いたし兼候間、左之通(12)、

内容を確認すると、奥五馬筋では相場などが下落するとして二十六年前、三月中までは他国へ楮皮を運ぶことが出来ないという取り決めのあるなか、今更津江筋と同様に他国売り自由化を願い出ることは我侭だとする紙漉物代の返答は非常に迷惑であると述べている。奥五馬筋はそもそも二十六年前の取り決めについて知らないとしたうえで、楮皮値段の決定方法の内幕を明らかにし奥五馬筋の主張の妥当性を訴えている。それは、買取る商人が最初に仮の値段を決めており、高値で買う者が現れても、その値段で売買することになる。もし、取り決めた値段より高値で売買すると過料を徴収するということである。さらに、奥五馬筋は楮皮の他国売買が二月中は禁止されていることから三月中の解禁まで待てずに年貢銀の確保を行うために日田商人などに安価で叩き売られる現実を吐露し、改めて楮皮の自由売買を願い出ている。また書状の末尾には「前書之通り会所詰江差出同前ゟ紙漉物代江相渡候得共、急埒いたし兼候間、左之通」とあり、ここに至るまで紙漉物代との話し合いの手ごたえが良くないことが確認される。さらに奥五馬筋は史料九と同様の文面を五月六日と八日の二度日田役所に提出している。そこには奥五馬筋七カ村の庄屋・組頭・百姓代の連印が記されている。

奥五馬筋からの並々ならぬ決意を知ったのであろうか、この時点で日田役所も漸く動きを見せる。「乍恐以書付奉願上候」と題し、「日田郡奥五馬筋村々ゟ楮皮他国出之儀願書奉差上候ニ付、紙漉物代友田村外三ヶ村御召出御利解被　仰渡承知奉畏候得共、紙漉外村々江談し而向届兼候間、来ル閏五月十日迄日延御猶予奉願上候、此段双方申談候間、依之双方連印之日延願書奉差上候、以上」[13]とあり、奥五馬筋の庄屋組頭と友田村、石井村、下井手村、入江村の紙漉物代による話し合いの場が持たれるが、内済までには困難が生じていたのではないだろうか。五月十四日には会所詰庄屋の財津村庄屋瀧蔵のもとで継続し話し合いが行われている。双方の主張をそれぞれ明らかにしていきたい。

史料十

以口上書申上候

楮皮之儀、是迄市中町人ゟ買方致候故、不正之筋茂有之、難渋可致間、已後ハ楮出来次第紙漉ゟ買候様定法相立、熟談いたし候様御申上ヶニ付、左ニ御答申上候、

一紙漉中ゟ楮皮直買之事ニ取扱被下候段、被仰聞承知仕候、例年大概九月末ゟ収納ニ取懸り十月中ニは出来揃可申間、其時誰ニ買取ニ相成候様有之処、自然買受方十月中相片付不申節は、其後他国出江売払候而茂故障無之様、右之処奉存候間、早速熟談相努候様、御願申上候、以上、

奥五馬筋　七ヶ村

閏五月

御会所(14)

奥五馬筋は、これまで買取商人による不正のあったことを述べ、以後は楮を紙漉の原料として買い取る場合には、誰に買い取ったのかということが確認出来れば、日田郡内で売買致し十月中に売り尽くすことがなければ、その後他国へ売り出すことは、なんの支障もないということを申し述べている。

史料十一

以口上書申上候

奥五馬筋七ヶ村ゟ楮皮他国出願ニ付、左ニ御熟談申上度、

一七ヶ村々毎々楮皮壱ヶ年出来高可相分り候間、請ヶ取方場所取極月ニ不拘何時茂附出次第受取、代銭相渡候

様致度、勿論直段之義は、当所相場相分り次第、過不足勘定いたし度、左候ハヽ、七ヶ村小前衆御難渋ニ可成義も有之間敷奉存候、当国楮皮出来揃兼、御上納銀御差支之小前衆自然御座候節は慥証文御差入ニ相成候ハヽ、御差支ニ相成様、御相談申上候節も可有之奉存候、右之段得斗御取扱被下程左へ、御熟談被成下候様、奉願上候、以上、

閏五月

紙漉処之惣代中

御会所⑮

一方、紙漉惣代方は、奥五馬筋の七カ村に一年毎の楮皮の出荷量を明確にし、受け取る場所などを定め、月に拘らず、「附出」次第受け取ることを決め、値段についても相場通りにしっかりした勘定で行えば、奥五馬筋が困ることはないと述べている。双方の主張が交錯し内済が困難な要因には奥五馬筋と紙漉惣代、さらには日田役所・会所の思惑なども存在していたからであろう。しかしながらその後、奥五馬筋の主張が一部組み込まれる内容で内済が結ばれることになる。では奥五馬筋と紙漉惣代の間で内済が結ばれた、その内容を確認していきたい。

史料十二

内済熟談申極書之事

奥五馬筋七ヶ村ゟ楮皮他国出奉願上候処、産物楮皮之儀は先前紙漉惣代楮皮売渡惣代　立会、年々二月迄は他国出不相成申極有之候ニ付、右願之儀紙漉惣代御召御利解被　仰渡候上会所詰両人江立入取扱候様被　仰付候ニ付、会所詰両人并財津村瀧蔵立入奥五馬筋村々并紙漉惣代は双方申口承り候処、奥五馬筋村々ニおいてハ諸

産物楮皮第一之品ニ而外ニ産物払底之趣ニ相聞紙漉惣代ゟ申立候儀、追々双方江厚御利解被　仰渡候ニ付、立入人ゲラも尚又押而申談、奥五馬筋村々壱ヶ年楮出来高之内、六分通他国出紙漉物代承知仕熟談相努申候処、相違無之候、楮皮取扱方左之通申極置候事、

一当已年ゟ奥五馬筋七ヶ村楮出来高村役人取調御会所江村限御届申出候ハヽ、御会所ゟ村々紙漉物代江御達置被下村々ゟ為附出候節右之内六分通村役人ゟ送り書相添出置候ハヽ、買候ものゟ川下致度段、御会所迄申出候ハヽ、同所ゟ猶又紙漉惣代江御沙汰被成下候上、右物代罷越把数船数見届会所詰ゟ川筋村々江□□之返書御差出ニ相成川下ヶ仕候様可致候、尤他筋ゟ楮皮決而積下シ申間敷候、勿論村々并問屋ニおいても不正之取斗決而致間敷事、

右之通一同立会熟談之上申極候処、相違無御座候、後年ニ至違変為無之申極書三通相認壱通会所控壱通奥五馬筋村々壱通紙漉物代江相渡置候処如件、

安政四已年閏五月(16)

（後略）

奥五馬筋と紙漉物代方との間で取り交わされた内済では、奥五馬筋で生産される楮のうち六割を自由に他国販売に回すことを明記している。そうして安政四年より奥五馬筋で栽培された楮の生産量を村役人が調査し報告、会所からは紙漉総代へ通達される。その際には、紙漉物代方による他国へ運ばれる楮の把数などの見分も行われ、他筋の楮が混入しないように監視するとのことである。この取り決めは日田郡全域に通達がされたようで、安政四年、日田の町年寄が記した『御用町用日記』には、生産した楮に関してその生産量を明記するよう廻状が出されている。

史料十三

其村々之楮買入他国出し又者紙漉之者江売渡高并紙漉之者ハ楮遣ひ高共今般取調之儀有之、右両様共去申壱ヶ年分取扱高、別紙雛形之通銘々正路ニ取調来ル廿日迄を限り日限無相違可差出候、尤取調出来候分日限以前差出候儀者不苦候、此廻状村名下令受印早々廻達従留村可相返もの也、

日田
三月廿三日　　御役所

覚

去申壱ヶ年

紙ニ漉用ひ候

一、楮何程

何程　手作取入之分

内何程　近村ゟ買入候分

何程　豆田町

隈　町　ゟ買入候分

何村
紙漉
誰（印）

壱ヶ村ニ幾人有之候とも壱人別、右之振合ニ可取調事右者当村紙漉渡世之もの楮遣ひ高取調候処、書面之通相違無御座候、以上、

酉三月

何村　役人連印

日田　御役所(17)

史料十三で示されたように、安政四年、日田郡では楮皮の出来高を記し、どの程度楮を買い入れ紙漉に用いたのかを詳細に書き記す雛型まで準備されている。ただし、この廻状は三月二十三日の日付があり、奥五馬筋と紙漉惣代との内済の時期と前後する。おそらくこのような廻状が日田の町で出されているその背景には紙漉側が奥五馬筋との話し合いの様子を窺って楮皮の出荷量等の把握に努めていたのかもしれない。もっとも安政四年のこの時期に敢えて史料十三のような廻状を出す背景には、奥五馬筋の申し入れと何らかの関係があったものと思われる。

おわりに

本章では安政四年に作成された「楮皮一件」の記載内容を追って、日田郡における近世後期の地域社会の実情を楮皮の売買という、それぞれの地域の事情から検討してきた。日田郡において特産の和紙製造という視点に立って地域を見渡せば、紙の原料である楮を栽培し楮皮へと加工しそれを販売する村、また楮皮から紙漉を行い製造した和紙を売却する村と二つに分類できるだろう。本章で見せた奥五馬筋と紙漉惣代との動きは、村人の視線に立てば既に農間余業という枠を越え、日田役所も年貢銀納の足しになるならば楮や茶さらには雑穀の栽培まで積極的に奨励するという方針の延長上にあるだろう。

では、奥五馬筋に見られる楮皮の売買の自由化の動きをどのように考えればよいだろうか。「楮皮一件」では、奥五馬筋と紙漉惣代との対立が注目されるが、さらに考えなければならないのは日田郡の会所の動きであろう。会所詰庄屋の動向は前章で述べてきたように村どうしの争論の際には仲裁する役目を担ってきたが[18]、今回の場合、どちらかというと会所は紙漉惣代側の立場に寄った行動が目立っている。確かに惣代は日田の町場に近い庄屋が就くことが多く、おそらくその背景には日田商人との密接な関係があったものと推測される。

野口喜久雄氏が分析された日田商人の森家の経営では、近世中期では日田や肥後国小国などから楮や紙、茶、たばこなどを購入し、それを瀬戸内に送り代わりに玉島綿の購入といった仲介商業により資本の蓄積がなされていったが、やがて近世後期には経営は大きく変わる[19]。肥後や筑後からの取引が消滅し、本業を貸付に変えるということである。ただし、楮や紙の生産地であった日田郡津江筋、大山地方における商品は貢租銀調達のためであると日田商人による活動を左右するほどではないと限定的である、と述べている。しかし、天保期頃において多くの日田商人が商業活動の内容をこれまでの隔地間商業から貸付や土地集積に変えるなどの事実を考慮すると[20]、津江筋・奥五馬筋などの村々における商品作物の独占的な仲介が出来なくなったことは多少影響を及ぼしていると考える。だからこそ日田郡において楮皮の他国への売買の自由化が解禁の動きを示すなかで、会所としては日田商人に立場に添った配慮をしなければならない。会所の運営の根幹である郡中入用の徴収や不足分の貸付など日田商人に依存する現状を考えると、少しでも日田商人に不利益を生じさせる問題に対して、会所は日田商人寄りの立場に立たざるを得ないであろう。

本章でみてきたような楮皮の販売をめぐる日田郡の動きから郡内の各筋、日田商人、役所・会所との微妙な立場の違いが確認され、それぞれの組織は、その利潤を目論見ながらあくまでも日田郡という地域社会の枠組みのなかで活動しているのである。本章では楮皮をめぐる日田郡内の地域社会の様子のみの検討となったが、今後においても近世後期における日田郡の地域社会の形成過程を提起しつつ、近世期に成り立つ地域社会がどのように近代社会へ移行するのか、その点を問題意識にして研究を進めていきたい。

（注）

（1）本章で主に検討する史料『楮皮一件書物控』は、後藤重巳氏によって「近世末期豊後国日田郡周辺農村の物流」（後藤重巳「近世末期豊後日田郡周辺農村の物流—楮皮の他所売り史料から—」『別府大学紀要』三九、一九九七年）として、近世後期における楮皮を日田郡の物流における問題として検討されている。後藤氏は「村方で産出された諸種の産物は、多くは自家消費されたが、その内の残余は回村商人や村人自身の持ち込みによって隈・豆田の町に運ばれ、更に川下しによって両筑などに売却された」と指摘されている。明細帳などには「作間の稼ぎ」としてあくまでも農間余業的な記載が見受けられるが、本章では「楮皮一件」が安政四年に作成された経緯などを踏まえ、日田郡における楮皮の売買は、地域社会全体を揺るがす問題に発展し農間余業の様相を踏まえながら、近世後期の日田郡の地域社会の状況を提示するひとつの問題として改めて再検討していくものである。

（2）楢本譲司「因尾村における農民経済の発展—紙すきを中心に—」『大分県地方史』第八九号、一九七八年。

（3）「楮皮一件書物控」（『五馬市村文書』別府大学附属博物館所蔵）。

（4）前掲（注3）同史料。

（5）前掲（注3）同史料。

（6）前掲（注3）同史料。

（7）前掲（注3）同史料。

（8）前掲（注3）同史料。

（9）前掲（注3）同史料。

（10）前掲（注3）同史料。

（11）前掲（注3）同史料。

（12）前掲（注3）同史料。

（13）前掲（注3）同史料。

（14）前掲（注3）同史料。

（15）前掲（注3）同史料。

（16）前掲（注3）同史料。

(17)『御用町用諸記（日田郷土史料）』大分県日田市教育委員会、１９８８年。
(18) 日田郡役所の下部組織である会所の役割等については本書第一章を参考にしてほしい。
(19) 野口喜久雄「第三章　日田商人森家の経営」『近世九州産業史の研究』吉川弘文館、一九八七年。
(20) 野口氏が分析された森家と同様に、掛屋・千原家の経営を分析された楠本美智子氏においても、近世後期における千原家の経営の転換を指摘され、経営の中心が貸付中心となっている（楠本美智子『近世の地方金融と社会構造』九州大学出版会、一九九九年）。

第二部　村請制村にみる村社会の実態

第四章　近世後期、隣村間にみる地域社会の形成過程

はじめに

本書の目的は近世後期の村社会の変容を通して村や地域が近代社会へいかにして移行していくのか、その過程を検討していくことである。その方法の一つとして本章では豊後国日田郡における二村（五馬市村・新城村）を事例に、二村内でみられる村人どうしの横の繋がりを通して、村社会の変容に大きな影響を及ぼす社会的関係[1]の形成過程について分析を試みる。村社会の変容について検討していくには、村内部の社会的関係や家族関係の変化など微細な動向に注目するとともに、村社会の延長に広がる地域社会の変容からの検討も必要であると考えた。

近世期における村社会を取り巻く地域について、渡辺尚志氏は「人々が日々の生活を営むうえで密接な政治的・経済的・社会的・文化的結合関係をもつ地理的空間」、「一村よりも大きく、最大で数か国に及ぶが、多くは数か村から数十か村である」[2]と指摘しているように、地域はそこで生活するための人々によって結ぶついた地理的空間である。また平川新氏は地域社会について、社会には無数の社会集団が存在し、対立や競合を含んだ異質な集団の無数な並存であり、地域社会とは、そのような社会集団の集合体を示していると述べている[3]。

具体的な事例研究として、近年の地域社会論では、久留島浩氏の郡中議定をめぐる組合村の研究や、藪田貫氏による国訴の民衆運動のなかから議論が出発している。久留島浩氏は、組合村による村連合をめぐる研究によって、村々連合から村を越えた政治的社会的な地域的結合関係を指摘し、その運営や地域秩序の形成・維持から地域社会

表1　奥五馬筋の明治8年における合併変遷

近世期（奥五馬筋）	明治8年	
桜竹村	桜竹村	
新城村	五馬市村	
五馬市村		
塚田村	塚田村	
出口村	出口村	
芋作村		
本城村（一部は赤岩村と合併）	赤岩村	本城村

注）『天瀬町誌』202頁「表1」参考。

において自治的要素を獲得していったと述べている。(4)また、藪田貫氏は地域社会とは、村社会の連合によって構成されているとし、地域社会の結びつきを国訴や郡中議定に設定した理由について、村社会が村内外の社会集団との対峙や対立における自己管理的解決として成立したとされている。(5)

ただし、このような地域社会は漠然と存在し、無関係に形成されるものではない。例えば、郡単位で結ばれる郡中議定、関東などにおける「領」のように行政・支配区域が一定の基礎土台をなし、その空間内部において日常生活の継続や利害関係に添った社会集団が組織されることが多いのである。(6)大塚英二氏は、地域研究にあたって「まず、地域を検討する場合には村を越えた地域としての枠組みの領域を空間的にある程度限定することが求められよう」(7)として、分析する地域において何を対象として設定したのかを提示する必要を示している。本書では豊後国日田郡五馬市村の村内部における変容の様子として、女性相続(8)や村の独り身対策(9)などを検討するなかで、個々の村社会に繋がる地域社会を考え、村社会を基軸とした視点でみると地域社会の変容は村とその隣村との社会的関係、村と村、もしくは両村内での社会集団による接触によってはじまるのではないか。本章では近世後期から近代に至る村社会の変容を豊後国日田郡から見ていくなかにあたり、村社会の影響が及ぶ範囲を日田郡とし、そのなかで地域の実態を把握するにあたって、村社会の変容が地域にどのような影響を及ぼすのか、その変容を探る事例として最も身近な隣村間における村社会の様子について分析する必要があるのではないかと考えた。明治期に作成された『豊後国日田郡村誌』などから、日田郡の村々において明治初期の村合併では表1にあるように五馬市村と新城村が合併し、五馬市村が成立している。この事実の背景として、近世期を通じて両村間が培った様々な社会的関係が明治初期の両村の合併にどのような影響を与えていたのだろうか。

表2　天保九年村明細帳にみる五馬市村・新城村の村況

村名	五馬市村	新城村
村高 （田高／畑高）	731石余 （344石余/386石）	193石余 （94石余/99石余）
家軒数	94	49
人別（男／女）	421（218/203）	163（87/74）数字不合致
牛馬	110（牛79/馬31）	38（牛30/馬8）
秣刈敷場	4箇所	4箇所
農間余業	日雇稼、葛根蕨堀、布木綿	紙漉、葛根蕨堀、布木綿
村役人	庄屋　組頭6　百姓代3	庄屋　組頭3　百姓代2
村内概況	百姓持山9　溜池1	用水堰2　小川1
備考	出作（居村208石余／他村45石余）	五馬市村内に村組がある

注）「天保九年五馬市村村・新城村明細帳」（『五馬市村文書』）を参考。

第一節　近世後期における五馬市村・新城村の社会的関係

本節では豊後国日田郡五馬市村・新城村の両村が近世後期においてどのような社会的な関係を有していたのかを考察していく。日田郡は近世中期以降、幕末期まで一貫して幕府領であり、支配するにあたり九つの筋に分割統治され[10]、五馬市村と新城村は奥五馬筋七か村に属している。

五馬市村については序章に記載があるが、両村の村況を比較するものとして天保九年の村明細帳の記載内容をまとめ表2として紹介する。五馬市村は奥五馬筋七か村における中心的な村であり、村高・人別ともに他村に比べると最大級である。対して新城村は、小村であって人別・村高は芋作《いもつくり》村に次いで二番目である。また、両村はともに畑地の割合が村高の半数近くに上り、畑では大豆を栽培し、年貢の一部銀納に充てていた。さらに、冬季には作間の稼ぎとして紙漉を行っていたことが確認できる。

本事例地域で特記すべきものに、村組という村内部の組織がある。村組は近世後期の五馬市村の村運営を左右する存在となる。村組は何組かの五人組が基本となっており、近世中期の村明細帳には「枝郷」と呼称されるなど、村のなかの村という具合で、生活集団としての性格が強い。この村組自体の機能や動向については改めて本書第六章で見ていくが、社会的関係の結びつきにおいて両村どうしの社会的関係の深度に村組の動向が大きく影響していたようだ(11)。

(一) 入会地をめぐる地域社会の様相

本項では近世後期の両村を取り巻く社会的関係を入会地の成り立ちから考えていきたい。奥五馬筋全体では近世後期に資源枯渇により入会地からの採草制限の取り決めが行われていた。まず五馬市村と新城村における両村の入会地について表3から確認していきたい。

五馬市村を含む、奥五馬筋の村々は秣刈敷場などを自村の入会地と他村に設定しており村々入会の形式を取っていた。遡ると両村においては享保期の村明細帳からも他村における入会地の存在は確認できる。表3では近世後期にあたる天保九年の両村の秣刈敷場の状況をまとめたものである。五馬市村は村名にもあるように古くから馬を生産しており、村内には肥後国へ通じる街道もある。交通の要衝であった五馬市村では、馬を用いた御用の荷運びなどが行われていた。そのため馬の飼育により多くの草が必要であったと思われるが、史料一は資源枯渇の影響を受け干し草が不足していることを役所に申し出ており、五馬市村の村柄について端的に示している。

表3 天保九年村明細帳にみる両村の秣刈敷場

五馬市村	新城村
(桜竹村) 福島野	(桜竹村) 福島野
(本城村) 麦津留野 のふ山野	(本城村) 麦津留野
(大鳥村) 横手野	(塚田村) 平草野
(塚田村) 平草野 亀石山野	(五馬市村) 高野

注)「天保九年五馬市村・新城村村明細帳」(『五馬市村文書』)を参考。

史料一

元来五馬市村之儀は土地劣ニて、田畑共馬肥別て沢山ニ入レ不申ては、作毛出来不仕、然ルニ秣場は極々払底キニて、桜竹・本城・塚田・新城・芋作・大島等之数ヶ村へ入込草刈候得共、干草ニ相成候得ハ過半不足仕、塚田本城等之野ニ里余も相隔候所ニて、銘々買受干草手当仕候村柄ニて御座候[12]（後略）、

また両村においては自村内のほかに他村に複数の秣刈敷場が設定されており、この入会地をめぐっては、近世後期に各村の利害関係による争論が絶えず、五馬市村・新城村両村はともに協力し紛争の解決に当たっている。その背景として表3の両村の秣場を見ると共通の秣場が設定されているため、近世後期における資源枯渇をめぐる論争を通し、両村の問題意識への共通化が深まったのではないだろうか。では入会地をめぐる問題についてその一部を紹介する。

文化十一年（一八一四）に五馬市村・新城村は本城村の「麦鶴野」における秣場の利用について取り決めを行っている。この取り決めは本城村の「麦鶴野」での秣や刈敷・茅が不足してきたため、五馬市村の村組である栃井・川原・栗ノ木と新城村の宮の原の分を本城村の「のぶ山」へと変更、さらに宮の原では本城村「津良高」に変更するとのことである。[13]また、文政八年（一八三四）には文化十一年の問題と関連して五馬市村・新城村と塚田村との間で「貰草」の取り決めについて行われており、その一部を史料二として示す。

史料二

五馬市村枝郷栃井・川原之者新城村枝郷栗木之者、前々より塚田村字川合迫より川作之間迄之場所ニて朝草刈敷刈取来候処、文化十一戌年及差縺（中略）元来塚田村地内ニ立入候儀ニ付、同村申立候通取極書付取交内済仕[14]（後略）

表4　五馬市村における土地所有（出作・入作）

	五馬市村からの他村所持		他村からの五馬市村入地
新城村	28石636	新城村	75石149
芋作村	3石281	芋作村	1石　03
本城村	7石　91	小五馬村	2石198
桜竹村	2石161	本城村	20石599
塚田村	21石　5	桜竹村	6石002
出口村	0.824石	赤岩村	0.198石
栗林村	0.486石	塚田村	0.03石
合計	64石797	合計	110石596

注）「弘化二年宗門人別一切下調帳」（『五馬市村文書』）を参考。

五馬市村と新城村が資源枯渇となるなかで、他村との間で入会地を変更となる場合もあり、天保九年の五馬市村の村明細帳には「是ハ右平草野草生立悪く候間、前年より亀石山野と振替申候、右四ケ所之内ニて入会刈来申候、尤右場所ニ銀銭之類出シ不申候」(15)とある。本項での個々の秣場争いの内容については後藤重巳氏(16)が論究し詳細な分析がなされているが、実際のところ史料二からも明らかなように秣場の取り決めでの対象は「枝郷」であり村組が主体となって問題に対処していた。このような秣場問題においても五馬市村の村組が主体で他村との交渉なども行っており、村組の動向が地域社会の変容に大きく影響していると思われる。村社会における村組の役割については本書第六章を参考にしていただきたい。

（二）土地所有をめぐる両村間の関係

次に本項では両村の社会体関係を村人どうしの関係からみていきたい。両村間での村人どうしの社会的関係を考えた場合、それぞれの社会経済の基礎となる土地所持の動向を検討していく必要があるだろう。ここでは五馬市村を中心に土地所持の動向を概観すると表4の結果を得た。序章でみたように近世後期五馬市村では奥五馬筋の各村に土地を所持、また逆に自村内にも他村が土地を所持する状況にある。表4からは土地所有に関し、五馬市村と新城村との密接な関係が確認できる。五馬市村の村人が他村の土地に関しては六十五石程度を所持しているなかで、最大は新城村の二十八石余であり、全体数でも四割を越えている。また五馬市村内に他村の者が石高百十石程度所持するものとして、五馬市村・新城村両村間での土地移動が他村に比べかなり頻繁に行なわれていたようだ。例えば、新城村の割合は圧倒的に多く、七割程度は新城村からの入地となっている。その事実を裏付け質地証文の庄屋の控帳である「六番　裏印鑑帳」では、文化期～天保期において二四八件の質地証文の控えが確認されるなかで、五馬市村において新城村と関連する証文は四七件であった。これは、五馬市村内中心の質地証文において他村と比較すると新城村との契約が圧倒的に多いことを考えれば、両村の結びつきのひとつに質地契約による家と家との結びつきが根底に存在することが明らかとなる。

また次の表5は天保三年（一八三二）から弘化四年（一八四七）とやや限定的だが、新城村における質地契約の契約先を示すものである。[17] 表をみると新城村においても五馬市村との質地契約の多さから両村の非常に密接な関係がわかる。新城村内における質地契約が全体の半数であるなか、五馬市村内の村人との質地契約は四割近い数値でありその内容は、自村内の土地を質入れし、五馬市村から金銭を借入する場合が多く、両村の土地をめぐる関係では近世後期にかけて新城村との質地契約が目立っているがその多くは五馬市村へ流れており、本章第三節で検討する五馬市村庄屋による新城村庄屋兼帯が新城村の借入問題に大きく影響していたようだ。

表5　天保3～弘化4年の新城村質地契約の状況

新城村における質地契約91件中	新城村　48件
	五馬市村　33件
	その他の村 8件
	日田商人　2件

注）「六番裏印鑑帳」（『五馬市村文書』）を参考。

両村間の土地所持において両村の村組どうしの親交も深かったことが質地証文の文言のなかからも窺われる。五馬市村内に多くの土地を所持する新城村の村組のひとつである山田組の六右衛門の質地契約を事例にしたい。土地をめぐる関係では先述した「六番　裏印鑑帳」で五馬市村と新城村との契約四七件のうち、山田組の者が関係する件数は少なくとも一三件ほどある。[18] また併せて「七番　裏印鑑帳」に記載された質地契約からも五馬市村と新城村との土地所有をめぐる社会的関係の親密さを考える場合に、村組どうしの交流が契機となったことを推測させる。

史料三(19)

拾年限引当証文

一拾九文銭弐貫弐百目也

　此引当

　字宮田　　　中免

一上田七畝廿五歩　高壱石九升七合

右は拙者年々遣繰ヲ以銭借用致居候処、何分返済方難出来候ニ付、此節組合証人ヲ以貴殿方へ御相談申入候処、御聞届被下、右銭辻慥ニ受取忝存候、然ル上は右年季之内は拙者へ御高は所持致候間、壱ケ年ニ付御年貢米手形壱石五斗年々村方御皆済無滞急度御渡可被下候、万一右手形村皆済之節及遅滞候ハヽ、右田地代銭ニ不拘拙者方へ受取勝手次第取斗候共、貴殿より決而御差障り被成間敷依之塾談連印極書ニ為後年組合証人加判致差出置候処、仍而如件、

半印）天保十亥年三月

　　五馬市村掛持

　　新城村　　　六右衛門（印）

　　組合証人　　宇作　（印）

　　五馬市村組合　伝兵衛　（印）

天保十三寅年三月仕替

新城村　利右衛門

史料三は新城村・六右衛門と同村の利右衛門との間で取り交わした質地契約であるが、この新城村どうしの契約のなかの土地「宮田」は山田組に所在するもので、新城村の村人どうしの質地契約であり五馬市村には一見無関係のように思えるが、六右衛門の肩書きには「五馬市村掛持」と記されている。六右衛門は従来五馬市村内に多くの田畑を所持し、新城村でも組頭を経験する家であり、六右衛門と五馬市村の社会的関係は強く結ばれていると考える。故に質地証文では、五馬市村の伝兵衛の署名捺印もあり、詳細な事情は不明であるが、このような質地証文において新城村村人が五馬市村内に所持する自家の土地を質地に出す場合、「掛持」と表記することは多く、六右衛門の事例からも村組さらには個人として五馬市村との社会的関係を有していた事実が浮かび上がる。

（三）村組どうしの交流

本節でこれまで検討してきた五馬市村と新城村との社会的関係について本項でまとめていきたい。これまで確認できたことを示すと次の通りである。両村は共通する秣場入会地を他村に依存する状態で、近世後期には資源枯渇を背景に、様々な村と紛争に及ぶ事態にまで発展するなか、協同して資源の確保に努めていた。奥五馬筋の七か村内において五馬市村と新城村とは日々の生活の面で協調する場合が多かったのではないか。その点は両村における土地所有をめぐる動きからも見えてくる。

近世後期において五馬市村の村高七三一石余のうち、一一〇石余は他村の村が所持しており、そのうちのおよそ七十五石は新城村の村人が所持している。また、五馬市村の村人も他村の田畑を所持しており、五馬市村では他村所持の六十五石のうち二十八石ほどが新城村内の田畑であり、五馬市村と新城村とは村人どうしの質地契約による土地移動における土地所有を通じて非常に密接な関係を築いている。この相互の土地所有の要因として挙げられる

表6　嘉永5年における万栄講参加者について

信作 （村）	吉兵衛 （村）	元右衛門 （上ミ）	卯右衛門 （中村）	伊平 （村）	徳四郎 （中村）
小右衛門 （村）	源七 （村）	卯作 （中村）	元七 （村）	丈右衛門 （福島）	要右衛門 （赤岩）
文蔵 （目の）	徳右衛門 （中村）	新次郎 （上ミ）	伝左衛門 （川原）	庄左衛門 （上ミ）	六右衛門 （中村）
利作 （村）	由三郎 （中村）	座本	平六 （栃井）	宇兵治 （福島）	伝兵衛 （下毛）

注）「嘉永五年万栄講銭取立扣」（『五馬市村文書』）を参考。

ことは、村内の村組単位の交流であり、新城村の村組のひとつ山田組は五馬市村内に多くの田畑を所持しており、山田組の多くの者が五馬市村との土地所持をめぐって質地契約から社会的関係を持つことになる。

その結果、五馬市村内で行われていた頼母子講の一種である「万栄講」や祭礼の実行にあたっても新城村の山田組から多く参加したことが確認される[20]。表6は嘉永五年（一八五二）の万栄講参加者をまとめたものである。下線を引いた人名は万栄講参加者のなかで山田組（字は中村）の者で、複数参加しており、事実上五馬市村で開催されていた万栄講は、五馬市村と新城村の両村の村組が主体となっていた。

その他、五馬市村での祭礼においても万栄講と同様に毎年ではないものの新城村の山田組が参加していた。「嘉永元年　祇園宮祭礼入用日切銭取立帳」[21]という史料では「下毛組」「上ミ組」「馬野組」「山田組」において祭礼に関わる費用が記され、その家ごとの負担金も記されている。

本節では近世後期における五馬市村と新城村との社会的関係を探ってきた。入会地においては村と村との利害関係のなかで五馬市村と新城村は共通する秣場のために協同の意識を持っていたものと思われる。また、万栄講や村組などの組織的な動向や、家どうしのやり取りで生じる土地移動など、村は個人、集団それぞれにおいて社会的関係を深めていったのではないだろうか。

第二節　「新城村と差縺候馬借一件」にみる両村の社会関係

前節では近世後期における五馬市村と新城村の両村の社会的関係として、個人や集団との繋がりについてみてきたが、その社会的な繋がりの誕生の一つを両村で発生した紛争と協調の繰り返しから検討していく。両村間では近世期を通して、村人どうし様々な社会的関係が発生するなかで馬借業をめぐる争論を事例に両村の社会的関係の誕生について検討していきたい。検討する史料は「新城村と差縺候馬借一件」と題されて包紙に入ったものである。争論の全貌は分からないものの、その内容から五馬市村が馬借として勤めていた御用荷運びを、新城村の一部の村人が自分たちも馬借を勤めたいと要求したことが争論の発端となったようである。

（一）争論の経緯について

争論の経緯について見ていくことにする。史料が断片的であるが、次の史料によって文化十五年（一八一八）、新城村から馬借役の仕事を一部請け負いたいと五馬市村へ申し出があったことが史料四の文言か窺われる。そこで争論の経緯としてまずこの史料の検討から入りたい。

史料四

乍恐以口書奉申上候事

馬借之儀は前々ゟ五馬市村宿村之儀ニて、馬借仕来候処、此節新城村六右衛門外三人ゟ馬借致来候由申立奉願上候始末、右は五馬市村は宿村ニ而前々ゟ御用状并御用物宿継ニ而継来候分は馬借ゟ相勤候儀ニ付馬借之儀も村方ニ付相勤候ニ付、尤是迄村方ゟ難相勤候節は新城村ニ頼、同村ゟ相勤候義も御座候得共、一体他村ニ相頼万一宿継御用物附送り等間違出来仕候而は、申訳無御座奉恐入候ニ付、村方相談之上以来他村ニ不相頼五馬市村ゟ馬借相勤候節ニ申極仕候儀ニ御座候、新城村与寄合馬借仕来候由、同村ゟ奉願候得共、左様取極候儀無御座前々ゟ申極書物等無之新城村申立方何を証拠ニ奉願候哉、甚不承知之儀ニ奉存候、尤売買荷物之儀は是迄之通、新城村ニも附させ候節相違無御座候得とも馬借之儀は他村ニ致候而は馬触出万端行届兼候儀も有之、殊更御用物宿継附越等有之節は、他村ゟ馬借相勤候而は万一間違等有之節は宿村之儀ニ付五馬市村御糺を受候節申立方無御座重畳奉恐入候間前段之通被　仰付被下置候様奉願上候以上、

寅四月

五馬市村惣代　伝兵衛（印）

組頭　由兵衛（印）

庄屋　周平（印）

日田　御役所(22)

史料では新城村の六右衛門他三名から五馬市村御用の馬借役への参加要求に対し、五馬市村では、自村は宿村として以前より御用状や御用物を継ぎ送りしており、自村において勤められない場合のみ新城村に頼んだ経緯はあるものの、それ以外他村に任せ間違いがあっては大変だとして馬借役の依頼は無いと述べている。続けて、新城村がこのような申し出を行う根拠について糺した上で、馬借役の取り決めをした書類などは無いはずと主張している。史料四が作成された経緯として、新城村から馬借役を「寄合馬借」として一部担わせて欲しいと申し出を受けての対応であろう。新城村による馬借役の一部譲渡を受けて五馬市村はその旨に対し反対の意見であった。

その後、この問題は日田会所詰庄屋によって仲裁を受けることになる。当初は新城村の言い分に反発していた五

馬市村も態度を軟化させ、内済にむけて話し合いが行われたものと思われる。次の史料五では内済にむけての具体的な内容に踏み込んだ取り決めが行われている。その内容は、新城村は馬借役を担う順番を鬮で決めればよいと述べているが、五馬市村では鬮で決めても構わないが、日州富高への御用状と御用人人馬の勤めだけは譲れないと主張している。

史料五

済口取替証文之事

五馬市村馬借勤方之儀ニ付、同村ニ対し新城村六右衛門外壱人ヨリ奉願候処御吟味ニ御座候、然ル処此上御吟味を受候趣奉恐入殊更一村同様之場所ニ而気之毒ニ付、会所詰庄屋小迫村藤左衛門殿藤山村貫平立入双方得与承糺候処、新城村ニ而申立候は年々両村鬮取ニ而順番相立馬借相勤来候由申之、五馬市村ニ而は両村鬮取ニ而相勤候儀ニも候得共、日州富高御用状往返并御用人馬共都而五馬市村ニ而相勤候儀ニ付、馬借之儀は五馬市村ニ而相勤候積り之旨申立双方共申分有之ニ付、右始末両人ニ而取扱内済熟談仕候処、左之通り御座候、(23)

（後略）

そうして両村で内済のための「取替証文」が交わされ（史料六）、馬借役についての取り極めでは五馬市村が六年間勤め、その後の一年間は新城村が勤めると定めた。この取り極めに沿って馬借役については双方の村で分担して行うという内容で内済している。新城村としては期間の割合こそ僅かであれ、五馬市村が行っていた馬借役を担うことが叶い、どちらかといえば新城村に有利な形で内済は結ばれている。

史料六

取替証文之事

一宿村五馬市村馬借之儀ニ付、同村へ対し新城村六右衛門忠助ゟ願書奉差上候処、御吟味御座候、然ル処会所詰庄屋小迫藤左衛門殿藤山貫平殿御立入御取扱内済熟談仕候処、左之通、

一当寅五月ゟ来卯四月迄壱ヶ年新城村ゟ相勤、卯五月ゟ酉四月之間年六ヶ年五馬市村ゟ相勤、七ヶ年月壱ヶ年新城村ゟ相勤、右振合を以、末々相勤候様可仕候、尚亦荷物之儀は是迄之通相寄会附継可申候、

右之通双方共聊無申分和融内済仕候間、此通書付弐通相認双方連印仕壱通宛所持仕候以上、

文化十五寅年四月

新城村　六右衛門（印）
同　忠助（印）
同　吉次郎（印）
組頭　嘉平次（印）
庄屋　連平（印）
五馬市村惣代　新兵衛（印）
同　伝兵衛（印）
同　由兵衛（印）
庄屋　周平（印）

前書之通拙者共立会致承知候処、相違無之ニ付、奥書印形致置候以上、

会所詰庄屋　小迫村　藤左衛門（印）

同　藤山村　　　貫平（印）[24]

以上みてきたように馬借役一件についての争論では、五馬市村と新城村との間で馬借役を勤める年数を振り分ける形で内済が成立した。当初の五馬市村の言い分から推測すると新城村からの一方的な要求であったかもしれないが、注目したいのは申し出た新城村の村人が前節で見てきた五馬市村と親交のある新城村山田組の六右衛門らであった。文化期において五馬市村と馬借役の協同参加を求めた彼らは、近世後期に五馬市村内では田畑を所有し、他の奥五馬筋の村々より多く質地契約を結ぶなどしている。さらには村を越えての祭礼・頼母子講への参加なども確認され、五馬市村との社会的関係を有することになる。おそらくこのような出来事などを経て、五馬市村と新城村との間で社会的関係の深まる契機が生まれ、その後における社会的関係は広がりを見せることになるだろう。

(二) 幕末期、馬借役をめぐる両村の社会関係

文化期に五馬市村と新城村で馬借役の勤めに関する取り決めを行ったが、それから数十年を経て幕末期に再度争論が発生している。争論の内容について、史料七には「双方内済熟談書付之事」と題されているが、ここでいう双方とは五馬市村と新城村ではなく、両村で馬借役を行う者たちと五馬市村である。史料は馬借役の株を有する五馬市村・新城村の十六人の「馬借役」に対して自分たちばかりが利益を有し、村の利益にならないことを述べている。その旨を出口村の庄屋弥惣治が調査し、重ねて馬借役の十六人のみに利益が集中していることを指摘している。そのため馬借役に対しこれまでの利益を還元する意味を含め、五馬市村へ一年ごとに支払う「出銭」の額を「壱貫百四拾文」から「三貫四百弐拾文」と三倍に増加することを取り決めている。

史料七

双方内済熟談書付之事

五馬市村馬借之儀先前ゟ拾六人ニ而引受御用荷物は不及申、其外商人ゟ附出候諸土産物等附越候ニは、代々附送ゝ候処、村中ゟ申立候は宿駅有之候ニ付而は、外村与違道橋渡場船之場所等へ至迄、右村物之訳ヲ以出銭割賦多分相掛、其上御用馬大造入用之節は右人数持馬斗ニ而届兼節は御用御差支ニ相成候儀ニ付、惣村中恐入奉存候ニ付、持合せ候ものゟ御用相勤候節義有之候得共、利益ニ相成候儀拾六人斗ニ而、村中江は年々損失ニ相成、余荷村別ニ而、百姓中難渋之儀ニ付、以後は馬借役村方江差出候様有之度申立候ニ付、出口村弥惣治殿御立入承調候処、古来ゟ馬借役願立是迄相勤来候内、馬借ニ対し大山筋中ゟ掛合等有之、御願ニ相成右ニ付多分之入用も候得共、引受人共ゟ不残請払仕、其外右ニ御寄り候儀有之候得共、入用は村方江相掛ニ不申全拾六人株与相成候義ニ付、是迄之入用相弁呉候ハヽ、差出不申段出及差縺候得共、夫々取調候処、格別双方共難渋与申程之訳ニ付、此節左之通内済熟談調務候、

一先前ゟ村方江馬借より年々銭壱貫百四拾文宛差出来候処、此節取扱ヲ以道橋渡場船等之出銭并御用馬無拠分村方江相願候出銭之内助合旁趣意立与して銭弐貫弐百八拾文相増都合三貫四百弐拾文宛以後年々馬借拾六人より村方江差出候様ニ可仕候、

右之通内済熟談仕候、然ル上は双方共意趣辻銀等決而不差含陸間敷寄合可仕候、且亦右之儀ニ付向後双方共申分無御座候、為後年熟談書付連印致差出置候以上、

嘉永四亥年八月

日田郡五馬市村馬借　次右衛門（印）

（十二人後略）

新城村　六右衛門（印）
同　嘉八（印）
同　忠助（印）
五馬市村小前惣代　靍治（印）
百姓代　藤左衛門（印）
組頭　伝兵衛（印）
同　源兵衛（印）
同　平右衛門（印）
同　逸右衛門（印）

（九人後略）

五馬市村御庄屋　信作殿
立入出口村方御吟味庄屋　弥惣治殿(25)

史料では馬借役の者たちに対し自分たちの利益を村に戻すことを要求し、村と馬借役との内済の結果、村に支払う出銭を三倍増にすることで問題が解決したことを示しているが、馬借役は文化期から両村で担いはじめ、馬借役の問題については五馬市村・新城村、両村の共通問題として認識されているのではないか。史料七に新城村の馬借役の名前も列記されるなかで、五馬市村にとって馬借役を勤める者は両村に影響を及ぼす存在となっている。そのことを示す次の史料八を見ていこう。

史料八(26)

（前略）然は去年来ゟ宗門人別帳之儀御書面御調有之候処、古来ゟ相続当村百姓相勤居候もの居宅新城村地内ニ有之、百姓段々有之右之もの共此節御改革之御儀付而は、新城村人別ニ加入致当村人別除帳致送り状差出候様、度々新城村ゟ掛合来候ニ付、右之もの不寄申聞候処、極々相歎先祖ゟ数代五馬市百姓相続候儀ニ付、今更新城村人別加入申儀幾重ニも御改御願申上呉候様、一向申出一体五馬市新城両村之儀は混雑仕而田畑壱枚を入交り既ニ勘右衛門と申もの居屋敷は僅桁行六間梁行三間之家宅之内土間は新城村内居間之火は五馬市村と申様成ル義ニ付、御家造り之内ニ而両村両村江入組有之候儀ニ付而は於下拙も思案及不申候間、（後略）

この史料は弘化二年（一八四五）に作成された「宗門人別調方新城村掛合状留」の一部分である。天保期に出された人返し令に関連して宗門改帳の作成について精査する旨が述べられており、天保末期〜弘化期にかけて五馬市村でも宗門改帳の記載の内容を改める動きが見られるなかで村方の実態が浮かび上がってきた。

史料には五馬市村の宗門改帳に記載された村人のなかに、実際には新城村で生活している者が複数存在していることが記され、そのことを新城村庄屋彦右衛門は五馬市村庄屋信作に対し、自村の人別に加えるとするなど、お互いのやり取りを記録したものである。また史料では、五馬市村と新城村との関係を「五馬市新城両村之儀は混雑仕而田畑壱枚を入交り」と互いの耕地の所有が入り交じることを表現するなど、近世後期において両村の関係が深いことを確認できる。

史料九

（前略）右は私共儀前々ゟ五馬市村百姓相続来候処、今般宗門人別御改革御取調被仰付承知奉畏候、然ル処

書面之者共居屋鋪之分五馬市村内江新城村飛入地家作仕先前ゟ百姓相続仕罷在候処、右御趣意ニ付、此度新城村庄屋彦右衛門ゟ同村江入帳いたし候様五馬市村役人江厳敷懸合来候ニ付、右之もの共江掛合之趣申聞候処同人共おゐても、先祖代々是迄五馬市村人別ニ而百姓相続成候儀ニ而、今更新城村人別ニ相成候而は甚致混仕五馬市村方ニ而も家数減シ候而は日州富高御陣屋江御用御往還并岡領肥後領共通行仕候、往還筋左右ニ家作仕候而、当御役人様は不及申上、御他領御役人様御用人馬継立方其外諸産物運送仕候宿場之儀ニ而本人共は勿論村中一統難渋仕候(27)

（後略）

新城村庄屋から事実上新城村に居住している者を自村の宗門改帳に入帳させるとの申し出に対し、五馬市村では史料九にありように、彼らは以前より五馬市村の百姓であって今さら新城村の人別に入ると五馬市村の家数が減るとして新城村へ入帳しないことを主張しているが、実はこの問題の本質とは五馬市村での馬借役を勤める者の動向にある。問題となった五馬市村の宗門改帳に記載され実際に新城村に居る者たちは、「忠兵衛」「卯右衛門」「徳左衛門」「勘右衛門」「仁左衛門」「利三次」「兵蔵」「貞右衛門」であり、このなかで「忠兵衛」「卯右衛門」「徳左(右)衛門」「勘右衛門」は五馬市村で馬借役を勤める者である。おそらくは馬借役を勤めるにあたり交通に便した場所に移動し、そこで仮の住まいを所持し居住していたものと思われる。

文化期において五馬市村と新城村との馬借役の共同参加の経緯より、馬借役を通じ両村の社会的関係が深まる様子を見てきた。馬借役が五馬市村と新城村の双方で勤めることになり、幕末期には馬借役を勤める者たちは一つの社会集団として認識され、村社会は彼らより利益の分配を求めるなどし、さらには宗門改帳の記載の問題とも絡み、五馬市村の馬借役を勤める多くの者が新城村で小屋を作り生活していたことが判明し、隣村間において一つの社会的関係が形成されていたのである。そのことは馬借役と両村との共有問題に発展し、文化期に山田組の六右衛門たちの申し出によって始まった両村での馬借役であるが、六右衛門たちの馬借役勤めによって両村を跨ぐ形で馬借役という社会集団が組織され、その集団によって両村の間では新たな関係が生まれている。本節の事例は馬借役をめぐる両村間での争論から村社会の変容を考えていった。五馬市村による馬借役が新城村の村人で一つの社会集団を組織し、馬借役が五馬市村の村社会に影響する組織となり五馬市村自体が彼らの多分な利益を求める形になるなど、隣村間で起こる社会的関係から五馬市村の変容を探ったものである。

第三節　兼帯庄屋と地域社会

これまで第一・第二節を通し近世後期の五馬市村と新城村両村の社会的関係の成り立ちについて見てきた。両村に現れる様々な社会的関係とはまさに村社会の変容に直結するものである。そのことを踏まえ本節では近世後期における両村の村役人層による社会的関係の変化について検討していきたい。村社会において社会的関係を結ぶなかで、在村内の社会で影響力を有する存在の一つとして庄屋及び村役人がいる。吉田伸之氏(28)が指摘する社会的権力においても、在地社会での基盤は村役人層に所有され、彼らを主体として社会的権力は地域的に広がりをみせるとされる。そのような点を念頭に、村社会における社会的権力の中心である庄屋や村役人層の動向を検討していきたい。

事例としては幕末期における兼帯庄屋の事例を用いて考えていく。弘化四年（一八四七）～嘉永六年（一八五三）頃において新城村では庄屋職を置かず、その任を隣村の五馬市村の庄屋信作が兼ねる事態となっている。実はこのような現象は近世期の日田郡の各村においてみられる現象であり、近世初期から中期の幕領日田郡では庄屋職は売買される対象であり、度々兼帯が起きていたことが指摘されているが(29)、近世後期においても、なお庄屋の兼帯が各村で行われていたようだ。在地社会における庄屋の村運営と村社会との関係は本章での事例分析を踏まえたうえで

表7　天保・弘化期、新城村庄屋彦右衛門の質地契約について

質地契約年	質地差出（石高）	質取人	質地年限	備考
①天保14年3月	4斗6升	赤岩村・政助 ほか3名	10年	
②天保15年3月	2石1斗8升1合	五馬市村・孫右衛門	6年	
③弘化 4年3月	竹山1ケ所	五馬市村・元右衛門	1年	
④弘化 4年3月	4斗3升2合	五馬市村・信作	1年	
⑤弘化 4年3月	7升2合	五馬市村・三右衛門	1年	
⑥弘化 4年3月	2斗	五馬市村・太七	1年	
⑦弘化 4年3月	6斗	五馬市村・孫右衛門	1年	
⑧弘化 4年3月	山野1ケ所	五馬市村・徳右衛門	1年	
⑨弘化 4年3月	田3石5升5合、畑5斗	隈町魚屋・徳助	1年	
⑩弘化 4年3月	3斗	五馬市村・孫右衛門	1年	
⑪弘化 4年3月	1斗4合	新城村・茂三郎	1年	
⑫弘化 4年6月	4石6斗1升2合	陣屋廻村桑屋重吉 ほか1名	5年	請人：新城村組頭・百姓代

注）「証文裏判帳」（『五馬市村文書』）を参考。

改めて本書第五章で検討したい。

そもそも兼帯庄屋という現象について、これまであまり近世村落史のなかでは問題にされておらず、そのことを扱った研究は少ない。そのなかで酒井耕造氏(30)は奥州会津郡の村々を検討され、兼帯庄屋の出現が積極的な理由ではなく、地域の秩序維持のために周囲から支えられて兼帯庄屋を勤めている、と分析している。関東や畿内では一つの村に複数の名主・庄屋が設定される相給村などは見られるものの、兼帯庄屋とは村政責任者の庄屋を一時期他村からむかえ入れる現象である。この兼帯庄屋という歴史的な意味を考えるうえでも、本章では兼帯の理由や兼帯期の村政の運営方法などを検討していきたい。

（一）兼帯庄屋の理由について

本項では新城村の庄屋が兼帯される経緯から、五馬市村庄屋信作の兼帯期における新城村の村運営について、部分的ではあるが明らかにしていきたい。新城村の庄屋に関して、文化期頃の史料では新城村庄屋として連平が務めていたが確認でき、天保期頃には彦右衛門へと交代していた。この彦右衛門に代わり五馬市村の庄屋信作が新城村の庄屋を兼帯するわけだが、彦右

衛門の庄屋交代を探るうえで、彦右衛門家の経営が関係するのではないか。新城村の庄屋であった彦右衛門は弘化四年（一八四七）六月に庄屋職を辞すわけだが、その直前に新城村庄屋の彦右衛門が契約した複数の質地証文が確認される。その内容を表7にまとめた。

彦右衛門家自体の経営規模などは不明であるが、この表から庄屋交代の経緯が汲み取れる。表を通覧すると、彦右衛門家では天保末期から庄屋交代の直前の弘化四年にかけて複数の質地契約が存在する。質取人として名前が記されているのは五馬市村の村人に集中している。しかも弘化四年の三月における質地証文の質地年限は一年限りが殆どであり、何らかの理由で少しずつ家産を五馬市村の村人へ切り売りしている様子が確認でき、まさに彦右衛門家の苦しい経営が看取できよう。この表では質地契約を行う年月が三月であることから、貢納における納期の最後にあたる三月の銀納支払いに困窮していたと予想される。

特に弘化四年の六月には日田商人の桑屋・重吉(31)、松屋・興作なる者と質地契約を行い「四石六斗壱升弐合」という比較的大きな石高が質地に出され、保証人には親類のほか新城村の組頭、百姓代が併記されている。この質地契約は事実上、新城村としての契約ではないだろうか。

新城村の庄屋彦右衛門による一連の質地契約から自家の経営悪化が判明し、弘化四年六月に交わした日田商人との質地証文作成直後に庄屋職を離れており、兼帯庄屋となる理由の大きな要因として庄屋の経営状態悪化から庄屋職に留まることが彦右衛門もしくは村社会が村全体の利益にならないと判断したのではないか。彦右衛門の自家経営の悪化の原因については不明であるが、表をみると彦右衛門は新城村での質地契約は一件のみで、自村内で金銭を調達するのではなく、何度も僅かな土地を五馬市村の村人へ切り売りする形で、五馬市村に頼っている。最終的に日田商人と質地契約する際、保証人の箇所に異例の形で自村内の組頭と百姓代とが記されており、彦右衛門の質地契約と庄屋職退任は、彦右衛門家の経営悪化に伴い、これ以上村の運営に責任を果たせないとの判断が存在したものと思われる。しかも彦右衛門の庄屋退任後は新城村から新たな庄屋を選出することをやめ、新城村では村政の責任者である庄屋職を最も関係が深い隣村の五馬市村に一時的に預けたのでないか。因みに、信作は弘化四年の六月頃から兼帯庄屋となり嘉永六年頃まで兼務していたようである。

(二) 兼帯期の新城村について

では実際に兼帯庄屋として五馬市村庄屋信作は新城村をどのように運営していたのだろうか。これまでのところ、新城村兼帯期の史料は殆ど残存しておらず、宗門改帳など誰が作成していたのかは不明であるが、唯一兼帯期の様子を窺うことができる史料として嘉永五・六年作成の「御用状留日記」がある。ただし嘉永六年（一八五三）の「御用状留日記」には史料十にあるように、新城村に関する記載は五馬市村の御用状留には殆どなく、郡中入用の納入においてのみ五馬市村と併記されている。

史料十

一、銭四貫三百拾九文　　新城村

一、同拾六貫百八拾九文　五馬市村

〆

右は当子郡中入用前割、来ル三月十四日十五日丸屋幸右衛門預リ書ヲ以可被相納候、以上、

子閏二月

日田御役所(32)

庄屋として重要な出納関係の郡中入用については、両村の名前が記され兼帯庄屋が対応しているようだが、その他庄屋として、原則毎年作成する宗門改帳の作成などについての対応は不明であり今後の研究課題である。ただし質地証文の控書である「裏印鑑帳」については兼帯庄屋就任の弘化四年六月と同時に新城村分を作成している。新城村における質地関係の把握については早急に行っているが、この行動の背景には庄屋兼帯理由の一つがあるものと思われる。それは新城村での五馬市村への借用がこの時期に大きな問題となっているのではないだろうか。その点を踏まえ兼帯期における新城村村と五馬市村との関係を示す僅かな史料として次の史料十一を提示したい。

史料十一

覚

百姓代　平九郎
組頭　六右衛門

夫食返納請書、右両人印判落相成候段、被仰渡候間、此者江御渡可被成候、余村は相済、御村方計有之候間、聊無延引、此者江御渡可被成候、以上、

丑五月一日

会所

新城村

与頭中

当之賃銭御渡可被成候、夫継立ニ渡ス、(33)

史料は兼帯期の新城村百姓代平九郎と組頭六右衛門への夫食返済の請書提出に対し、両人が印鑑を落としたために、延引されていることを日田会所が指摘したものであるが、村としての夫食返済に関しては組頭たちが実務を担っていたものと考える。兼帯庄屋として五馬市村庄屋信作が新城村庄屋を兼任していても、村の個別の案件には新城村の組頭が実質的な実行力を保持しているわけである。ただし兼帯庄屋の全体的な村運営については地域や就任の背景により大きく変わるだろう。これまで述べてきたように、新城村の庄屋兼帯にはおそらく新城村で嵩む負債が五馬市村庄屋の兼帯理由にあるのではないか、その点をさらに次項で確認していきたい。

(三) 村社会の立て直しと兼帯庄屋

五馬市村の庄屋信作は弘化四年六月から兼帯庄屋を勤めるわけだが、兼帯期の終了について明確ではない。ただ嘉永七年「御用状留」には、兼帯期の記載方式はなく、新城村の名前は消えている。嘉永七年（一八五四）に兼帯していた五馬市村庄屋信作が死亡したこともあり、庄屋兼帯の時期は弘化四年～嘉永七年という僅かな期間であった。その後、新城村の庄屋には又市が就任している。ただし、僅かな兼帯の期間に新城村の村人と五馬市村村人との間で発生した負債の一部を帳消しにする覚書を取り交わした。兼帯庄屋を解消する直前に取り交わされた書状に兼帯庄屋が発生した背景が見え隠れする。

史料十二

覚

一田畑証文差入候利足米銭相滞候分ニ証文差入候利足左之通申極候、

一銭利上は年壱割

一米利上は銭百目ニ付壱升八合
　但粟利上は百目ニ付弐升五合
借用人　重平
新城村惣代立会人　重平
同　平九郎
同　新七
同　又一

当丑四月迄勘定凡辻
一銭　弐貫目余
内
五百文　立会人　新七
弥惣治・俊吾
立入り了簡引
壱貫目
是は当丑ゟ未年迄七ヶ年賦壱ヶ年ニ百五拾目宛未年は百目
弐百目　夏麦　五斗
五月朔日可入極
三百目　米三斗五升
九月可入極

〆 辻

残而三貫六百三拾六匁四歩

此分熟談之上差捨申候

（中略）

右は当村之儀年来困窮ニ落入百姓相続出来不申ニ付、御拝借御願奉申上候処、格別之御仁恵を以助合穀銀御貸付ニ相成難有仕合奉存候、右ニ付村中一統申合倹約方一ニ仕出精相励可申筈ニ御座候、然ル処御庄屋信作殿ゟ村方ニ貸付ニ相成候米銭多分有之、当時勘定向不埒ニ相成滞相嵩候ニ付、左様ニ御頼申入候処、格別之思召を以、書面之通了簡引被成下夫々御書訳之趣見ニ承知仕忝仕合奉存候、右御立入方厚御取斗猶又信作殿村方御助力之段一統承知仕安堵仕候ニ付、前ヶ条之通聊無間違返済可仕候依之村方借用人印形書付差出置候処相違無御座候以上、嘉永六年丑四月

新城村借用人　重平（印）

与右衛門（印）

百助（印）

元右衛門（印）

仁右衛門（印）

清七（印）

平九郎（印）

組頭　新七（印）

惣代　　又一（印）
右村御庄屋　信作（印）

出口村御庄屋　弥惣治殿
桜竹村御庄屋　俊吾殿
前書之趣拙夫共承り届置候ニ付、奥書印形致双方へ壱通宛相渡置候、以上、
丑四月
出口村庄屋　弥惣治（印）
桜竹村庄屋　俊吾（印）(34)

史料が長いために途中を省略した。史料の概ねを述べると、これまで新城村と取り交わした質地証文などの借財が嵩んだためにその一部を用捨して欲しいということが記されている。そのことを五馬市村の庄屋信作が了承し、さらにその旨を出口村庄屋・弥惣治、桜竹村庄屋・俊吾が奥書したことを確認できる。この時五馬市村・新城村両村の庄屋という立場の信作がこの覚え書きを取り結んでいる。兼帯期のなかで新城村の五馬市村への負債が一部軽減されているという事実をどう考えたらよいのか。推測ではあるが新城村は、庄屋を五馬市村の庄屋が兼帯している間に自村の負債を幾分棒引きしてもらうことを試みたのではないか。奇しくも今回奥書した出口村、桜竹村は信作と関係が深い。もともと出口村の庄屋家に生れた信作は、五馬市村周平の婿養子として五馬市村に来ている。その際に信作の五馬市村庄屋就任で村内に異見が出た折、桜竹村庄屋が後見人となることで解決しており、今回の一件では信作にとって関係の深い二村の庄屋の了承を得た形で新城村の自村への借財の返済を一部用捨している。ただし、このような負債の一部用捨を兼帯庄屋の期間に新城村が実行しようと考えたかは分からないものの、結果と

して新城村の負債の一部は軽減している。

本節では幕末期における五馬市村の新城村庄屋の兼帯について、限られた史料から村社会における社会的関係のなかで、社会的権力ともいえる庄屋職の兼帯について検討を進めてきた。先述した通り、兼帯庄屋の事例はこれまで少なく、本章を含め事例研究の積み重ねが待たれるところだが、本章の目的である隣村間で構築される社会的関係から考えると、五馬市村が新城村庄屋を兼帯する理由の一つには、庄屋彦右衛門家の経営悪化による庄屋職の維持が困難な状況になったことが挙げられる。加えて新城村では村の負債も多く、新たに庄屋職に耐える者が新城村に存在せず、一端五馬市村の庄屋に庄屋職を兼帯し、村内の負債を一部軽減してから村を立て直そうとしたと考えられる。そのことを史料十二が物語っているだろう。

おわりに

本章では村社会の変容の基底にある社会的関係の動向を近世後期の隣村間のなかから検討してきた。村社会はなぜ変容するのか、また、しなければならないのか。まさに近世期を通して、村は村内部の階級的対立とともに支配者や気候変動、社会経済の発展による外的要因等の影響（支配的変容・気候的変容・社会的変容）を受け変容することになる。そのなかで本章は二つの村で生れる社会的関係の分析を中心に行った。

近世期を通して村は内外を問わず様々な社会的関係を有していくことになる。社会的関係を有する過程で、繋がって行く村々の関係は地域社会においてより自治的素地を発展させていくことになるだろう。社会的関係が発生する理由には、村で暮らす者たちの生活を成り立たせるため、より生活条件を向上させるために、絶えず変化させなければならないからである。換言すれば、村社会の変容とは村請制の村がより自治的性格を有することではないだろうか。社会的関係の深まりとは協同性への発展であり、それは地域社会が公共性を獲得する過程にも大きな影響を与えるのではないだろうか。故に地域社会が成り立つ背景には社会的関係で結ばれた社会集団が存在するのである。

本章では近世後期において隣村間で結ばれていく社会的関係を明らかにしていくなかで村人個人や集団が経験する様々な社会は、村社会の変容に大きな影響を与える。土地所有などの問題から発生する経済的な変容は当然で、両村で発生する争論なども、その後の両村の社会関係には大きな影響を及ぼすことになろう。村はそのような様々な社会的関係を通し、お互い両村の協同性を高めていくわけである。また、そのような社会関係は両村の生活の成り立ちを堅守させ、向上させる理由なしには発展し得ないのである。その結果として明治期の両村の合併へと繋がるのではないだろうか。

最後に課題を幾つか挙げれば、明治初期における独自の合併でみせた村々の合併選択において、どの程度近世後期に培われた社会的関係が影響を持つことになるのだろうか。それは新政府による地域の再編成という問題において旧体制下の伝統や公共性が、どのように新体制のもとで活かされたのかということであろう。その点を本書の課題の一つとして今後も豊後国日田郡における地域・村社会について考えていきたい。

〈注〉

（1）自身が設定する社会的関係とは地域や村で生活する過程で個人または集団が、何らかの事象を介して他の個人や集団と取り決めや交渉など接触することであり、その関係は自村内や他村または広汎に及ぶこともある。ただし、近世社会は支配において村が母体であることから、様々な社会的関係が深まる結果、最も影響を受ける対象は村（社会）であり、村の社会は絶えず変化する可能性にさらされている。本章における村組の動向や馬借役の他村住居など、一連の社会的関係は直接村に及ぶものであり、村請制という基本政策が揺るがされることになる。つまり、社会的関係とは様々な階層や組織、内外的要因などによって発生するものであり、その内実を分析することで地域社会の様子を知ることが可能となる。
(2) 渡辺尚志「第一章日本近世における地域」『近世の豪農と村落共同体』東京大学出版会、一九九四年。
(3) 平川新「序説」『紛争と世論』東京大学出版会、一九九六年。
(4) 久留島浩①「村と村の関係」『歴史公論』一〇六、一九八四年。②「直轄県における組合村」『歴史学研究』(一九八二年別冊)一九八二年。
(5) 藪田貫『国訴と百姓一揆の研究』校倉書房、一九九二年。
(6) 澤登寛聡「近世初期の国制と『領』域支配」『関東近世史研究』一五、一九八三年。工藤航平「近世後期の葛西用水八条組合の組織的変遷と地域意識」『文書館紀要』一九、二〇〇六年。
(7) 大塚英二「序章　近世地域研究のための覚書」『日本近世地域研究序説』清文堂出版社、二〇〇八年。
(8) 本書第七章参考。
(9) 本書第八章参考。
(10) 日田郡は九つの筋(渡里筋・城内筋・高瀬筋・口五馬筋・奥五馬筋・大山筋・津江筋・小野筋・大肥筋)に分割統治されている。各筋に筋代が選出され、筋代は日田の会所で法令の通達や集会などを行っていた。
(11) 五馬市村において村組は、貢納や質地証文の作成、婚姻等に大きな影響力を所持していたことが確認されており、この点は改めて検討していきたい。
(12) 「乍恐以書付奉御願候事」『五馬市村文書』(別府大学附属博物館所蔵)。
(13) 後藤重巳「幕末期における秣刈敷入会問題をめぐって」『史学論叢』三二、二〇〇二年。
(14) 「乍恐以書付御願申上候」『五馬市村文書』(別府大学附属博物館所蔵)。
(15) 「天保九年豊後国日田郡五馬市村村明細帳」後藤重巳監修『近世文書解読シリーズ第6集　豊後国日田郡村明細帳』参考。
(16) 後藤重巳、前掲注(十三)「幕末期における秣刈敷入会問題をめぐって」②幕末期における秣刈敷入会問題をめぐって」『史学論叢』三五、二〇〇五年。
(17) 新城村の史料が無いなかで、第三節でみる五馬市村が新城村庄屋兼帯期において、このような文書が作成され、五馬市村において保管されていた。
(18) ここでいう四七件のうち一三件は五馬市村で作成された文書のなかから山田組の村人と明確に分かるもののみであり、実際は一三件より多い可能性もある。
(19) 「七番裏印鑑帳」『五馬市村文書』(別府大学附属博物館所蔵)。

(20) 万栄講の性格等については、一部拙稿で紹介したが、今後さらに検討を重ねていきたい（拙稿「近世後期における村融通と家の対応」『専修史学』三五、二〇〇三年）。
(21) 「嘉永元年祇園宮祭礼入用日切銭取立帳」『五馬市村文書』（別府大学附属博物館所蔵）。
(22) 「乍恐以口書奉申上候事」（包紙「新城村と差縺馬借一件」）『五馬市村文書』（別府大学附属博物館所蔵）。
(23) 「済口取替証文之事」（包紙「新城村と差縺馬借一件」）『五馬市村文書』（別府大学附属博物館所蔵）。
(24) 「取替証文之事」（包紙「新城村と差縺馬借一件」）『五馬市村文書』（別府大学附属博物館所蔵）。
(25) 「双方内済熟談書付之事」（包紙「新城村と差縺馬借一件」）『五馬市村文書』（別府大学附属博物館所蔵）。
(26) 「宗門人別調方新城村掛合状留」『五馬市村森家文書』（大分県立先哲史料館所蔵）。
(27) 「宗門人別調方新城村掛合状留」『五馬市村森家文書』（大分県立先哲史料館所蔵）。
(28) 吉田伸之「社会的権力論ノート」久留島浩・吉田伸之編『近世の社会的権力』山川出版社、一九九六年。
(29) 楠本美智子「第四章　天領『日田騒動』とその後の農村」『近世の地方金融と社会構造』九州大学出版会、一九九九年。
(30) 酒井耕造「兼帯名主の村支配」『福島県立博物館紀要』一五、二〇〇〇年。
(31) 木村忠夫氏によりと日田商人桑屋は日田郡に広く寄生地主として耕地を所有していることが指摘されているが、奥五馬筋（五馬市村及び新城村）において、現在のところ顕著な土地集積は確認できないものの、本稿が示すような事例が存在する。（木村忠夫「近世日田農村史の若干の問題点」『九州文化史研究所紀要』一六、一九七一年）。
(32) 「御用状留（嘉永六年）」『五馬市村文書』（別府大学附属博物館所蔵）。
(33) 「御用状留（嘉永六年）」『五馬市村文書』（別府大学附属博物館所蔵）。
(34) 「嘉永六年巳四月　新城村借用返済方熟談取極書」『五馬市村森家文書』（大分県立先哲史料館所蔵）。

第五章　庄屋の在村化と村社会

はじめに

本章は近世後期における村社会の変容の一端を五馬市村庄屋の動向から考察するものである。具体的な分析方法として、村を代表する庄屋のあり方を検討し、庄屋を補佐する組頭や小前惣代としての百姓代の動向に注視しながら村請制下における村運営で生じる村社会の変容の実態に迫っていくものである(1)。序章において述べたように、近年の村落史研究では村を行政組織の一部として考えた場合に、村の名主や庄屋はその組合村でどのような行政手腕を発揮するかといった分析が中心にあり、これまで多くの成果によって地域社会研究が進められている。その点については本書における第一章で日田郡会所と奥五馬筋の庄屋の様子を分析し、郡行政のなかで村々の果たすべき政治的な制度をある程度確認した。そこで本章では五馬市村の庄屋の在村での活動に焦点を当て庄屋の視点から村社会の実態を考えていきたい。

特に日田郡においては庄屋不在のまま他村の庄屋が複数掛け持ちをする兼帯庄屋の村が多く確認されることから、庄屋と村社会との関係を見ていくことが地域や村社会の状況を把握していくうえで重要であると考えた(2)。五馬市村でも近世期を通して庄屋不在の期間が長くあり、寛政期に百余年ぶりに庄屋を村へむかえいれた経緯がある。その点を踏まえると庄屋がどのように在村定着を図ろうとしたのか、また村運営に大きな影響を及ぼす組頭や有力家などとの関係について見ていく必要がある。そこで本章第一節では五馬市村庄屋の入村の経緯と村社会との関係を明らかにし、次節以降は庄屋を通して組頭家との関係に注目する。天保期以降、庄屋の交代をめぐるなかで村社会が大きく変容していく様子を分析するとともに、第三節では小前惣代の役割を果たすとされる百姓代が村内の運営にどのように関わっているのか確認し、村内において庄屋が村を運営していくなかで、村はどのように変容していったのか、その点を明らかにしていきたい。

近世初期の庄屋の成立・在村化については、水本邦彦氏など近世社会における村請制の成立のなかで論じられ(3)、村切りにより近世村落が成立し村請制が設定されるなか、運営主体をめぐる争いのなかで旧勢力もしくは新たな者が庄屋に就任する。特に豊後国において当初設定された庄屋は中世以来の土豪の系統を引くものが多く、彼らは村のなかで経済的な特権階級であった(4)。その後庄屋が在村し村を運営するなかで、彼らの経済的特権に対する反発から各地での村方騒動を経て徐々に近世化が見られる。その様子については楠本美智子氏が「寛文四年騒動」や「藤山村騒動」など村方騒動の分析を通して紹介しており、庄屋の在村化の困難さを示すものとして田畑の権利とともに庄屋職も付与され売買されていたそうだ(5)。このような村方騒動を経ていくなかで、土豪層のなかには姿を消す者もおり、新たな庄屋をむかえられることも行なわれていたと思われる。

日田郡に関しては、藤野保氏が指摘したように元禄期に村方三役制度が整備されると制度的に村は近世化されていく(6)。その大きな要因として、村の運営に大きな影響力を保持し庄屋不在においても合議制を取り、主体的に村運営に関わってきた頭百姓と呼ばれた者が庄屋を補佐する組頭となることで安定した村請制が担保されたと考えられてきた。ただ村方三役制が確立した後も日田郡の多くの村々では庄屋不在の兼帯庄屋村が多く存在しており、幕末期において日田郡八十四町村のうち庄屋在村の村は三十九か村で、日田郡の村数全体の半数が兼帯庄屋の村であった(7)。個々の村に事情があるにせよ、この兼帯庄屋が多い事実からして、近世後期においても依然として村社会は庄屋の在村定着を阻む要因に組頭などの有力な家が依然村の運営に大きな影響力を保持していたのではないかと考える。日田郡全体に制度として整ったにしろ、それをそれぞれの村社会がどのように受け止めて村を運営するかは村社会の実状を踏まえなければならない。そこで本章では近世後期から四代続く五馬市村の庄屋の視点より村社会のなかで庄屋の在村化の分析を通して村社会の実態を示していきたい。

第一節　近世後期における五馬市村の庄屋入村

五馬市村では長期間他村の庄屋が五馬市村の庄屋を兼ねる兼帯庄屋の状態が続いていたが、寛政期の庄屋入村によって百余年ぶりに庄屋を村にむかえることになる。それまで五馬市村では庄屋は不在、他村による兼帯庄屋のもと複数の組頭によって村政の実質的運営が行われていたようだ。そこでまず本節では寛政期における庄屋入村後から幕末期までの庄屋家の様子について概観する。特に庄屋と村社会との関係から庄屋が村社会の運営にどのような立場で臨んでいたのか考察していきたい。

(一) 寛政期における宇平治の入村

本項では五馬市村の庄屋入村をめぐる背景を探っていきたい。まず史料一よって五馬市村に庄屋の宇平治が入村することが確認されるが、それ以前五馬市村では庄屋不在の状況が百年以上続いていたようだ。五馬市村では兼帯庄屋が解消された後、明治期をむかえるまでに宇平治―周平―信作―謙平の四人が庄屋を務めている。

史料一

元来五馬市村之儀は庄屋無御座、先年上井手村庄屋江兼帯相願、夫より出口村・新城村共江も数十年兼帯相願、只今庄屋信作祖父宇平治と申者へ庄屋役御願立候迄、百年余も庄屋無御座、六七度も脇村々江兼帯相願押遷候(8)、

史料は嘉永期に五馬市村と口五馬筋の赤岩村との田畑売買問題で争論となった際に証拠となる文書の有無をめぐり五馬市村隣村の桜竹村から提出された文書の一部である。史料から嘉永期の庄屋である信作の祖父宇平治が百余年ぶりに庄屋として在村する事実が記されている。この史料一の内容にある宇平治の入村を裏付けるものとして寛政期の「田畑免割帳」の奥書に注目したい。帳面は寛政十一年まで庄屋は出口村庄屋が兼帯していると記されているが、(9)それ以降の「田畑免割帳」には庄屋名に宇平治の名が記されている。また質地証文の控えをまとめた「裏印鑑帳」には「寛政十二年四月ゟ庄屋宇平次相勤」(10)とあることから、宇平治は寛政十一年～十二年にかけて五馬市村へ入村したものと考えて間違いない。では、どのような事情のもと五馬市村は庄屋をむかえることになったのだろうか。理由について明確なことは不明であるが百余年にかけて庄屋が不在であった五馬市村で宇平治入村をめぐる背景として、おそらく組頭による合議制での村運営になんらかの支障をきたす事態が生じていたのではないか。例えば、日田郡では寛政期、郡行政において役所の下部組織である寄合所が廃止され、直後に名称を会所と改め再開している。郡行政の一端を担う会所では日田郡の各筋の庄屋が筋代を勤め、その筋代は輪番制で一定期間会所に詰め、村落間での争論では仲裁を行ったり、会所で郡行政に関する話合いを行ったりと、各村において庄屋が惣代的な立場として、役割が一層増してきたと考える。(11)五馬市村は名前の通り奥五馬筋における主邑的な村でもあり、この時期に自村にも庄屋が必要と判断し庄屋をむかえたものではないか。ただし入村から十年経った頃の庄屋家の状況について残存する最も古い文化七年の宗門改帳（史料二）をみると必ずしも持高は高くなく、経営の面では村内においてどの程度主導的役割を果たしていたのかは詳細を得ない。寛政期の入村から文化期において庄屋家は村内で安定的な経営基盤を持ち得ていないようである。

史料二

村高　三石四斗四合　宇平治
一人数　四人内　男弐人
女弐人
此訳
宇平治　六拾五　広円寺旦那
女房　四拾五
倅　又七　弐拾一
娘　ます　十四(12)

表1　庄屋家における持高の変遷

年号	庄屋名	持高	村内順位
文化 7年	宇平治	3.404石	77位
文化 8年	宇平治	5.944石	35位
文化15年	周平	7.489石	22位
文政 7年	周平	9.806石	13位
文政13年	周平	10.511石	9位
天保 8年	周平	22.431石	1位
天保15年	信作	13.617石	5位
弘化 5年	信作	13.879石	6位
嘉永 2年	信作	12.648石	9位
安政 5年	謙平	15.092石	3位
慶応 4年	謙平	9.496石	17位

注）各年代の宗門改帳を利用し作成した。

では宇平治はどこから来て五馬市村庄屋となったのか。その点は、後藤重巳氏が庄屋の出自について論究されており、宇平治は日田商の森家、鍋屋八代目吉実の弟であった(13)。日田商人の家から豆田町の町役人や周辺村の村役人に就く事例は確認されているものの、遠方の奥五馬筋の庄屋に就く経緯についてはわからない。宇平治と出身家との関係では庄屋就任後も、旦那寺を出身の竹田村にある真宗広円寺のままとした。五馬市村内に真宗寺院の専称寺があるものの、次代以降も旦那寺を変えることはなかった。出身地と繋がりを残す一方で宇平治の入村後に主家の鍋屋とのやりとりを示す史料は限定的で、幾つかの質地証文が確認されるほか殆ど確認されない(14)。その後、宇平治は文化十二年に隠居し庄屋職も倅周平に譲っている。

経営面では表1を見ると文化末期頃には庄屋家の経営も徐々に拡大している。この経営拡大に関する背景として「五番　裏印鑑帳」には享和年間に質取人として複数の質地契約を結んでおり、おそらくそれらの質地契約で徐々に文化期において土地集積が実現したものと考える。寛政期の入村後において暫くの期間は「四番　裏印鑑帳」では庄屋家の質地契約は全くみられなかったことから考えると庄屋として絶対的な経営はなく村内基盤を確立するには至っていないものの、入村後、自家の経営としては文化期頃に徐々に拡大している。

(二) 庄屋周平における庄屋家の経営と村社会

宇平治から庄屋職を継いだ周平は、文化末期から文政期にかけてが庄屋の時期であり、庄屋家では村内で安定した在村のための基盤を作っている。一例を示すと万栄講という講の創設である。史料三にあるように万栄講は玉来社の祭礼にあたり、「市賑ひ」を目的として周平が始めた頼母子講である。

史料三

口書

一万栄講銭之儀者、玉来宮市賑ひ為助合先庄屋周平殿被成拵立、万栄講銭出来周平殿勤役之間助合致呉候処、其後小見せ物等茂無御座候、就而は元銭利足共ニ如何相成候哉、遣拂之訳委細承り度奉存候（後略）[15]

これらの講には毎座四十人程度参加している。庄屋自身が記した「万栄講取立帳」には講において座料の不足金や鬮に当選した者の当選金の分配として前借りしていた座料の支払などが記されおり、講を通して村内へ庄屋家の存在を示すものであり、文政期に庄屋家は徐々に自家の経営面を安定持させていた[16]。

また庄屋家の経営安定と在村化を裏付ける事実として、文政期にかけて庄屋周平は数多くの質地契約を交わしている。質取人として数多く庄屋周平の名が記されていることから、積極的に村内において質地契約を取り結んでいたことが明らかである。このことが庄屋家の持高にも反映され、周平の時期において経営面では村社会にあって一定の基盤を作り大きく存在感を増すことになる。史料二や表1を参考にすると、文化七年では家の持高は三石余であったが、その後周平の庄屋就任前後から徐々に持高は増加している。天保八年には持高で村内一位となるが、家持高の増加の背景は特に文政期における庄屋への数多くの質地証文が集中したためであろう。「六番　裏印鑑帳」で確認すると、文政期における庄屋家と質地契約の件数は文化期～文政期において最も多く、判明するだけでも二十九件にのぼる。そこで、「六番　裏印鑑帳」を分析し文政期の五馬市村における質地契約百三十四件のなかから庄屋家が関係した質地契約を表2にまとめてみた。表1から天保九年に庄屋家は持高で村内一位となるのだが、その土地集積の背景には文政期における質地契約が影響している。この時期の質地契約では全体の二割程度に庄屋家が関係しており、この割合は天保期の質地契約数百八十件中庄屋家十四件と比較しても多いことがわかる。しかも二件を除いて全ては村内の村人との質地契約であり、庄屋はほとんど質取人として質地契約を結んでおり、単純に分析すれば二十石程度の土地集積が確認されるものの、それほど持高が増えていないのは、この時期に庄屋が自家の経営拡大のみを行っていたわけではない。

庄屋周平は質地契約のなかで自家の経営拡大と同時に村社会の安定を図る一定の役割を担っていたのではないか。庄屋を仲介役とする村内外での土地の移動のような動きがみられるのである。表2の網かけした質地契約に注目していきたい。庄屋は質地契約によって質地を手に入れるが、その土地を直後にそのまま他の村人と質地契約を結んでいる。文政二年、本城村伝助が庄屋周平に「梶の本下」の上田「一石二斗八升三合」を十年限の質地契約で質地に出し、周平は一貫三百目を伝助に渡したが、二年後に質地年限を八年限として周平はその質地契約を継承させる

表２　文政期における庄屋家の質地契約

年代	質地年限	借主	質取人	質地高	年代	質地年限	借主	質取人	質地高
文政1	5年	源助	周平	0,5石	文政7	10年	伊平	周平	1,577石
文政2	5年	勇助	周平	1,424石	文政7	10年	彦四郎	周平	0,149石
文政2	10年	伝助(本)	周平	1,283石	文政9	5年	善四郎	周平	0,7石
文政2	10年	伊平	周平	1石	文政9	10年	伝四郎	周平	1石
文政2	10年	由兵衛	周平	1,005石	文政9	1年	伝右衛門	周平	1,72石
文政2	10年	藤平	周平	0,45石	文政9	10年	周平	伊八	0,42石
文政2	10年	伝蔵	周平	0,5石	文政9	10年	利右衛門	周平	1,38石
文政4	5年	忠左衛門	周平	1,374石	文政9	10年	吉三郎	周平	0,35石
文政4	永年	伊助	周平	1,689石	文政9	10年	吉左衛門(新)	周平	0,6石
文政4	8年	周平	半兵衛	1,283石	文政9	1年	周平	市左衛門	1,3石
文政4	永年	吉左衛門	周平	0,05石	文政10	10年	市左衛門	周平	1,607石
文政5	10年	伝六	周平	1,658石	文政10	10年	半右衛門(新)	周平	0,79石
文政7	10年	新七	周平	0,8石	文政10	10年	儀右衛門	周平	1,12石
文政7	10年	勘蔵	周平	0,503石	文政10	10年	貞右衛門	周平	1石

注)「六番裏印鑑帳」『五馬市村文書』参考。(本)＝本城村　(新)＝新城村

形で五馬市村の半兵衛と同様の質地契約を結んでいる。また、文政九年には伝右衛門から周平に「高の」中畑「五斗五合」、「のりこし」中畑「七斗九升五合」、「宮ノ向ひ」上田「四斗二升」が一年限で質地に出され、周平は伝右衛門に一貫四百目を渡している。その直後に周平は「宮ノ向ひ」の土地を伊八との間で十年限の質地契約を結んでいる。また残りの「高の」「のりこし」の土地は一年限で市左衛門と質地契約を結んでいる。市左衛門の方も、周平と質地契約を結んだ「のりこし」と「川ばた」二カ所の土地を周平と質地契約と結ぶなど、庄屋を介在させた土地の移動が幾つかみられ、庄屋が仲介役となることが多い。

このような質地契約による複雑な土地の移動について庄屋を基軸に土地の移動が行われていたが、同じ土地であっても質地契約を繰り返すことで質入値段の差額を発生させるなど様相が異なっており一部に融通的な行為も含まれる。因みに周平と伊八との間で結んだ「宮ノ向ひ」の質地契約はその後天保七年に請け返しとなり、再び周平の手に戻るが、同年に一年限の質地契約を村内の

逸右衛門と結んでいる。このような庄屋を挟んだ複雑な土地の移動については近世後期を通して文政期に集中しており、この時期庄屋は自家の経営拡大とともに、村内での土地の移動に関して一定の影響力を示している。文政期になると講の開催や家と家とで結ぶ質地契約など多方面にわたる社会的関係に庄屋周平は村内で大きな影響力を持ちはじめる。天保期には村内で持高が一位となるが翌年の天保九年に庄屋周平が四十九歳で亡くなると、村内は次期庄屋の就任をめぐり大きく動揺しはじめる。

(三) 天保期以降の村社会の動揺

宇平治において庄屋の在村を果たし、周平の時期には、講の設立や村人との質地契約によって家の経営と村運営も安定したかに見えたが、周平の死亡によって次期庄屋就任をめぐり村内は大きく動揺しはじめる。周平の子どもには娘しかおらず、次の庄屋を目論見当初は塚田村から彦六なる男性を養子にむかえたものの、その後、別の養子を出口村からむかえている。(17) それが信作である。周平死亡後、信作の庄屋就任に対し、当初村内からは「跡役之もの人当難取極」として難航したようで、信作による庄屋就任では史料四のような取り極めが行われた。

史料四

乍恐以書附御願奉申上候

持高拾四石弐斗五升三合

五馬市村　信作（印）歳弐拾八

後見　桜竹村庄屋　新三郎

右は五馬市村庄屋周平病死後、跡役之もの人当難取極、押移罷在候処、此節村中一統熟談之上、右信作儀人柄実体ニ而筆算等も相応ニ仕候者ニ御座候間、同人江庄屋役被　仰付被為成下候程奉願上候、尤当村之儀宿場其外御用繁之村柄ニ御座候間、右信作未タ若年ニ付、行届兼候儀も御座候間、隣村組合村之内、桜竹村庄屋新三郎江後見役被　仰付被下置候様、奉願上候、尤両人勤役中万一御年貢米銀引負等仕候ハヽ、村中より急度弁上納可仕候旨、格別之御慈悲を以願之通被　仰付被下置候ハヽ、村中一統御救之程難有仕合ニ奉存上候別紙村方一統与り願書奉差上候様私共御紕御座候得共、私共ニおゐてハ、故障毛頭無御座候ニ付、此段以書付一同御願イ奉申上候、以上、

戌九月

日田郡五馬市村
百姓　清兵衛
善平
栄右衛門

日田御役所(18)

史料には新しい庄屋の後見人として桜竹村の庄屋の新三郎が就いて、信作の庄屋就任が村中の総意だとして役所へ提出したとある。次節の内容より結論を先述すると、庄屋信作就任の背景には史料四の差出人の清兵衛ら組頭家に属する三名が信作の庄屋就任に異論を唱えていたのである。反対する者がいるなか、史料四のやり取りの末に信作が五馬市村の庄屋に就任するが、就任直後から村内の組頭と庄屋家の間で争論が発生する。そのため、着実に家の経営を拡大させ天保期に持高が村内一位となる庄屋家も直後に持高を大きく減らしている。信作の庄屋就任への異論など庄屋家の経営悪化の背景には一部に借用の容赦などの行動があったのではないか(19)。嘉永七年に信作が亡くなると最後の庄屋、謙平の代になる。その後も一部の村人が別の五人組・村組に移るという事件もあり、史料五に

あるように、庄屋が一部村人から出銭勘定の不正などをめぐって訴えられる事態にまで発展するなど村内の動揺は続く。

史料五

乍恐以書付奉願上候

当村庄屋謙平御上より被　仰渡儀何事たり小前へは不申聞、当□[虫損]村入用出銭之儀何々之入用とも為知不申、壱ヶ年ニ丁銭四百文余茂相懸ヶ取立ニ候得は、過分之事ニ而私共一同自然困窮之基可相成、此訳ニて候得は、潰百姓数多出来候は脇前之儀ニ而、田畑等も手余りも可相成茂難斗歎ヶ敷次第ニ御座候間、村方諸帳面御割付皆済御目録等百姓小前とも貸渡呉候様御利解被　仰付下置候様奉願上候[20]（後略）、

この一件で訴えられた謙平は役所に出頭し詮議を受けることになるのだが、その後嫌疑は晴れ逆に訴えた側の善平に対し、役所から詮議をかけられ処罰されている。この善平は庄屋在村化を阻む大きな存在であり、その様子については次節で検討するが、近世後期において庄屋と何度も対立する組頭家の一人である。五馬市村では宇平治により庄屋の入村がなされ、次の周平の時期には比較的安定した経営が行われ、村社会の運営においても講の創設や多くの質地契約を取り結ぶなど村社会に溶け込む様相を示していたものの、天保期に周平が死亡すると次期庄屋就任をめぐり村社会に動揺が起こる。近世期を通して五馬市村では庄屋不在の時期が多くその間は組頭たちの合議制により村が運営されており、庄屋が在村してからも依然、組頭たちは村社会に影響力を残していたのではないか。村では長年庄屋不在の時期が続いており、寛政期に入村した庄屋家も村社会のまとめ役として運営していくのに苦心していたようだ。庄屋の役割として郡行政の面では惣代的庄屋として、行政の末端組織に組み込まれるなど明確

な役割を担っていたものの、村社会における在村基盤ということでは、大きく組頭層のあり方に影響を受けていたと思われる。そこで次節においては組頭の動向について分析を進めていきたい。

第二節　組頭の我意行動と村社会の動揺

本節では村運営に大きな影響を及ぼし、庄屋を補佐する役目を担っているとされる組頭を取り上げ、組頭の動向を追いながら村社会の状況について考察を進めていきたい。前節、庄屋との関係では天保期に信作の庄屋就任に異論を唱え、その後、幕末期においても庄屋と一部組頭との対立が続いていた。庄屋との関係のなかで組頭がどのように村社会の運営に携わっていたのだろうか、そのことを念頭に入れ、庄屋の在村化を分析するうえで村役人の組頭の動向を探り、近世後期の五馬市村の村社会の状況について指摘していきたい。

(一)　五馬市村組頭の変遷

元来、五馬市村の組頭は五人組を基軸に成り立っていた村内に複数ある村組に沿って選出されていたようだ。ただし、すべての村組から組頭が選出されるわけではない。村内に所属する家数の多い村組から組頭が選ばれていたようで、その数も常時四名〜六名であった。また基本的には組頭の役は世襲されており、父親の隠居などで代替わりすると組頭役を世襲する場合が多かった。表3でまとめた組頭の変遷から、組頭は原則的に各村組に一人以上はいないようで、世襲が難しいと判断しても原則では他組に組頭を譲らず同じ村組の家から組頭を選出するようにしていた。

では近世後期における五馬市村の組頭の状況を見ていくために、組頭の変遷を示した表3を見ていこう。大きく変化した時期は文政七年と天保八・九年である。特に天保八年〜九年にかけては古参の組頭が処罰され退役させら

表３　五馬市村組頭の変遷について

文化７年	文政７年	天保８年	天保12年	嘉永３年	嘉永６年	文久２年
由兵衛（9石台）西、栗 弥平次（7石余）光、下 丈右衛門（17石余）浄、八 清兵衛（5石余）西、山	善左衛門（10石余）西、栗 弥平次（8石余）光、下 要三郎（8石余）浄、八 時右衛門（7石余）西、山	要三郎（8石余）専、八 清兵衛（6石余）西、山				
	庄兵衛（4石余）専、川 平右衛門（5石余）専、栃 忠左衛門（10石余）専、宇	庄兵衛（4.石余）専、川 平右衛門（6石余）専、栃	庄兵衛（無高）専、川 平右衛門（6石余）専、栃	平右衛門（9石余）専、栃	平右衛門（5石余）専、栃	嘉永７年に死亡
		栄右衛門（13石余）専、上 源兵衛（8石余）専、下	源兵衛（7石余）浄、下 弘化４～嘉永3は百姓代	源兵衛（6石余）浄、下	源兵衛（10石余）浄、下	源兵衛（9石余）浄、下
			伝兵衛（10石余）専、毛 逸右衛門（6石余）専、八	伝兵衛（8石余）専、毛 逸右衛門（6石余）専、八	元七（6石余専、毛 逸右衛門（5石余）専、八	（改名）弥兵衛（5石余）専、毛 （改名）丈右衛門（5石余）専、八
	（文政10～12）新七　専、宇			伝四郎（4石余）西、山	伝四郎（2石余）西、山	伝四郎（2石余）西、山 →嘉永7久兵衛（15石余）専、宇 →文久3次右衛門（12石余）西、栗 （安政～文久2）音平（6石余）専、栃

注）各年代の宗門改帳を参考に作成した。なお、表記は組頭名・家持高・旦那寺名・村組の順である。※旦那寺の表記については、西＝西林寺、光＝光明寺、浄＝浄念寺、

れる事件も起きており、この内容は次項で詳細に検討していく。

はじめに庄屋入村の前後から組頭の様子を追っていくと、寛政期から文化期にかけて村では兼帯庄屋から新たに庄屋をむかえていくなかで、庄屋入村前後の寛政元年の「田畑免割帳」には「清兵衛・由之助・市左衛門・久兵衛・吉右衛門・徳左衛門・四郎兵衛」の七名の組頭の名前が記されている。[21] ただし五馬市村で残存する最古の宗門改帳の文化七年では組頭名は表3の四名であり、詳細な経緯については史料的制約でわからないものの、庄屋入村前から文化期にかけて組頭数の減少の背景に何らかの変化が村社会に起きていたのではないか。しかも注目すべきは文化期の四人の組頭家の旦那寺は全て他村に所在する寺院であり、この点については五馬市村の成り立ちの問題が関わってくるが、組頭の一人清兵衛は元文三年（一七三八）の「村鑑帳」にも同様の名が記されており、古くに五馬市村へ入村した特定の家によって代々組頭役を継承していると思われる。

その後、文政六年から七年にかけて組頭の数が増えている。これは文化七年から続いていた四人体制に新に三名が加わっているが、この増員の理由について詳細は得ないものの村内の村組数と組頭数に目配りしてのことではないだろうか。当初四人が属する村組を見ると八久保組が東側の端に位置し、残りは村域の西側に位置するもので、これに村全体の村組から組頭を選出しようと考えると新しく三人が加わっても不思議ではない。文政期は、庄屋周平が経営を安定・上昇させ、庄屋が世話役である頼母子を創立するなど、村社会に大きく影響を持ちはじめた時期である。そういった時期に自家の経営と村社会での存在基盤を安定させるために村内の村組全体の均衡に配慮して組頭を選出し、偏りをなくそうとした動きではないかと考える。ただし、この後の天保期における庄屋家との対立を考慮すると、以前から組頭役を務めていた家はこの時の組頭増員を自らの家格低下への影響を感じ、その不満は静かに燻っていたのではないか。文政期に新任された組頭の家は村内在所の寺院、専称寺旦那の組頭であり、村運営の担い手として新たに組頭が増えることで村社会が大きく変容する契機となったと考える。

また文政十年には善左衛門、弥平次が相次いで死亡したために、再び組頭の交代が発生している。原則として組頭役は世襲であるが適当な人物が居ない場合は、他の村組に組頭役を譲ることはなく、あくまでも同じ村組の中から選んでいたようだ。それでも適当な人物が見つからない場合、史料六のように組頭役を一時期空白としている。

史料六

右は五馬一村枝郷宇土組組頭久兵衛五ヶ年已前病身仕跡役人当無御座候付、是迄本村ゟ取次仕相勤候得共、引移り枝郷之儀ニ付、御用方行届兼候儀も御座候間、今般組合熟談之上、忠左衛門実躰之者ニ而、筆算等も相応ニ仕候間、何率忠左衛門江組頭御役儀被　仰付被下置候様奉願上候、[22]（後略）

史料の久兵衛とはおそらく寛政元年の「田畑免割帳」において宇土組に属する組頭の一人であったと考える。この久兵衛の死亡により組頭の交代を試みるものの宇土組では適当な人物が見つからず暫くは空席としている。組頭役を決して他組に譲ることはしなかった。宇土組では表3にあるように文化期においては一旦組内より忠左衛門を選出し、その後新七が文政十から組頭を務めるものの、十二年に病死した後に組頭役は空席として、二十年以上過ぎた幕末期の嘉永期に表3にあるように同じ村組・宇土組の久兵衛が組頭就任を願い出て認められている。このように村組は村のなかの村という意味合いを持ち、同じ村においても他の村組に組頭役は譲れないとする自らの帰属意識を明確にしている。

村組の機能について論じた第六章においても、質地証文などの土地の移動は村組内部で取り交わされることが多く、五人組を基軸に構成された村組内で年貢銀の不足などに対し組頭や有力家との間で契約を結んでいる。[23] ただし天保期以降、村社会は大きな転換期をむかえる。寛政期より続く組頭の清兵衛や文化七年から丈右衛門→要三郎→

善平と継承してきた二つの組頭家が退役することになる。この退役の理由は村の郷蔵の貯穀米を持ち出すという事件に一部の組頭が関係した事件による。これ以降、村内は組頭を退いた者と庄屋との対立を構図とした動揺期へと進む。特に天保期以降、村内では組頭家よりも経営が大きくなる家が増え、一方で庄兵衛家のように無高層にまで没落する組頭の家がある。そのような状態になると数年の間で組頭から外れており、家格は組頭であっても村組のなかには経営を悪化させ役割を果たせない事態も生じている。組頭家よりも経営を拡大させる家が多くなり、庄屋家も確実に経営を大きくさせていくなど、表1で示した通り、天保八年に庄屋家は村内一位の持高となる。そのような状況下で庄屋の周平が死亡し、村内は大きく動揺しはじめる。

（二）貯穀一件と村社会の動揺

庄屋周平が死亡し、倅の信作が争論の末、次期庄屋となって間もなく、村の郷蔵から貯穀の一部が持ち出される事件が露顕した。その一連の関係文書が「貯穀一件」として袋に一括され、その経緯を見ていくと事件には信作の庄屋就任に反対した組頭が関係していたようだ。事件の概要は、組頭等が天保九年において村で保管していた貯穀の封印を勝手に開けて、一部を持ち出したというのであり、事件の概要を庄屋の備忘録である「品々書上控」では次のように述べている。

史料七

善平・清兵衛・組頭栄右衛門らは兼て心得方不宜、組頭役相勤候身分にて、大切成貯穀御封印ヲ自儘ニ詰、穀之内取出候儀、其余之取計迄不束次第、品々御聞ニ達シ、此節御召出一ト通御吟味之上、猶追々厳重御吟味可被仰付旨仰渡、手錠・郷宿御預被仰付奉恐入相慎罷在候、(24)（後略）

組頭である清兵衛・栄右衛門また兄が組頭を務める善平らは村で管理している貯穀を持ち出し、翌年一月において郷蔵の米や籾の出入り取調べると不足していたことが「天保十年　貯穀書出帳　亥正月廿一日」なる横帳において明らかとなった。一連の貯穀の出納が詳細に記され、そこにおいて組頭たちの不正が発覚したものと思われる。その後首謀者の清兵衛・栄右衛門は責任を取らされる形で組頭を退役、善平の兄の要三郎も組頭役を退役している。後任の組頭には下毛組の伝兵衛と八久保組の逸右衛門が就任している。八久保組の組頭は要三郎と同じ村組のなかから逸右衛門が選出されたが、伝兵衛の所属する村組は本村と呼ばれる庄屋居住の村組であり、ここにおいて清兵衛家の組頭の歴史とともに村組の山口組では組頭不在という事態となる。その一方で庄屋は自らの村組から後継の組頭を選出している。その後新しい体制のもとで貯穀米の詰め戻しの取り決めたものが史料八である。

史料八

差出申書付之事

（中略）

右は当村貯穀書面之通り是迄詰戻候処、大麦、粟ニ而ハ囲方不弁理ニ付、皆籾ニ而詰戻方御願被仰成下候様私共ゟ御頼申上候処、早速御願被成下願之通、皆籾ニ御聞済之由、尚又年賦割合之通、詰戻可申段被仰聞一統難有奉存候、然ル上は来ル十月十日限リ新籾ニ而急度詰戻可申候、万一其節及遅滞等条之儀御座候ハヽ、如何様ニ御取斗被成候共少茂申訳無御座候、依之私共小前惣代連印之書付差出置候、以上、

天保十亥年七月

五馬市村百姓　宇右衛門（印）

同　安右衛門（印）
組惣代　丈右衛門（印）
同　平三郎（印）
同　貞右衛門（印）
組頭　平右衛門（印）
同　源兵衛（印）
同　逸右衛門（印）
同　伝兵衛（印）

五馬市村御庄屋　信作殿(25)

史料八では一連の事件を受け、貯穀の詰め戻しに不正がないかを村中一同で確認し、村内の組頭や村組の組惣代が庄屋へ申し上げ、また大麦・粟については籾のまま詰め戻したいなどの話し合いが行われたようだ。ただし事件の首謀者の一人で兄の要三郎を組頭退役に追いやった善平であるが、代わって選出された逸右衛門が嘉永六年（一八五三）に死亡すると、後継の組頭役をめぐり再び我意行動を起こすのである。

（三）　善平と村社会の動揺

天保期の貯穀一件で、組頭役を任された逸右衛門が、嘉永六年（一八五三）に死亡すると、村では倅の寿平へ組頭役を継がせようとする動きがあるなか、「貯穀一件」で処罰を受けた三人のうちの善平は、自分の甥にあたる寿平の組頭就任に強く反対するのであるが、庄屋の在村化を妨げる存在であった善平の立場を理解するため村の歴史

表4　天保期（別家前後）の善平家の状況

天保12年　持高8.453（石） 8人家族　専称寺旦那	天保15年　持高4.011（石） 4人家族　専称寺旦那	持高5.653（石） 4人家族
（筆頭人）善平33　（女房）きそ32 （倅）久太郎10　（娘）せつ13 （弟）源蔵27　（兄）要三郎37 （親）嘉右衛門61　（女房）きん65	（筆頭人）善平36 （女房）きそ35 （倅）久太郎13 （娘）せつ16	（筆頭人）源蔵30 （女房）みつ25 （親）嘉右衛門64 （兄）要三郎39

注）宗門改帳より作成。要三郎は天保13・14年、八久保組の安左衛門の養子となっている。また天保15年には桜竹村へと養子にいく。

から見た善平の家について取り上げていくことにし、少し遡って善平の家の歴史について概観していきたい。

善平は、父である嘉右衛門の次男で、谷五郎と名乗っていた。また、家は文化期より続く組頭の家で、文化期以前に史料がないため詳細は不明であるが、経営の規模は八〜九石と村において上層に位置する。(26) また表3にある文化七年の丈右衛門家の様子から天保期にかけても組頭を務めていた。ただ嘉右衛門は文政七年（一八二四）に一旦隠居し、筆頭人の座を要三郎に譲り組頭も要三郎が務めるものの、文政十三年には再び嘉右衛門が筆頭人に戻るが組頭は要三郎のまま、という複雑な動きを見せている。その後、天保八年〜十二年の間に嘉右衛門は再び隠居したが、筆頭人は要三郎ではなく善平（旧谷五郎）である。その間善平は貯穀一件の事件を起こし、天保十三〜十五年には家を別家し持高九石余も二分している。父嘉右衛門の隠居や別家などの動きは貯穀一件の影響であろうか。表4は別家前後の善平の家の様子をまとめたものである。

その後、善平は弘化期において自らが仕立主として世話役となり頼母志講を行っている。弘化二年の「裏印鑑帳」には庄屋から「頼母志座書入証文之事」として自らの田畑を質地に出し、九貫目の金銭を入手し、庄屋を座請とするなど、村役人の影響力を背景とした頼母志を企図した。(27) 当初庄屋から頼母志講の運営資金である九貫目を「山野壱ヶ所」と八斗程度の質地で借り善平に有利な条件で入手している。(28)「頼母志座書入証文之事」が記された弘化二年の段階では年一八〇文宛の座参加料を企図していた。弘化三年から年二座で開催されたものの、鬮当たりのための金銭を借用するために取り結んだ質地契約は参加者を年利一割五分の利息を加えて呼びかけることに修正している。また鬮当選金の多くを質地契約によって捻出することを繰り返すなど、当初より頼母志講の運営において苦しい一面を覗かせており、その後頼母志講がどうなったのかは不明である。

弘化期に村内で頼母志講を主催する動きを見せたものの嘉永期に善平は逸右衛門死亡に伴う倅寿平の組頭就任に反発し、自ら所属する村組の八久保組に属する村人数名とともに村組を離れるという行動を起こす。本来善平と逸右衛門は兄弟で、善平の父嘉右衛門と次男の丈右衛門とが文化九～十四年の間に別家している。そのため分家筋の弟の倅が自分を差し置いて組頭に就任することが許せなかったのであろうか。善平は寿平の組頭就任に強く反対し村組離脱の騒動を起こす。村は村組離脱の騒動の首謀者である善平を踏みとどまらせようとする。史料九の御用状留ではこの事態に村内での調整が困難となり、日田郡会所が仲裁役となって組から離れないよう説得している様子が窺える。

史料九

源蔵
十平
円平
為右衛門

右は五馬市村組頭役逸右衛門跡、与頭役寿平故障之儀、先達中申談置候次第、村方ニおゐて熟談いたし否共、可申出旨申談候得共、今以否哉不申出、早々取調可申出候、近日中相預り候様可致旨、村方ゟも申出候旨、無等閑御取調之後、可申出候、此段申進候、以上、

十月十八日

会所

五馬一村　善平殿(29)

仲裁を行った会所の方も村組から離れる理由を善平に聞くも反対する理由など不明瞭であるとしている。ただし善平が反発するものの逸右衛門の後任である組頭に倅の寿平（改名し丈右衛門）が就任したため、異論を唱えていた善平を含む五人は村や会所の仲裁を無視する形で八久保組から離れ、史料十にあるように一旦下田組の組頭源兵衛が預かる形で騒動を終息させている。

史料十

丈右衛門組下ニハ付き申し段相断、組頭源兵衛へ右五人丈ケ仮に世話相頼候様相成、従来之組を離れ、当時源兵衛組下ニ付居候事(30)、

その後善平は庄屋謙平に対し、前節で指摘した出銭勘定の不正を役所に訴えるなどの行為に及んでおり、庄屋との対立はその後も続いている。この騒動は「御一新ニ付万民和之趣意拝承仕候而は、組分レ罷在候事不本意段心付貴所様迄申出候処」(31)とあるように、明治三年に専称寺の仲裁によって元通りの村組に戻るまで続いた。おそらく天保期の「貯穀一件」以降、村社会における組頭の均衡が崩れ反対した善平は寿平の組頭就任に反対し所属する村組を嫌い他の村組へ移り、信作の倅で次の庄屋である謙平にも不正の廉を訴えるなどしている。

善平の家は文化期には組頭を勤める家で村内において有力家であるものの、天保期において「貯穀一件」事件に

よって影響力を大きく後退させている。その後も頼母志講を主催するなどの動きを見せたものの、結局嘉永期には弟の家である逸右衛門家が組頭を継承することになり善平は最終的に村組離脱に及んだ。まさに寛政期の庄屋入村から村社会の運営母体は徐々に庄屋を中心とした社会へ変化していくなかで、善平など一部の者はその社会的変化のなかで経営を縮小させていき天保期以降は家の持高四石程度となる。庄屋の在村定着を阻む存在として善平を取り上げたが、庄屋の入村から村社会のなかで善平の行動そのものが変化の一因となりつつも、善平自身もその変化に翻弄されたのではないか。

第三節　百姓代と村社会

これまで、第一節・第二節において寛政期からの庄屋入村と庄屋家の在村化を阻む一部組頭の動向を見てきたが、

表５　弘化５年村役人家と有力家の持高

家名	持高	村役名
信作	13.879（石）	庄屋
伝兵衛	8.53（石）	組頭
逸右衛門	7.38（石）	組頭
平右衛門	9.518（石）	組頭
源兵衛	10.389（石）	百姓代
次右衛門	12.948（石）	百姓代
家名	持高	所属村組
小右衛門	13.92（石）	下毛組
源七	14.034（石）	下毛組
忠兵衛	15.29（石）	下毛組
文蔵	11.554（石）	目の組
卯右衛門	10.725（石）	下田組
新兵衛	17.745（石）	上ミ組
亀蔵	10.744（石）	栃井組
久兵衛	15.546（石）	宇土組
伊右衛門	13.346（石）	宇土組
孫右衛門	12.808（石）	宇土組
喜兵衛	13.326（石）	下田組
儀右衛門	12.874（石）	山口組
伊八	11.392（石）	下田組
常右衛門	17.575（石）	八久保組
蜜賢	10.116（石）	寺院

注）「弘化五年宗門改帳」（『五馬市村文書』）参考。

これらの状況を併せると、庄屋家が村社会にあって在村基盤を形成するには組頭家の存在を常に配慮しなければならないことが確認された。日田郡では兼帯庄屋が多いものの庄屋自身が筋代として日田郡行政を支える官吏的な存在の役割も帯びていることから村社会の運営において一定の役割と存在を示している[32]。五馬市村の場合、組頭役を勤める家が存在するなかで文政期に新たな組頭が指名され徐々に村内の秩序に変化

表6　五馬市村における百姓代の変遷

就任時期	百姓代名
享保10年（村明細帳）	新右衛門　儀右衛門　小右衛門（惣百姓代）
年未詳明和期か（村明細帳）	善四郎　新兵衛　勘右衛門
文化～文政期（内済文書）	半兵衛
天保9年（村明細帳）	新右衛門　安右衛門　平七
弘化4年（品々書物扣帳）	安右衛門→源兵衛　卯（宇）右衛門→次右衛門
嘉永3年（宗門改帳）	源兵衛→藤左衛門
文久3年（宗門改帳）	次右衛門→徳右衛門

注）各年代の「村明細帳」、「品々書上控帳」、「宗門改帳」を参考。

がもたらされる一方、組頭家自身の経営に目を向けると必ずしも絶対的有利な状況ではないことが確認される。表5は弘化五年の宗門改帳から村役人層と村内での村高十石以上の自家経営の有力家を抜き出してみた。表をみると、庄屋家をはじめ村役人の持高は有力家と比較すればそれほど高くないことが確認できる。また表3の変遷を示す一覧表においても十石以上の組頭家は少ない。一方村内には持高十石以上の家は各年代に複数存在しており、むしろ村役人層より経営規模の大きい家が村内には複数存在する。

そのような状況下において一部の組頭家の庄屋への反発は自らの影響力に危機感を持った結果からではないか。また表3の庄兵衛家のように、持高が激減し経営が破綻し組頭から外れ没落していく事態も生じているなかで、本節では村方三役のひとりで小前百姓の惣代的立場とされる百姓代の動向を取り上げていきたい。天保期以降、庄屋家の基盤が不安定となり組頭が我意行動を行うなど、村の秩序が大きく変容していくなかで、小前惣代として役割を担うとされる百姓代の様子から村社会の運営、庄屋との関係について考えていくため、村における百姓代を取り巻く状況を探っていきたい。

（一）　百姓代の変遷

百姓代の一般的な理解として、児玉幸多氏の『近世農民生活史』に記載されている百姓代の項では次のように説明されている。百姓代は所によって惣百姓代・年寄・老百姓・老などといわれ、名主や組頭の行為に不正のないように監視するものであった。年貢米が郷蔵に出納される時に立ち会って名主とともに封印をする役であり、百姓代は名主や組頭を除いた全村民を代表する意味のもので名主や組頭とは別個の性質を持っている。また村役人という場合に百姓代を含めないこともあった。さらに百姓代の名主（庄屋）や組頭に対する発言力は村々によってかなりの違いがみられ、百姓代の設置年代や設置された経緯などからも村の様相を知る手がかりとなることを指摘している[33]。

ただし近年では山崎圭氏によって、百姓代が従来から言われてきた村方騒動を経て設定された役かどうか、どの程度小前百姓の惣代的代表であるのかという問題提起も参考として[34]、本節では五馬市村における百姓代の変遷から百姓代と村社会との関係を示していきたい。日田郡では元禄期において村方三役制が成立したものの、五馬市村における百姓代が小前惣代の意志を代弁する立場にあっただろうか。五馬市村では庄屋・組頭・百姓代が列記される文書としては役所に提出する公的文書に百姓代が記されることは限定的であり村明細帳以外に殆どなく、現存する文化・文政・天保期の宗門改帳の末尾には庄屋と組頭名のみが記載されている。百姓代に関する記載が公的文書で広がったのは近世後期からであり、弘化二年の宗門改帳から百姓代も庄屋・組頭と列記され末尾に記載されるようになる。また年貢納入に関係する文書でも村内全ての筆頭人名と加判が記されるなど、本来言われている小前惣代としての彼らの姿が村社会において見えにくい[35]。そこで村社会において小前惣代として百姓代が機能していたのかという疑問が生じるなか五馬市村の百姓代の変遷を追い、村社会との関係を探ることで、彼らが村社会の運営においてどのような立場であったのか検討していきたい。

表6は残存する史料から五馬市村における百姓代の変遷をまとめたものであるが、先述した通りそもそも百姓代の様子については史料に現れることが少なく、享保十年の村明細帳では惣百姓代として三名が末尾に記載されているものの、その後元文期の村明細帳には百姓代の名前は掲載されていない。史料の欠損が続き、文化・文政期にお

いては一部の内済文書において百姓代として半兵衛の名前が記載されている。半兵衛家（その後代替わりし久兵衛家となる）は近世後期を通し村内で上位の経営規模であり、文化・文政期においては村内でも一、二を争う持高を有しており、その意味で果たして小前惣代という存在としての百姓代であったかは疑問が残る。

また天保九年の村明細帳には新右衛門、安右衛門、平七の三名が百姓代として記載されているものの、彼らの具体的な動きは史料上から掴めないのである。百姓代が公的な文書に記されるのは弘化期頃であり、弘化二年の宗門改帳には安右衛門一名の名前が記され、弘化四年の「品々書物控帳」では安右衛門から源兵衛、宇右衛門から次右衛門と二名の百姓代が同時に交代したことが確認される。その後、嘉永三年に源兵衛から藤左衛門に、文久三年には次右衛門から徳右衛門と交代している。ただし近世後期において彼らが百姓代の期間、いくつかの村方騒動などが発生しているにも関わらず、百姓代が主体的に動いた様子は窺えない。それどころか、源兵衛は百姓代になる以前は組頭を務めていた。弘化四年〜嘉永二年の間のみ百姓代を務め、その後は再び組頭に就任しているのである。さらに弘化四年に宇右衛門から次右衛門への交代については、次右衛門の女房きみは宇右衛門の娘であることから姻戚関係にあり、同じ村組内の親類による百姓代の交代であり、従来小前の惣代であるという百姓代という役職の性格からすると若干違和感を禁じ得ない。弘化四年に百姓代に就任した次右衛門は文久三年に百姓代を退任するわけだが、その理由は組頭への就任であり、百姓代を務めた直後に組頭に就いたのである。

このように、詳細な背景を知り得ることができないものの、源兵衛が組頭の就任期間の途中で百姓代を務めることや、次右衛門のように百姓代を経験し直後に組頭へ就くことを考慮すると、五馬市村では百姓代は組頭に準ずる役職として村社会で認識されていたのではないだろうか。実際に百姓代を経験した家の持高は十石前後と村内において経営規模が比較的大きい家から就任されていたことからも、小前の惣代という意味合いは希薄であり、組頭を補佐するという役割が強く、組頭に準ずる役ということで様々な公的文書に敢えて記載する必要性がなかったものと考える。

（二）　村内秩序の維持と組惣代・有力家

五馬市村にみる百姓代では組頭を勤める期間中に就任したり、百姓代を経験した後に組頭に就任したりするなど、組頭・百姓代に大きな境目がないようで、どちらかといえば組頭に準ずる役職という性格が強いと考える。そのため百姓代が近世後期を通して村社会のなかで百姓どうしの争論においても仲裁役として内済文書などに現れることが少ないように思われる。では、村内における秩序維持を考えた場合、近世後期の庄屋周平の死亡以降村内の秩序に綻びが生じているが、百姓代の動きよりも、小前の惣代として役割を果たしていたのは村内に複数ある村組のなかをまとめる組惣代と呼ばれる者であった。彼らはどのような階層であったのか。特に天保期以降、村社会では多くの内済文書が作成されるが、その末尾に庄屋・組頭・百姓代と並んで署名しているのが組惣代である。村内に複数ある村組はまさに生活の場として成立した背景が強く、村組は村のなかの村であり、村組が母体となり婚姻や土地の移動という生活の基盤をなしていた[36]。村組は組惣代と呼ばれる者が庄屋の在村化が覚束ない状況のなか村社会で一層の存在感を増していく。場合によっては自ら村組の生活を守るため庄屋などに対して自組の要求や訴願を行っている。貯穀一件での取り決めを示した史料八においても関係する村組から組惣代が署名捺印するなど、特に天保期以降において村内での揉め事などで内済を行う文書を概観すると、組惣代も署名捺印する場合が増えている。

そのほか村内には経営規模の大きな家が幾つか存在するなかで、一部の家は組頭や百姓代を務める家もあるが、持高十石前後と経営規模の大きな家において村役人を務めない家でも、幾つかの家は自家が所属する村組で絶家などによって百姓株が減じた場合に事情が許せば百姓株の維持を目的とした別家を行い、百姓株の数を維持している。例えば、表5で示した下毛組の忠兵衛家は近世後期を通し十五石前後の持高を有する家である。文政十三～天保六年の間に忠兵衛家が属する村組において絶家によって百姓株が二つ減った場合、家族員数が多く経営規模の大きい忠兵衛家や伝蔵家が減じた百姓株を補うため別家して新しい家を立てるなど、百姓株の維持を目的とした別家と見られる事例が複数確認される。(37) そのほかにも百姓株が減った場合には新百姓として新たに宗門改帳に記載されることもあり、五馬市村では近世後期において村内の家数を百軒余に維持を可能にしていたのは、村役人・村組を含め村社会全体で村の安定した運営を意識していたためであろう。

おわりに

本章では近世後期の五馬市村の庄屋家と村社会との関係を追いながら庄屋の在村化の過程を検討した。日田郡全体の地域性として近世期を通じて庄屋不在の村が多く、兼帯庄屋の村が多い理由に制度として庄屋—組頭—百姓代の村方三役制が確立しているものの、実態の村社会を運営していくうえで庄屋の在村化が困難な状況にあったことが挙げられる。その背景として村社会において組頭による合議制で村政をすすめ庄屋を必要としない村も多かったためと思われる。五馬市村においても兼帯庄屋の期間が長く続くなか寛政期に宇平治が入村している。

入村直後から次の周平の代になると村社会のなかで庄屋として徐々に機能しはじめる。庄屋主催の頼母子講を開催し村内における繋がりを深める。村内で多くの質地契約を交わし自家の経営を拡大させる一方、土地の移動において庄屋家として融通的な質地契約を取り結ぶなど、村内における定着がすすんでいく。その矢先、周平の死亡により後任の庄屋選定をめぐり組頭の善平などから異論が起こる。ここにおいて村内の秩序は一時期混乱し、さらに組頭による貯穀持ち去り事件などから各村組に組頭一名というバランスが崩れ、一部の組頭は新たに庄屋となった婿養子の信作さらには謙平と対立するなど、庄屋入村にはじまった村社会の状況において新しく組頭が任命されるなど徐々に社会が変容していくなかで善平などは変容の影響を受けた一人ではないか。

また庄屋家自体も経営規模を縮小し、それぞれの組頭家も決して経営規模は大きくない。そのなかで百姓代の役割が期待されるものの五馬市村における百姓代は小前惣代として文書に記載されることが少なく、百姓代を務め組頭を務める者や組頭を務める間に百姓代を一時期務めるなどその役割がはっきりしない。そのような状況下で村社会の秩序維持に大きな影響を与えたのが村内の村組の組惣代と呼ばれる者である。庄屋信作が就任した天保期以降、彼らが内済文書などに奥書する機会が増えている。また村内において村組の果たす役割は広くこのような状況下において庄屋が村社会で経営的にも主導的にも在村化し定着するのは困難であったと考える。そのため村運営を行うにあたり村内の秩序維持は庄屋・組頭・組惣代それぞれの微妙な均衡によって保たれていたと考える。

注

（1）地域社会と村社会との関係性については序章第一節を参考にしてほしい。また、本章では村社会の状況を政治的中間層である庄屋の村運営のあり方から検討していくなかで、近隣地域において庄屋と村社会との問題に関し、以下の論考を参考とした。大賀郁夫①「近世期日向延岡藩の飛地支配と地域社会」『宮崎公立大学人文紀要』十六巻第一号、二〇〇八年。②「日向延岡藩領宮崎郡における村役人と地域社会」『宮崎公立大学人文紀要』十七巻第一号、二〇〇九年。③「近世期山間地域における中間層の様相」『九州史学』一三七・一三八合併号、二〇〇三年。定兼学「第一章地域と村役人」『近世の生活文化史』清文堂、一九九九年。又野「近世後期長州藩の農村支配と庄屋」『山口県地方史研究』六十九号、一九九三年。佐藤晃洋「豊後国直入郡幕領の庄屋」『九州史学』第一三三号、二〇〇二年。宮崎克則「会議を開く庄屋たち」『九州史学』一三三号、二〇〇二年。

（2）兼帯庄屋に関しては本書第四章参考。

（3）水本邦彦『近世の村社会と国家』東京大学出版会、一九八七年。

（4）木村忠夫「近世日田農村史の若干の問題点」『九州文化史研究所紀要』第十六号、一九七一年。

（5）楠本美智子「第四章天領『日田騒動』とその後の農村」『近世の地方金融と社会構造』九州大学出版会、一九九九年。

（6）藤野保「近世後期における九州天領農村の構造」藤野保編『九州と都市・農村』国書刊行会、一九八四年。

（7）『天瀬町誌』一九八六年。
（8）「品々書上控帳」（『五馬市村文書』別府大学附属博物館所蔵）。
（9）寛政期に宇平治が入村する前は出口村の七郎右衛門が五馬市村の庄屋を兼帯していた。
（10）「四番裏印鑑帳」（『五馬市村文書』別府大学附属博物館所蔵）。
（11）本書第一章参考。
（12）「文化七年宗門改帳」（『五馬市村文書』別府大学附属博物館所蔵）。
（13）後藤重巳「庄屋の出自をめぐる問題点—五馬市村文書の整理作業をとおして—」『史学論叢』第三六号、二〇〇六年。
（14）「壱番裏印鑑帳」により宝暦～明和期にかけて五馬市村の村人と豆田の商人高田屋利右衛門との間で四〇件余にのぼる質地契約が確認されている。近世中後期の五馬市村における質地契約の状況については序章で紹介している。
（15）「嘉永元年万栄講銭継払村方より尋ニ付諸勘定仕出帳」（『五馬市村御文書』別府大学付属博物館所属）。
（16）ただし万栄講は嘉永期になると座が開かれることが少なくなり、講の掛け金をめぐって、座元と講参加者との間でやり取りが行われている。
（17）後藤前掲（注13）参考。
（18）「品々書物控帳」（『五馬市村文書』別府大学附属博物館所蔵）。
（19）「六番裏印鑑帳」における庄屋信作の就任以前の質地証文において証文を紛失したとの記述が複数あり、詳細を得ないものの持高の減少に何らかの関係があると考える。
（20）「品々書物控帳」（『五馬市村文書』別府大学附属博物館所蔵）。
（21）明和期頃に作成された村明細帳（年未詳「村明細帳」『五馬市村文書』）にも同じ組頭が記載されており、文化期より少し前においては、この七名が五馬市村の組頭であったと推測される。
（22）「品々書物控帳」（『五馬市村文書』別府大学附属博物館所蔵）。
（23）本書第六章参考。
（24）「品々書物控帳」（『五馬市村文書』別府大学附属博物館所蔵）。
（25）「差出申書付之事」（『五馬市村森家文書』大分県立先哲史料館所蔵）。
（26）各年代の「宗門改帳」を参考。（『五馬市村文書』別府大学附属博物館所蔵）。
（27）「七番裏印鑑帳」（『五馬市村文書』別府大学附属博物館所蔵）。
（28）村明細帳、質地証文などを参考にすると、上畑で七～八斗の場合、二貫目余程度での契約であり、ここでは山野も質地に含まれるものの、庄屋と結んだ九貫目という質地契約は多分に善平に対する融通意識が存在するのではないか。
(29)「嘉永六年御用状留」(『五馬市村文書』別府大学附属博物館所蔵。)。
(30)「品々書物控帳」(『五馬市村文書』別府大学附属博物館所蔵)。
(31)「差出書付之事」(『五馬市村文書』別府大学附属博物館所蔵)。この史料の全文については第六章に提示している。
(32)本書第一章参考。
(33)児玉幸多『近世農民生活史新稿版』吉川弘文館、一九五七年。
(34)山崎圭「第二章　百姓代の成立と展開」『近世幕領地域社会の研究』校倉書房、二〇〇五年。
(35)各年代における「村入用諸出米銀惣百姓立会割付連判帳」(『五馬市村森家文書』大分県立先哲史料館所蔵)を参考。
(36)本書第六章参考。
(37)本書第九章参考。

第六章　村社会における村組の役割

はじめに

本章では近世後期に村社会が変容する時期の村内部の小集落である村組の機能や役割を取り上げ、村社会と村組の関係を考察していく。村内部には様々な階層や社会的組織としての諸集団が存在するなかで、赤田光男氏が言われるように村組は一村内の地縁集団を意味する。(1)福田アジオ氏は村組とは村の内部を区分した組織であり、その形態は様々であるものの、祭礼や道普請の作業、用水路の管理を村組単位で行っていたと述べている。(2)また水本邦彦氏は村組について村運営の主体であるとして、畿内の農村において十七世紀中期に村組が紛争調停や行政機能を有していたことを明らかにされた。(3)関口博臣氏は村組における共同性を土地との一体性から分析され村組による土地への関与を近世初期の村切りとの問題から検討している。(4)また石本倫子氏は村切による村域との関係から分析されるなかで、氏子圏による信仰領域と村落領域との問題から村組を扱っている。(5)

村組に関するこれまでの研究成果を確認すると明らかなように、村組はその単位において生活互助共同体として機能をはたしていた。特に福重旨乃氏は村請制による領主支配として実際に村運営を行う村とでは実態が乖離しているとして、村請制村における村組では、村組どうしの問題から村全体の騒動に発展し、村請制の根幹を揺るがす事態となる場合もあり、そこには村落領域の問題が大きく影響していると述べ、村組の存在基盤が何であるか重要な指摘をしている。(6)そこで本章では村社会と村組がどのような関係にあるのか、村社会が変容する過程で村組はど

表１ 明治七年の五馬市村・村組構成について

上ミ組	源平 安左衛門 平次郎 市右衛門 利作 新兵衛 安兵衛
目の組	新次郎 徳太郎 仙助 徳市 順助 卯右衛門 儀作 新六 善助 つね 松右衛門 信平 芳平
下毛組	源七 忠兵衛 吉兵衛 半平 源四郎 春那 市平 新右衛門 謙平 丈作 良平 官次郎 利惣次
山口組	谷五郎 靍二 平太郎 伝二 順平 儀右衛門 惣八 儀平 栄作 清兵衛 善右衛門 十兵衛 利兵衛 喜平次 藤平 角兵衛
宇土組	正兵衛 孫右衛門 堅庭 佐兵衛 久兵衛 文吾 惣右衛門 法渓
下駄組	三右衛門 孫作 次平 弥平次 久右衛門 仙右衛門 喜右衛門 長左衛門 官平 源三 清三郎 虎作
八久保組	仁兵衛 喜七 善三郎 孫郎 作太郎 儀市 勘七 茂作 新平 藤作 留右衛門 健三 孫市 勝平 儀十郎 銀蔵
栃井組	音平 源市 徳市 作兵衛 周助 藤八 仙平 十平 新助 政右衛門 伊三郎 平右衛門
川原組	留市 伝市 徳助 吉兵衛 佐助

注）「明治七年 貯穀代金貸付仕訳帳」（『五馬市村文書』）を基に作成。

のような役割を果たしていたのか、その点に注目していくわけだが、松沢裕作氏が近世後期から近代に至る過程で村運営と村組との関係を分析されており(7)参考にしながら、村社会における村組の役割について検討していきたい。

第一節 生活の場としての村組

（一）五馬市村の村組について

五馬市村の村組を示す用語として史料には度々「枝郷」と記されることが多い。享保期の村明細帳には枝郷として八カ所記載されており、下駄・松ノ木・ととろき・八久保・原山・栃井・川原・山口と呼称されていた。(8)その後、天保期の村明細帳では枝郷に関する記載は見あたらないものの、多くの史料には枝郷もしくは村組と双方の呼称がされている。なお近世後期における五馬市村村組として下田組・上ミ組・目の組・下毛組・宇土組・川原組・栃井組・八久保組・山口組が九つ存在する。近世後期においてなお枝郷という呼び方がされているのは、近世後期に至る過程において村組が枝郷という、まさに村の小集落であったことが窺われる。染矢多喜男氏によると、日田郡各地に転在する枝郷には集落の開拓者などとして、その枝郷をたばねる「あらけ」と呼ばれる家が存在していたようだ。(9) まさに村組は枝郷の性格と役割引継ぎ、村組に属する村人の生活の場となっていたのではないか。そこで本節では村組の日常生活における役割を確認していきたい。まず本項では五馬市村村組について概説していくことにする。

表1は明治初期における五馬市村の村組毎の構成を示したものである。この史料などから近世後期の五馬市村村組は九つであった。表1は明治期における村組の構成ではあるが、近世後期における宗門改帳の記載と比較しても、近世後期を通して宗門改帳の順序は変わることなく村組毎になっており、そのことを含めれば村組が五人組を基軸とした延長上の組織であったことも推測されるだろう。五馬市村では近世後期において、各家はどこかの組に所属することになる。また村社会においても村組は村内部の組織として認識されており史料一のように五馬市村で行き倒れ人の対応を行う場合にも村内の「同村枝郷山口（傍線部）」と呼称されており、単に場所を示すだけではなく枝郷山口において投薬するとして、村組が村内にあってそれぞれの組織として存在していることがわかる。

史料一

申談上旨之事

越前国出生之由申立候物貰侍之もの、五馬市村江先頃中参り掛り病気差起歩行出来兼候ニ付、同村枝郷山口ニおいて凡三十日程薬用差加江少々歩行出来候間、十月十八日同所出立いたし候処、隣村栗林村内枝郷横手与申所迄漸同十九日参り、又々歩行出来兼候間同村ゟ同廿七日五馬市村江右之物貰侍之もの送り戻シ五馬市村ニおいてハ数十日為致薬用厄介ニ相成居、殊ニ旅人之儀故右取斗方奉伺度旨申立栗林村立会申談御役所江奉掛厄介候儀奉恐入候、双方共勘弁いたし此節ゟ日数廿五日栗林村江引請為致薬用其上歩行出来兼候節は五馬市村栗林

村両村ゟ引請可申候、依之申□□［虫損］印形いたし置候処如件、
安政六未年十一月[10]
（後略）

その他、日田郡の村々においても村明細帳において村内に枝郷に関する記述が見受けられ、奥五馬筋の周辺各村にも自村内に枝郷（村組）が存在しており、史料一と同様にそれぞれの村組が組織として活動していることが確認できる（「史料二・三」）。

史料二

一村中家別壱軒より壱ヶ年ニ弐人宛庄屋方へ手間仕申候、尤庄屋山野ニ入草薪取申候類、枝郷中津尾・下釣・柚木村三ヶ村之者共は、格別ニ壱人手宛手間相勤申候[11]、

史料三

一当村枝郷山中と申所内字黒土野、南ハ肥後国細川越中守様御領ニ境、谷切田畑山野共入組無御座候、東ハ塚田村出口村境、西ハ出口村境、北ハ平野草ニて塚田村境、尤同所之［　］巣山塚田村江飛入地ニて御座候[12]、

史料二は、奥五馬筋の隣、大山筋の鎌手村の慶応三年（一八六七）の村明細帳、史料三は天保九年（一八三八）の五馬市村の隣村、新城村の村明細帳である。いずれも史料一・二によって、村内に複数の枝郷が確認される。この枝郷とは村組のことである。

（二）年貢納入と村組

前項では五馬市村の村組が村内において独立した組織であることを述べたが、本項では村組が年貢徴収においても一定の役割を担っていたことを確認していきたい。「田畑免割帳」は各家の持高に対する年貢取高が記され、年貢納入の基本台帳である。免割帳の記載の順序も宗門改帳とは記載順は異なるものの、村組毎にまとめられ記載されている。村に九つある村組毎に「右寄」とあり、村組の合計石高が記載されている。例えば天保八年の免割帳にある八久保組の状況について見ていくことにする。表２は八久保組の免割帳に記載された筆頭人とその持高をまとめたものである。記載されている筆頭人を見ると一部は他村の村人の所持地となっている。また併せて村組内に「惣作地」が存在する。この惣作地は「逸右衛門組」、「善平組」とあることから考えれば、五人組を単位とするものではないか。つまり村組が惣作地や他村からの出作を含め土地の管理を行うことで年貢徴収において差配する立場にあったものと考える。また村組が年貢納入に一定の役割をはたしていることを次の史料四で説明していきたい。

表２「天保八年免割帳」の八久保組の持高構成

要三郎	8.453石	惣作（酉年逸右衛門組）	0.43石
逸右衛門	11.704石	安兵衛	0.57石
□　左衛門	3.055石	卯右衛門	4.454石
精太郎	6.203石	九兵衛	2石
孫四郎	6.358石	嘉左衛門	0.05石
喜市	2.313石	喜兵衛	0.952石
藤右衛門	9.623石	伊兵衛（桜竹村新百姓）	0.5石
喜平	4.665石	惣作（善平組）	0.852石
七三郎	5.648石	八兵衛	0.06石
半兵衛	11.651石	孫四郎	0.02石
文次郎	0.315石	勘蔵	3.506石
平次郎	1.066石	栄五郎	3.114石
為四郎	2.08石	良平	4.454石
孫右衛門	0.3石	利平太	0.035石
良助	1.273石	合計95.707石（史料記載は116.821石）	

注）「天保八年免割帳」を参考。右寄の数値と各持高の合計が合致していない。□で囲んだ人名は組を構成している五馬市村の筆頭人名である（『五馬市村文書』）。

史料四

借用銭証文之事

一拾九文銭四貫七百七拾目也

右は私儀去卯御年貢御上納方江差支候ニ付、御頼申入候処右三銭御貸渡被下遊ニ□江御上納方相勤忝存候、然ル上は当九月限り利足相加へ元利壱同皆済可仕候、万一相滞儀者候ハヽ、当村御上納銀納之内ゟ御引取可被仕候、其節申分無御座候、為後日御上納銀借用銭証文受人加判仕置候処、如件、

天保三年辰三月

御銀借用五馬市村　栃井組　新六（印）

同　藤作（印）

同　平六（印）

同　清右衛門（印）

同　伊助（印）

同　政七（印）

同　勇助（印）

同　勘蔵（印）

同　喜平（印）

組頭　平右衛門（印）

受人庄屋　周平（印）

丸屋幸右衛門殿(13)

史料には村組の一つ栃井組が年貢銀の支払いに窮し、日田商人で年貢銀の徴収を代行している丸屋幸右衛門へ組

全員の連名で金銭の借用を願い出ている。史料には村組による支払いが滞った場合には、村全体で年貢銀を支払うとして保証人の受人に庄屋周平も署名している。史料四が示すように年貢銀の借用願いを村組で行うことは年貢納入の主体が村組にあることを示し、村組において年貢銀が滞る事態には村が互助する体制にあったといえよう。次節において確認していくが、村における年貢納入において村組が一定の責任を有していたことは貢納で困窮し家産の田畑を質地に出す場合など、質地契約を結ぶにあたり村組のなかで土地を循環させるような動きを示すことから村組における土地の管理を窺うことができよう。

(三) 祭礼における村組

村社会のなかで村組の役割として道普請などの作業や用水の管理などが挙げられており、五馬市村においても道普請の負担を村組に割り振るなど、村の「文久元年道普請凡仕上帳」[14]では「八石田坂」における道普請について五馬市村の庄屋謙平が奥五馬筋内の他六村に普請の指示や経費をまとめるなど主導的立場で進めており、同時に村内の村組惣代(惣代山口組・儀右衛門・順平、石工・善右衛門、目の組・次右衛門、上ミ組・藤兵衛・新兵衛、下毛組・忠兵衛・弥兵衛、宇土組・佐平・宇兵衛、八久保組・喜八・丈右衛門、下田組・儀左衛門・源兵衛、栃井組・藤左衛門・音平、川原組・吉右衛門)に対して普請の割り振りを行っている。村組は年貢納入とともに円滑な村運営においても機能していることが明らかとなった。

また祭礼に関しても村全体ではなく村組単位によって開催されていたことが入用銭の取り立てに関する史料五から確認される。

史料五

嘉永元年
祇園宮祭礼入用日切銭取在帳
下毛組
上ミ組
目野組
山田組
申六月ゟ
酉五月迄
覚　　下毛組
申六月ゟ
壱月ニ付
一銭九拾文　信作
一同三拾文　伝兵衛
一同三拾文　伊平
一同三拾文　小右衛門
一同三拾文　元七
一同四拾文　吉兵衛
一同三拾文　春逸
一同六拾文　源七

一同六拾文　直右衛門
一同拾五文　亀吉
一同三拾文　助七
一同拾五文　利三治
〆四百六拾五文　壱月分
外ニ
百九拾文　卯八
是ハ壱ケ年壱度
合六百五拾五文(15)
（後略）

史料五は「祇園宮祭礼入用日切銭取在帳」として、祇園宮祭礼に掛かる費用を組毎に徴収するために作成されたものである。史料では、五馬市村の村組のうち、下毛組・上ミ組・目野組と、五馬市村内に耕地を所有している隣村の新城村の村組・山田組が記載されている。この祇園祭礼の費用に関する史料は複数年存在するが、そこに記載のある村組はいずれもこの四組である。「五馬市村絵図」で確認すると、この四組は比較的東西に長い五馬市村の中心部分に集中した場所にあり詳細な事情はわからないものの、石本氏が分析された氏子圏による信仰の領域に似たような、何らかの信仰に関する結合が存在したのかもしれない(16)。また、道普請に関しても組惣代へ各村組の割り当てを行っており、福田氏が指摘したような村人の日常生活に関わる祭礼や道普請といったことが村組を中心にはたされていたことを確認できた(17)。

（四）婚姻と村組

五馬市村の婚姻状況については序章で概要を述べており、近世後期には村内婚よりも村外婚が多くなる傾向にある。婚姻は家どうしの問題であるが、村内婚に関しては村組の関与が大きいようである。表3は明治初期の作成された戸籍から近世後期に村内婚の状況をまとめたものである。戸籍では嫁いできた女性の出身家・村が記されておりそれを参考にした。僅か三十例ではあるが村内婚の様相が窺われる。それは村内婚では同じ村組の家どうしが婚

表3　五馬市村村内婚の様相

番号	（　）内は家持高、単位：石	年代	宗門改帳番号
1	吉兵衛（4）ちよ←徳右衛門（5）	安政2	2－24
2	新右衛門（13）いと←浅右衛門（5）	安政4	6－48
3	源七（15）きよ←伝兵衛（10）	天保3	13－4
4	新六（12）きく←勘右衛門（6）	文政12	20－24
5	儀作（1）みつ←平七（6）	安政5	19－21
6	順助（2）たき←伊助（2）	文政3	20－94
7	徳兵衛（9）てい←新兵衛（13）	天保3	26－30
8	平兵衛（0）なつ←順助（4）	天保14	20－28
9	新兵衛（13）りん←徳兵衛（7）	安政4	29－26
10	安左衛門（4）やそ←源兵衛（6）	文久1	31－33
11	市左衛門（9）まさ←新助（4）	嘉永2	38－43
12	藤左衛門（5）しい←喜右衛門（7）	文政6	52－93
13	平右衛門（4）みな←新六（4）	文化8	49－48
14	十平（5）しけ←源市（7）	慶応1	48－49
15	仙平（2）るい←文右衛門（8）	安政1	52－68
16	仙平（2）たき←文右衛門（8）	安政1	52－68
17	孫右衛門（11）しけ←三右衛門（6）	安政4	58－63
18	惣右衛門（11）ゑと←専称寺	弘化3	70－2
19	源三郎（10）きみ←嘉右衛門（6）	文政6	64－77
20	清三郎（7）わか←文蔵（7）	天保3	66－71
21	仙右衛門（9）←嘉右衛門（8）	天保8	71－79
22	次助（5）やそ←安右衛門（2）	天保13	68－66
23	勘七（9）もと←徳兵衛（7）	慶応2	79－26
24	健三郎（5）たか←仙右衛門（9）	嘉永4	76－71
25	健三郎（5）きそ←佐四郎（7）	文政11	76－66
26	為右衛門（5）すき←善右衛門（6）	安政2	87－93
27	清兵衛（7）しん←貞右衛門（1未）	嘉永6	90－91
28	永次郎（0）とめ←十兵衛（5）	明治2	94－96
29	十兵衛（5）みつ←久助（5）	安政1	96－20
30	平三郎（3）りせ←伝兵衛（8）	嘉永6	90－8

注）「五馬市村戸籍」（『五馬市村文書』）を参考。

姻を行っているのである。五馬市村宗門改帳では村組毎に記載され、表にある「宗門改帳番号」とは宗門改帳に記載されている家に最初から番号を付したものであるが、村内における婚姻がより番号の近い家どうしで行われていた。つまり五馬市村における村内婚は村組の内部で行われる傾向である。婚姻全体から見ると村内婚の割合は決して多くないものの村社会での婚姻では村組の影響力は大きかったと言えるだろう。

村組は村のなかの村であるといわれ、村人が生活を行ううえで日常的な生活のなかでどのような役割を担っていたのかを検討してきた。村社会のなかで村組が単に場所を示す名称ではなく、村組自体が村内にあって独立した組織として生活のために機能していることが明らかとなった。特に年貢納入に関わる免割帳では村組毎に記載され村組を基軸に惣作地や他村の村人の所有が見受けられるなど、土地の管理を含めた年貢納入における村組の役割が確認された。

第二節　土地所有をめぐる村社会と村組

前節では日常生活における村組の役割について検討してきたが、そのなかで村組が年貢徴収において免割帳の記載から一定の役割を担っていることを示したが、村組にとって重要な問題として土地の問題が挙げられるだろう。渡辺尚志氏は、村の土地は誰のものであるのかという問題関心から村の土地において出入作から生じた越石という問題を提起され、「村の土地は村民が所持すべきである」として、荒廃した農村において越石が問題となっていたことを明らかにされた。[18] 関口博巨氏による武州埼玉郡志多見村の事例においても、村内部の小地域・小集落の高請地はその小集落内の百姓でほとんど所持しており高請地の共同的性格を示している。[19] また神谷智氏も高請地である屋敷地・耕地などの村内の中心地域は、質入れを避ける傾向があることを指摘している。[20] 特に村組において土地の問題に焦点を当てると、福重氏が分析された事例から、村組としての共同性を村組毎の耕地所持の集中に見ており、村組の構成員を結びつける大きな要素であると思われる。[21] そこで本節では村での土地所有において村社会のなかで村組がどのような役割をはたしていたのか、また土地をめぐる村組と家との関係について探っていきたい。

（二） 組物作地の土地移動

土地の所持・移動に関する動きを見ていく場合に村内における村組の動向などを注視していき、土地の移動や土地の管理などに改めて留意すべきであろう。当然ながら土地は各家の持高として事実上その家が所有しており、村組自体は通常時において土地の管理などは行わないものの、家の危機や質地契約などで土地が移動するにあたり、村組としての意志を示すものと考える。村内の土地において、まず物作地について見ていきたい。史料六は八久保組での惣作地を質地に出すため作成された質地証文である。惣作地を一年限の質地契約を取り結んでいるため、事実上その土地を売り渡している。質地証文には売渡惣代として善平ほか四名が記載しており、この四名は五人組であったと思われることから、この場合の組惣作とは五人組の組惣作地ということではないか。

史料六

組惣作地　壱ヶ年限売渡田地証文之事

字馬渡り　　下々免

一下田三畝（印）九歩　　高三斗三升

悪地

一同　九畝（印）七歩半　高九斗弐升五合

下免

一同　四畝（印）拾四歩半高四斗四升八合

合畝壱反七畝歩　　　合高壱石七斗三合

代拾九文銭七百目之

嘉永三年

（割印　戌十二月　　　　　　　　五馬市村売渡惣代

此証文本多□□質券ニ出ス　　　　同　　　　善平（印）

同　　　　新平（印）

同　　　　寿助（印）

組頭　藤右衛門（印）

逸右衛門（印）

同村

佐平殿(22)

質地契約のなかには史料六のように質地を差し出す本主の箇所に組惣代が連名する証文もあり、おそらくそのような質地証文は村組のなかの五人組惣作地である可能性が高いと思われる。表2においても「惣作」では逸右衛門組や善平組と記載され別記しており、惣作地の場合、五人組が管理の母体であることから、土地の移動における質地契約について五人組である惣代四名が連名している。このように村での惣作地については村組内部の五人組が土地を管理し惣作地にかかる年貢を納めていたと思われ、五人組による惣作地の移動が示されている。(23)

（二）村組による土地の管理

表４「田畑出入下調帳」における土地の移動

（嘉永元年）					
川原田上々免	田高 0.174 石	逸右衛門→寿助	川原田中免	田高 0.056 石	逸右衛門→寿助
山ノ下悪地	畑高 0.7 石	逸右衛門→藤右衛門	大久保悪地	畑高 0.6 石	逸右衛門→ぬい
宮の向上免	田高 0.42 石	嘉三治→ぬい	●宮の下毛上々免	田高 0.291 石	信作→逸右衛門
●宮の下毛上々免	田高 0.08 石	信作→逸右衛門	馬渡し悪地	畑高 0.25 石	貞八→十平
下谷川下々免	田高 0.996 石	貞八→十平	よこ道本地	畑高 0.61 石	善平→十平
よこ道悪地	畑高 0.09 石	善平→十平	大久保悪地	畑高 0.95 石	新平→十平
うるしの木悪地	畑高 0.01 石	善三郎→善平	うるしの木悪地	畑高 0.01 石	善三郎→寿助
かとその本地	畑高 1.075 石	仁兵衛→寿助	馬渡り悪地	田高 0.03 石	善平→組惣作
（嘉永２年）					
八久保屋敷本地	畑高 0.102 石	善平→逸右衛門	麦釣本地	畑高 0.048 石	常右衛門→常右衛門
麦釣本地	畑高 0.032 石	常右衛門→常右衛門	石垣ノ上上々免	田高 0.22 石	栄五郎→十平
大久保悪地	畑高 1.1 石	ぬい→新百姓りも	馬渡り悪地	畑高 0.03 石	惣作→円平
六右衛門屋敷悪地	畑高 0.205 石	寿助→寿助	六右衛門屋敷本地	畑高 0.995 石	寿助→寿助
馬渡り悪地	田高 0.53 石	ぬい→善三郎	馬渡り中免	田高 0.122 石	ぬい→善三郎
馬渡り下免	田高 0.224 石	仁兵衛→藤右衛門	馬渡り下々免	田高 0.165 石	仁兵衛→仁兵衛
●原山ノ本地	畑高 0.4 石	宇土・民右衛門→兵作			
（嘉永３年）					
宮向上免	田高 0.42 石	ぬい→新平	きつね谷悪地	畑高 0.025 石	善三郎→新平
きつね谷悪地	畑高 0.025 石	善三郎→源蔵	屋敷悪地	畑高 0.04 石	寿助→善三郎
馬渡り下免	田高 0.224 石	藤右衛門→初蔵	馬渡り下々免	田高 0.065 石	藤右衛門→初蔵
川尾中免	田高 1.481 石	つけ→りも	川尾悪地	畑高 0.225 石	つけ→りも
川尾本地	畑高 0.87 石	つけ→りも	馬渡り悪地	田高 1.06 石	善三郎→新百姓［　　］
馬渡り中免	田高 0.244 石	善三郎→善三郎	亀の□下免	田高 0.987 石	金作→兵作
亀の□下々免	田高 0.268 石	金作→兵作			

注）「田畑出入下調帳」（『五馬市村文書』）を参考。

では物作地以外で土地の移動について村組がはたした役割について見ていくことにする。表4は「田畑出入下調帳」と記載され、土地の移動を庄屋自身が把握するために作成した文書であり、その一部をまとめたものである。近世後期の嘉永期数年にかけての土地の移動を示したものであるが、表を見ると質地契約によって他組に土地が移動する事例は僅かであって、殆どが同じ村組内の家どうしで質地契約が結ばれている。他の村組や村外での村組の土地の移動については「●」印を付けたが、組外との土地の移動が極端に少ないことがわかる。史料は天保九年から作成されているが、序章第二節で示したように近世後期における土地の移動は村内さらには同じ組内部という傾向が非常に強いものである。

五馬市村の質地契約の全体の傾向としては序章において示した通り、宝暦〜明和期では商人や村外との質地契約の割合が全体の半数近くあったものの、文政・天保期以降は八割近くが村内での質地契約という状況のなかで[24]、その多くは同じ村組のなかに質地を出し、村組内で土地の移動を行っていた。特に経営が零細家などで質地契約が村組内で行われる背景には、年貢銀などの支払いに窮し質地を出す状況にあることが予想され、とりわけ零細家などでは、まず村組・五人組を頼りにするということが前提にあったためではないだろうか。つまり質地に出す事態となれば村組が自組内の誰かと質地契約を結ばせ、家の土地管理をしようとした。それは所属する家の土地を自組内に集中させておきたいという意識の現れであろう。村組により自組の土地の分散を防ぐことで、自組の安定を図るものと思われる。それは先述した通り村組は年貢納入に大きな責任を負っていたことから自組の土地の分散を防ごうとする互助機能と考えてよいだろう。

村組が土地の管理において果たした役割が重要であることを述べてきたが、そのことを次の史料七の百姓株と家産分配をめぐる取り決めからも窺うことができるだろう。

史料七

熟談申極之事

一拾九文銭壱貫弐百目　屋敷畑地代
一同　　壱貫百目　下谷川田地代
一同　　八百目　横道馬渡り畑地代
〆三貫百目也
　此割賦方
七百（印）目　健三郎
七百（印）目　留右衛門
七百（印）目　円平
七百（印）目　為右衛門
三百（印）目　みと
〆

右は十平株地組合銘々引受高役相勤来候処、跡式可建見込無之候、然ル上は押移後年ニ至り高引手無之様相成候而は弥迷惑地へ相成候間、当節地方高直之折を□「虫損」組中立会相談之上売払右代銭先年十平一件之節為迷惑候内ニ書面之通割いたし受取候然ル上は後年故障筋不及申、高組惣作江決而押出申間敷候、為後年熟談書差出置申候処如件、

明治三年午三月

五馬市村　みと（印）

為右衛門（印）
円平（印）
留右衛門（印）
健三郎（印）
組頭　官平（印）

庄屋　森謙平殿(25)

史料の包紙には「明治三午年　十平株地健三郎組配分書付」とあり絶家となった十平家の百姓株と家産について健三郎（善平の倅）組において取り決めが行われている。十平家が宗門改帳へ最後に記載されたのが嘉永七年（一八五四）、その後史料が欠損し、次の宗門改帳が残存する安政五年（一八五八）には記載から消えている。嘉永期において、十平家は女房のはると二人暮らしで、安政期において何らかの理由で絶家したものと思われる。

絶家してから十年以上経つ明治三年（一八七〇）年までどうにかして十平家の百姓株を引き継ぐ家を探していたのであろうが、これ以上十平家の「高役」は負担できないと考えたのか、土地を金銭に換え、健三郎を含めた五人の家へ分配を行っている。この場合残された土地を組の惣作地とすることも考えられたであろうが、惣作地からの年貢負担も考慮した結果ではないか。分配された金銭はそれぞれ七百文となっているが、女性筆頭人と思われる、「みと」家のみ三百文の配当である。女性筆頭人家だから配当が少ないのか、家族員の数によるものか、この理由については不明である。村組内で百姓株の継承が困難な状況となると、残された土地などの分配なども村組内で行われていることが確認され、おそらく村組及び五人組による話し合いで残された土地についての取り扱いを行っていたのではないか。史料七では残された土地を質地に出すことで金銭に換え五人組へ分配している。

以上、本節では村組における土地所有に関する問題を取り上げて検討してきた。村における土地は事実上、それぞれの家の家産として所有されているものの、組惣作地などは五人組によって土地の管理が行われている。さらに質地契約による土地の移動にあたっては村組内部による土地の移動が主流であり、村組はまさに村のなかの村という意味合いを帯びている。そのため絶家によって土地などが残された場合、村では村組及び関係する五人組において、その判断を委ねていたと思われる。

第三節　村組と村社会との関係

これまで村組の役割について検討していくなかで村組がいかに共同性の強い組織であるかが明らかとなった。年貢納入や質土契約から土地の管理を行う背景として、原則自組に属する家が自組の土地を所有するために質地によって他へ移動することを嫌ったであろうし、婚姻においても村内婚であるならば自組の家という思惑があった。村にあって独立した組織としての村組の姿が浮かび上がってくるが本節では村社会のなかに組織された村組が村全体とどのような関係にあるのかを考えていきたい。

（一）　村運営における村組

これまで考察されているように、水本邦彦氏が示された村組の分析では村の運営において村組の影響が非常に大きいものであると指摘され(26)、また福重氏においては村組による村運営では村との関係について言及され、正徳期における村組争論を事例に村運営の主導権をめぐり支配者側と在地社会とで争いが生じていると説明され、その様子について、内に村運営の主体であった村組の存在を外皮にまとった村請制村落という矛盾した関係が発生していると述べている(27)。そこで本項では村社会と村組との関係を探ることを通して村組の存在を検討していきたい。

史料八

内済取替書付之事　扣へ

五馬市村枝郷山口字𠀋渓之儀当年河水乏田方干損ニ相成、猶又村内用水ニ茂差支難渋之儀ニ付、先組頭清兵衛勤役中ゟ拵立場所見積リ村中江茂相［虫損］□有之候得共、小五馬村地内之儀ニ而同村江地替及相談彼是世話いたし候内、清兵衛相果、倅時右衛門引続世話を以塾談ニ相成候ニ付、其砌少手入いたし候得共、格別余力ニ相成不申其侭相捨置候得共、益々干損茂弥増候ニ付、一時寅年拵立僅塘築立卯年豫就塾致シ候処、組内徳兵衛・儀右衛門両人ゟ故障申立候ハ、自然後年山崩洪水之節塘水溢候ハヽ、渓筋損地ハ不及申川岸人家流失茂難斗ニ付差縺ニ相成既ニ評訴ニ可相成処、桜竹村庄屋俊吾殿出口村庄屋弥惣治殿御立会双方御聞調之上内済和談相務候義左之通、

一八石田塘一時寅年ゟ昨卯年迄築立候土手根廻回間馬踏九尺ニ築立候処猶又此節御検分之上根廻五尺馬踏弐尺相増外囲右組ヲ以定夫ニ仕上候様被仰付承知仕候事、

一塘場所険阻岩山ニ而後年山崩洪水之節堤水溢渓筋損地可出来茂難斗候ニ付、其節損地償い備銭として丁銭拾弐貫文三百五拾文堤施主ゟ為差出置候ニ付、其節ニ至り候ハヽ、村役人立会損地主江夫々相当ニ可割渡間無違失備置可申段被仰渡承知仕候、尤渓筋損地有之節ハ、自然ニ不拘損地主江割賦可致極之事、

右之通各様御立会御利解之上塾談ニ相成候処、相違無御座候、然ル上者相平ニ意趣遺恨差含候儀無御座諸事睦間敷突会可申候、且又此節御取扱之儀ニ付、御非分筋毛頭無御座候間組合連印済口書付差出置候而如件、

天保十五年　辰六月

五馬市村山口塘施主人　貞右衛門（印）

同断　吉右衛門（印）
同断　利右衛門（印）
同村故障主　徳兵衛（印）
同断　儀右衛門（印）
同村五人組立会人　伝四郎（印）
同断　利兵衛（印）
同断　孫七（印）
同断　徳松（印）
同断　徳右衛門（印）
同断　金作（印）
同村証人　吉兵衛（印）
組頭　逸右衛門（印）

桜竹村御庄屋　俊吾殿
出口村御庄屋　弥惣治殿
五馬市村御庄屋　信作殿

右之通内済及塾談候間拙者共奥印致印形一通宛相渡置候以上、

五馬市村庄屋　信作（印）

出口村庄屋　弥惣治
桜竹村庄屋　俊吾

五馬市村山口　利右衛門殿
同　吉右衛門殿
同　貞右衛門殿

外一通
五馬市村山口　徳兵衛殿
儀右衛門殿(28)

史料八は山口組内における塘場所の取り決めに関する書状である。史料には村組の山口組において旱損が度々起こり、五馬市村自体も用水が不足がちであるとして、組頭・清兵衛さらには倅の時右衛門が小五馬村の一部を「地替」して、用水の為の塘を作ろうした経緯が記されている。そうしたところ山口組の徳兵衛や儀右衛門から、「後年山崩洪水之節塘水溢候ハハ、溪筋損地ハ不及申川岸人家流失」と、洪水などの災害が起きれば塘水が溢れる恐れがあるとして塘の設置に待ったがかかった。五馬市村としては山口組の組惣代を務めていた儀右衛門らを説得しようと、同じ奥五馬筋の桜竹村、出口村の庄屋立会のもと、土手のなど修繕や山崩れ、洪水が起きた際の補償を明記し、塘設置を了承させようとしている。それは村組が枝郷とも呼称されることから村運営において自組の意向を反映させるような組織でもある。福重氏が検討された王禅寺村においても、村の領域認識をめぐって組による争論に発展する可能性があり、村組自体の成立過程などから場合によっては自立的な村組も存在し、そこからの村組の自立性には分村運動にも繋がってゆく可能性をも含んでいよう。[29]

また、この史料から五馬市村全体にも関わる用水の問題において、組頭や庄屋であろうとも、異論を申し出た山口組の儀右衛門や徳兵衛の存在は無視できない。それは史料八にあるように村組内に様々な問題が生じた場合、村組において自組を代表する組惣代を選出し問題に当たっていた。文化・文政期頃と比較すると天保期以降において組惣代は自組の村人と他組の村人との争論において内済にあたって村役人とともに組惣代が奥印する割合が増えている。村組内には組惣代と呼ばれる村組のまとめ役がいて組惣代は村役人ではないけれども、天保期以降、庄屋信作の就任において庄屋と一部組頭との対立が深刻となるなかで[30]、仲裁役として組惣代の存在が大きくなっていったのではないか。

村組と村との関係を示すものとしてもう一点史料を挙げて説明していきたい。史料八では村組が村内にあっても小集落として依然独立した組織であることを確認したが、史料九では村組と他村との関係を取り上げ、そこから村運営における村組の実態や役割について考えることにしたい。

史料九

熟談書付之事

栃井川原栗之木三組之入会塚田村きりか台当年同村ゟ故障有之聞調候処、当四月ゟ故障有之聞調候処当四月中栃井平六倅伊三郎塚田村徳兵衛引合有之、右済口之節霧カ台之儀道ゟ右入会候呉不申様有之度右は兼而相含居候得共幸之席ニ付此段相断候段申来リ、然上は下地有御儀とは乍申伊三郎我赦より事発リ三組迷惑いたし候間、右草場立入方相除加之同人兼而強情者ニ付、組相除候度段一同申出候処、御聞調之上不法之数々不宜段御利解有之、一言之申分無之後悔仕候、然処右草場之儀も故障無之様相成候上は、三組も勘弁いたし寄合候様御取及ニ而故障付候入用之内平六ゟ少々之趣意相立和談仕候、然上は伊三郎儀我儘無之様物毎実体ニ組中段し事ニ洩不申様可仕候、又三組之儀も是迄之処一切差捨、六ツ間敷致寄合可致候、仍而熟談書連印仕差出置候以上、

万延元　申八月

栃井組本人　平六　(印)
同人倅　伊三郎　(印)
組合　藤右衛門　(印)
(九人後略)
川原組　正左衛門　(印)
(五人後略)
栗の木組　弥平次　(印)
(三人後略)

御庄屋　謙平殿(31)

史料九は五馬市村村組のうち栃井組、川原組、栗の木組の村組三組と塚田村との入会地の取り決めをめぐる書付である。史料には栃井組の平六家の倅伊三郎が塚田村の入会地「きりか台」をめぐる取り決めを破ったために三組が迷惑する状況となったことが記されている。おそらく伊三郎が塚田村の入会地の草場で違法行為に及んだものと推測され、本人も「不法之数々不宜段」を認め、「三組も勘弁いたし寄合候様御取及ニ而故障付候入用之内平六ゟ少々之趣意相立和談仕候」とあるように、伊三郎の父親平六によって事を治めた様子が記されている。この史料で

注目すべきは、組毎において他村に入会地を設けていたことであろう。この三組は五馬市村において塚田村と近接した地域に所在しており、組による他村との交流が持たれていた可能性を示唆できるものである。この村組三組は文政期頃より入会地での貰い草をめぐって度々争論を起こしており、周辺地域の山野の資源が枯渇している状況下において村での秣等の調達も村組に委ねていたのかもしれない[32]。

(二) 村組内部の争論

これまで村組と村及び他組や他村との問題から村組の動向を探ってきたが、ここでは村組内で揉め事が発生した場合においてどのように問題解決が図られていたのかを検討していきたい。

史料十

熟談書付之事

清兵衛弟角兵衛別家之義ニ付組中ゟ故障有之、右底意ハ都而宿意を差含ミ候様絶情数々有之、平生女子供至迄組中のもの目の下見下シ候様之致方ニて組中困り居候間、既ニ巳後ハ突合相止メ度段申立候処、同じ御料之百姓仲間自侭ニ申合組を除ケ候□義上ニ対し不宜且清兵衛方ニ而茂組合間違之談有之段申立候得共、代々突合一時ニ離れ候様人気ヲ失ひ候事、勝手絶キ訳無之而は不相叶、左候而ハ誰之為ニも不相成段、組頭次右衛門殿一同御立会ニて双方へ御利解之上和談御取扱被下双方納得承知和融致し候、然上ハ是迄之義一さい差捨意趣遺恨不差含清兵衛家内ニ至迄向後物毎叮嚀ニいたし双方へ御我敖之風義之様宜躰陸間敷寄合可申依之熟談書双方連印仕差出置以上、

明治二巳年正月

五馬市村　清兵衛（印）
立会人　次右衛門（印）
（十二人後略）

御庄屋　森　謙平殿(33)

史料十では山口組において、清兵衛家が組の意に反して分家を行った問題であるが、日頃から村組において彼らの評判が悪く、「平生女子供至迄組中のもの目の下見下シ候様之致方ニて組中困り居候」として清兵衛が組内の者との付き合いが疎遠となるなかで(34)、村組全体で緊張して問題に対処し、組頭の次右衛門が立ち会い「和談御取扱被下双方納得承知和融致」と、仲裁することで村組の融和を図っている。この場合において組内で起きた対立を組頭の立ち合いによって解決しその旨を庄屋へ差し出している。史料十から組内で発生した問題を組内で解決できない場合は、他組の組頭や庄屋の協力を求めたことが示された。

また史料十一は八久保組の数名が嘉永期に村組を離れ、その後明治期に専称寺の仲裁によって元に戻るとした内容である。話の全貌については第五章でも紹介したが、嘉永六年に八久保組の組頭逸右衛門が病死したため倅の寿平が組頭役を継ごうとした時に寿平就任に異論を唱え、八久保組から離れたというわけである。

史料十一

差出書付之事
私共儀去ル嘉永六年巳来八久保組引分相替罷在候処、
御一新ニ付万民一和之趣意拝承仕候而は、組分レ罷在候事不本意段心付、貴所様迄申出候処、兼々双方へ御内

話も有之、御心触被成下折柄ニ付、早速専称寺織田新治郎様立会御願被下丈右衛門組へ熟談被成下候処、拙者少しも心中難斗自然和合之上、遺恨を含ミ掌を繕ひ類を分ヶ組内離れゞニ相成候様、ミエも有之候而は又々混雑之基ニ付、是迄之通□度段申出候得共、御立入人様方野心無之段は御推察被成居候儀ニ付、御受合被下打返シ御利解ニ相成候処、往事ハ差捨遺恨不相多陸間敷寄合可申段、納得仕双方和融熟談出来、和義貴殿共然ル上ハ、公事出入を不好、井川故障等も有之候得共、和融いたし候上は是迄之通、最合ニハ勤而組内和合第一ニ心懸ケ、農業一筋ニ出精可致候、

一組頭役之義は本家丈右衛門方相続いたし候ハ勿論之義ニ付、不人物出来不相勤節は格別外方ゟ故障無之ニおゐてハ拙者共ゟ已義決而無之候、

右之通相違無御座候旨印形書付差上置申候以上、

明治三午年　閏十月

五馬市村

本主　為右衛門

同断　円平

同断　留右衛門

庄屋　謙平殿

専称寺（印）(35)

八久保組から離れ、下田組に十年以上属していたようだが、彼らを明治期となって元の八久保組に戻るよう説得したのが五馬市村に在所する専称寺であった。村組内で発生した争論が村の寺院の斡旋によって解決された事例の

一つである。

従来における村運営をめぐる村組と村との問題では、福重氏が村の運営に関する争論から、「村請制村落の内部では依然として村組が共同性を保ち、村請制の原理とは異なる村組による村運営の基盤となっていった」[36]と重要な指摘があるように、五馬市村においても年貢銀の借用、祭礼や道普請も組単位であり土地の管理や婚姻の斡旋などを通して村組内部の共同性は強められている。ただし村と村組とを双方の利害関係の構図のみで考えるのではなく、本項でみた村組内で問題が発生した場合における対応を考慮すれば、村組は村のなかの村であるものの村組自体も村からの互助を受けている。

おわりに

本章では村内に複数点在する村組に焦点を当て、村組の機能や役割を検討していき、村との関係を探っていった。先行研究が示したように村組は村内における生活のための小集落であり、各史料から村組は年貢納入の単位であり、自組内の土地管理や道普請の実行、婚姻斡旋などの機能を有していたことが確認された。特に村組に属する家はその村組内に土地を所有することが重要であり、質地契約において質地に出す場合に、なるべくならば村内、さらには同じ村組内での土地の移動に留めておきたいという意識がはっきり存在していた。

また村組は村内における独立した組織であり、村組と村との関係では生活の母体である自組の利益を優先させている。その上で村組は他組を含めた村社会全体との関係で円滑な村運営に務めるべく村内の一組織として機能しているのではないか。五馬市村では天保期以降、庄屋と一部組頭の対立が表面化するなど、村内が大きく変容するなかで村組のまとめ役である組惣代の役割が一層重要となる。この村組の惣代は固定されたものではないものの、複数の史料を分析するとほぼ同じ人物が惣代として様々な文書に署名している。それは組惣代が村役人などの公的な役職ではないものの、村組のなかで厚い信頼と人望によって選任された人物であったことは間違いないだろう。

そのため村組の共同性意識は強く村社会における互助組織である一方、その共同性のなかから一端外れてしまうと援助をうけることは困難であり、最終的には親類や家族による融通が百姓成立として村に留まれるかどうかの分かれ目になっていくのではないか(37)。

(注)

(1) 赤田光男「同族とムラ組の特質」『日本民俗大系第八巻―村と村人』小学館、一九八四年。
(2) 福田アジオ『日本村落の民俗的構造』弘文堂、一九八二年。
(3) 水本邦彦『近世の村社会と国家』東京大学出版会、一九八七年。
(4) 関口博臣「近世関東の『村』と村運営」『地方史研究』二四一号、一九九三年。
(5) 石本倫子「村切と村落領域―摂津国吹田村の成立―」『史泉』九三号、二〇〇一年。
(6) 福重旨乃①「村組と村請制―近世中期における武蔵国都築郡王禅寺村を事例に―」『法政史学』五四号、二〇〇〇年。②「村組の領域認識と村運営」『法政史論―正徳期における武蔵国都築郡王禅寺村を事例に―』二九号、二〇〇二年。
(7) 松沢裕作「明治初期の村運営と村内小集落」『明治地方自治体制の起源』東京大学出版会、二〇〇九年。
(8) 「享保十年豊後国日田郡鎌手郤銘細帳」(『五馬市村文書』別府大学付属博物館所蔵)。
(9) 染矢多喜男「日田地方の旧家の家号」『大分県地方史』一三六号、一九八九年。
(10) 「申談上旨之事」(『五馬市村文書』別府大学附属博物館所蔵)。
(11) 「慶応三年豊後国日田郡鎌手郤銘細帳」(『五馬市村文書』別府大学付属博物館所蔵)。
(12) 「天保九年豊後国日田郡新城村銘細帳」(『五馬市村文書』別府大学付属博物館所蔵)。
(13) 「借用銭証文之事」(『五馬市村文書』別府大学附属博物館所蔵)。
(14) 「文久元年酉十二月道普請凡仕上帳」(『五馬市村文書』別府大学付属博物館所蔵)。
(15) 「嘉永元年祇園宮祭礼入用日切銭取在帳」(『五馬市村文書』別府大学付属博物館所蔵)。

(16) 前掲石本（注5）参考。
(17) 前掲福田（注2）参考。
(18) 渡辺尚志「農民的土地所持と村落共同体」『史料館研究紀要』第二一号、一九九〇年。
(19) 関口博巨「近世関東の『村』と百姓土地所持」『歴史学研究』六二八、一九九二年。
(20) 神谷智「近世中期における村内質地関係について」『信濃』四〇の一一・一二、一九八八年。
(21) 前掲福重（注6）①参考。
(22) 「組物作地壱ヶ年限売渡田地証文之事」（『五馬市村文書』別府大学付属博物館所蔵）。
(23) 安政二年の「免割帳」（『五馬市村文書』）には惣作地の記載に「五人」とあり、惣作地は五人組で管理されていると考えられる。

一高壱石五斗八升壱合　　五人惣作
　此取　六斗弐升八合
　　此訳
下免
田畑九斗九升六合　此取　四斗四升弐合
畑高五斗八升五合　此取　大豆壱斗八升六合
　　内
　悪地三升五合　同　八合
　本地五斗五升　同　壱斗七升八合

(24) 本書序章（表3）参考。
(25) 「熟談申極之事」（『五馬市村文書』別府大学付属博物館所蔵）。
(26) 前掲水本（注3）「第五章　村と村組―近江蒲生郡中野村を中心に―」参考。
(27) 前掲福重（注6）①参考。
(28) 「内済取替書付之事」（『五馬市村文書』別府大学付属博物館所蔵）。
(29) 前掲福重（注6）②参考。
(30) 本書第五章参考。
(31) 「熟談書付之事」（『五馬市村文書』別府大学付属博物館所蔵）。
(32) 幕末期における五馬市村および周辺村においては後藤重巳氏によって、山野資源の枯渇等が指摘されている。後藤①「幕末期における秣刈敷入会問題をめぐって」『史学論叢』三二号、二〇〇二年。後藤②「慶応期における秣刈敷入会問題をめぐって」『史学論叢』三五号、二〇〇五年。
(33)「熟談書付之事」(『五馬市村文書』別府大学付属博物館所蔵)。
(34) 清兵衛家は代々五馬市村の組頭役を務める家だが、天保期に貯穀を勝手に持ち出した咎で組頭役を退いており、そのような背景が清兵衛に対する評価としてあるのではないか(本書第五章参考)。
(35)「差出書付之事」(『五馬市村文書』別府大学付属博物館所蔵)。
(36) 前掲福重(注6)①参考。
(37) 本書第八章で独り身の家が絶家と成るのか新たな家族を迎えいれるのか、その後においては村組とともに親類の援助が大きい。また、村社会における融通では本書第九章の伝六家の事例も参考としてほしい。

第三部　百姓成立からみる村社会の変容

第七章　女性筆頭人からみる村社会の変容

はじめに

近世社会において郡を構成する単位は村落であり、その村落で生活する村人どうしの繋がり、そのような繋がりを持つ村人の社会的関係に注視することで村社会のあり方が見えてくると考える。本書では近代へと移行する過渡期にある近世後期に焦点を当て、その村社会の最小単位である家に起こる様々な現象を具体的に分析することで、村社会がどのように変容しているのか検討していく。

本章では各地の宗門改帳などで度々見受けられる、女性が家を相続して筆頭人となる現象について考えていきたい。この近世村社会における女性の社会的地位等については、しばしば相続対象者としての女性、いわゆる女性相続の問題がこれまで村落史・女性史・歴史人口学など多くの分野の研究者によって議論されてきた。この問題を早期に注目したのは宮川満氏であって、宮川氏は畿内地方の農村を分析し、相続対象者に女性が多い事実に注目し、「女性の家長獲得は地位向上のあらわれである」(1)と指摘した。その後、大藤修氏(2)や大竹秀男氏(3)らが、女子が家を相続した背景として、家族内に男性が存在しない場合や男性が幼少の場合を事例分析から指摘し、緊急的で短期間の相続形態と強調し、「婦女を終極的な正規の名前人とはみなさず、いずれは男性相続人に替わるもので、やはり中継相続人でしかなかったのである」(4)と論じている。

この女性筆頭人＝中継相続人という評価を受け大口勇次郎氏(5)は、大藤氏などが女性相続の特徴として提示された相続期間が短期間、青年男性不在というこれまでの規範から逸脱した事例を関東や畿内、羽州の農村から紹介した。大口氏が分析した村では、女性の筆頭人の期間が一年と短期間から数年から十年以上という幅が存在する。また相続人における家族構成で成年男性を伴いながらも暫く筆頭人の座に留まる女性の事例も確認された。そのうえで大口氏は期間の長短を考慮したものの男性相続人へ家を中継する事象を踏まえれば、女性の相続は中継的との認識である。但し、大口氏は近世の村社会でこのような女性相続という現象自体を評価するべきであると述べている(6)。

女性史の分野では、宮下美智子氏(7)も畿内地方の農村の分析から女性相続の存在を確認している。宮下氏は、女性相続が発生する背景やその評価として「男子相続のいない場合や年少の場合に、婿養子をとるまで、あるいは男子が成長するまでの中継相続人である」と考察されている。宮下氏は女性相続人を輩出した家の特徴として、持高の低い零細農民層に集中していることを指摘している。零細農民において男性相続人を得難く、家父長による家族員の包括力が弱いために、女性筆頭人が多くなると分析した。そのなかで青木美智子氏(8)は北関東における事例より近世後期における女性家主の事例を取り上げている。

歴史人口学の手法から分析した岡田あおい氏は陸奥地方の農村の事例として女性相続人が出現した家において宮下事例にみられる下層農民層への集中傾向に注目した。ただ、岡田氏は女性継承者（女性相続人）が適当な時期に男性へ交代したことや男性が存在しない場合での養子・入夫という事例から女性筆頭人の評価として、「家督継承者としての位置付けは通説通り一時的な『中継的継承者』と考えるべきである」(9)と結んでいる。

以上のように女性筆頭人に関する様々な分野からの研究蓄積を紹介してきたが(10)、そのほかにも男女別なく第一子の家を相続させる姉相続という慣行も地域よって存在する(11)。これらの事例研究の蓄積をみていくと畿内・東北・関東いずれの地域においても女性筆頭人が存在している。今後、それぞれの地域性などを視野にいれなくてはならないものの、いずれの事例研究にも共通して言えることは、女性筆頭人の出現の背景として①相続時家内に成年男性

表１　五馬市村女性筆頭人一覧表

名前	期間	開始時期	家族構成	続柄	次の相続人	持高(石)
しち	不明	～文化８	娘	不明	不明	0
せき	14年間	文化８～文政８	なし	娘	他家入	1.598
つな	１年間	文化14	なし	不明	不明	9.652
なつ	７～13年間	文化10～文化14	なし	女房	不明	3.542
かめ	３年間	文政６	なし	女房	他家入	0.874
なを	３年間	文政６	なし	娘	不明	1.462
とせ	３～16年間	文政13～天保８	なし	娘	不明	0.755
らち	８～21年間	天保２～弘化５	なし	母	不明	0
かわ	21～22年間	天保６	なし	女房	不明	0
あさ	21～25年間	天保８	姉　娘	女房	倅	0
つけ	７年間	天保９～弘化５	娘　倅	女房	娘	2.578
すき	20～23年間	天保９～弘化５	倅２人	娘	婿養子	2.512
ゑみ	26～29年間	天保９～慶応３	なし	娘	不明	0
かね	６～12年間	天保９～弘化５	倅	女房	倅	1.655
るい	４年間	弘化２	なし	転入	死亡	0.24
ふさ	３～６年間	天保14～15	母　弟	女房	不明	1.96
ゑつ	２年間	嘉永４	倅２人・娘	娘	婿養子	3.49
りも	２年間	嘉永４	母　弟	娘	弟	3.678
ゑり	８年間	嘉永７	娘	娘	婿養子	0.989
ひて	５年間	嘉永７	娘	女房	養子	2.468
なみ	１～４年間	嘉永７	倅２人母・娘	女房	倅	4.316
りつ	４～８年間	安政２～４	倅　孫	女房	倅	2.951
はる	３～10年間	安政２～５	なし	女房	倅	2.392
いち	不明	不明	なし	不明	不明	0
みつ	不明	不明	倅　娘	不明	倅	2.001
つね	不明	文久３～慶応４	娘・孫２人・妹	母	不明	5.29
はん	不明	文久３～慶応４	なし	女房	不明	0
ふち	不明	慶応４	倅・母・娘	娘	不明	8.149

注）別府大学博物館所蔵（『五馬市村文書』）と大分県立先哲史料館所蔵（『森家五馬市村文書』）の「宗門改帳」を参考。

が存在しないこと②女性が家の筆頭人である期間に長短の相違はあるが必ず成年男性へ相続している、以上の二点が挙げられる。

本章では従来の研究蓄積を踏まえて、五馬市村における女性筆頭人の様相を考察していく。さらに、問題点を女性と村社会との関係に絞り、村が女性筆頭人をどのように処遇したのか、さらには女性筆頭人の出現の背景を考えていきたい。従来の研究では女性筆頭人が出現することのみに議論が集約しがちで、検討に際しては宗門人別帳等による記載の変化のみに頼ってきた。それでは実際に女性筆頭人たちが村社会において何らかの役割を果たしたのか、単なる記載上の変化でしかなかったのか、この点について宗門人別改帳からだけでは見えてこない。女性筆頭人が村社会で何らかの役割を果たしたのか、否か、この問題意識をもって、まず第一節では女性筆頭人の様相について宗門改帳の記載を中心に考察していきたい。さらに第二節において宗門改帳等に出現した女性たちが村社会のいかなる場面で活動していたのか検討していく。

第一節　五馬市村における女性筆頭人の様相

女性筆頭人の分析に際し、主に使用した史料は別府大学附属博物館蔵と大分県立先哲史料館蔵の豊後国日田郡五馬市村の宗門改帳である（以下、宗門改帳と記載する）。両館が所蔵する宗門改帳は現在判明するところ、別府大学附属博物館に文化七年（一八一〇）を最初として明治二年（一八六九）まで二十九冊が残存している。大分県立先哲史料館には、天保期に三冊（天保十二、十三、十五年）、さらに幕末期にかけて数冊（弘化二、弘化四、安政三、文久四年）所蔵されており、残存率は文化七年から明治二年まで全体期間の六割程度である。また、宗門改帳の記載内容として、一軒ごとに「持高」、「筆頭人名」、「家族名」、「年齢」、「旦那寺名」、「筆頭人との続柄」が記載されている。旦那寺は個人単位ではなく、一軒ごとの家単位となっている。一軒ごとの家は血縁家族が中心であるが、一部で傍系家族の伯父（叔父）、伯母（叔母）や厄介者・奉公人の記載も存在する。

（一）　五馬市村における女性筆頭人の様相

では実際に五馬市村における女性筆頭人の事例を詳細に見ていくことにする。はじめに宗門改帳から判断した女性筆頭人の一覧を表1、「女性筆頭人一覧表」として掲げておく。表1では五馬市村における女性筆頭人の事例を可能な限り宗門改帳から抜き出しまとめた。残存率は六割程度で詳細な様相について知ることは不可能だが、ある程度の様相を窺い知ることは可能であろう。[12]まず、筆頭人としての期間では一年限りという短期間から、十年以上に及ぶ長期の筆頭人期間が存在し、期間には長短の幅がある。大口氏が分析された武州下丸子村の事例においても短期間から場合によって十年以上継続することもある。[13]成松佐恵子氏による奥州二本松藩二井田村での女性筆頭人の平均継続期間は八年程度であると分析されている。[14]ただ大藤修氏が示したように、短期間のうちに男性相続人へ交代する場合もあり、一概に期間の長さから女性相続が中継相続という評価は下せない。また期間が長いからといって女性の地位向上ということも言えないのである。つまり、中継相続人だから短期間ということや、反対に男性の跡継ぎが見つかりにくく必然的に長期化する傾向にもあるという二つの見解の背景には村の意向や事情などがあるのではないか。

次に女性が筆頭人となった時点での家族の状況を表1からみると、家族を持たない独居の家での女性筆頭人が目立つ。さらに、家族がすべて女性という家や幼少の男子も含まれるケースもあるが、大口氏が示された成年男性が相続時に含まれるような事例は見受けられなかった。[15]しかし、他地域において成年男性を伴いながらの相続でも、男性が二十歳になると交代するといった事例が多く確認され、結局女性は中継相続していることになる。また女性筆頭人となる前はその家の女房であったことが多く確認できる。最後に女性筆頭人が誰に相続したのかに注目すると、表1の相続継承者では自分の倅が最も多い結果となった。自分に息子がいない場合は養子という手段を取ったりしたが、家を絶家させ他家の家族となることもあった。いずれにしても史料の制約が多く詳細な判断をしにくいが、傾向を見ることは可能であろう。成松氏の分析された仁井田村では女性筆頭人の相続継承者として五十三例のうち、長男十一例よりも絶家二十二例という、絶家が多い結果を示している。[16]これは他地域に比べても特殊なケースであって、何らかの要因が存在したのかもしれない。多くの地域では女性は自分が成年してから筆頭人の座を譲るか、養子や入夫という方法で事態を解決している。

（二）女性筆頭人の具体的事例

前項では五馬市村における女性筆頭人の全体の様相について考察したが、本項では宗門改帳から女性筆頭人が出現する前後の様子を幾つかの具体的な事例を参考に明らかにしていきたい。

①あさの場合

「あさ」は女性筆頭人として宗門改帳に二十年以上記載されるわけだが、それ以前の文政十三年（一八三〇）では史料一の示す通り、庄右衛門家の倅源助の女房であった。

史料一

壱石四斗六升五合　庄右衛門

一人数五人内　男弐人
　　　　　　　女三人
　　　　此訳
　　　　　庄右衛門　六十七　専称寺旦那
　　病　娘　りを　四十
　　　　倅　源助　三十四
　　　女房　あさ　二十四
　　　　孫　あき　四⒄

その後宗門改帳が欠損しており、様相を窺うことは不可能だが天保六年（一八三五）には、庄左衛門から源助に筆頭人が交代している。この交代は庄左衛門の死亡の可能性が高い。さらに天保八年（一八三七）には源助が帳外となっている。この帳外の理由は不明であるが史料二にあるように家の家産も無高となるなど、経営の破綻が源助の帳外となんらかの関係を連想させるものの、ともかく天保八年の段階で「あさ」が筆頭人として記載されることになった。

史料二

無高

一人数女三人　あさ

あさ　三十四　専称寺旦那

妹　りを　四十七

娘　あき　十一(18)

また、弘化五年（一八四八）の宗門改帳では、姉「りを」が消え、娘の「はや」と倅の栄市・末吉が新たに記載されている。「はや」は庄屋家へ年季奉公に出ていたようで、戻った直後に隣村の新城村へ縁付となっている。また嘉永五年（一八五二）には、「あき」（改名し、はつ）が玖珠郡の山浦村へ縁付となっている。その後、嘉永六年（一八五三）の宗門改帳では次のように記載されている（史料三）。

史料三

無高

一人数三人内　男弐人　あき

女壱人

此訳

あさ　五十　専称寺旦那

倅　末吉　十二

同　栄吉　十七[19]

史料の欠損が続き、その後文久二年（一八六二）の宗門改帳では倅の栄市が筆頭人となっている。「あさ」は源助の跡を継ぎ、二〇年以上かけて筆頭人を中継したことになる。また、「あさ」家は倅の栄市が成人男性とみなされる十五歳になってからも暫く筆頭人であったことが確認されるなど、女性筆頭人である「あさ」は中継相続の期間、家を存続させ、村社会の援助を受け養子をむかえることができ、倅への相続を行っている。

②つけ家の場合

「つけ」は天保八年（一八三七）において孫四郎の女房で、一人娘「りも」と三人家族であった。その様子を史料四で示している。

史料四

四石六斗三升四合　孫四郎

一人数三人内　男壱人
　女弐人
　此訳
孫四郎　四十六　照蓮寺旦那
女房　つけ　三十九
娘　りも　十七[20]

その後、弘化五年（一八四八）の宗門改帳では孫四郎の記載が消え、「つけ」が筆頭人に就いており、孫四郎は天保九年（一八三八）から弘化五年の間に帳外となっている。さらに弘化五年には正太郎なる男子が新しく記載されている。おそらく養子としてむかえいれたのであろう（史料五）。

史料五

弐石五斗七升八合　つけ
一人数三人内　男壱人
　女弐人
つけ　五十　照蓮寺旦那
娘　りも　二十八
倅　正太郎　十[21]

嘉永四年（一八五一）に「つけ」は娘の「りも」に筆頭人の座を譲っている（史料六）。女性から女性への相続であり、珍しいケースだと思われるが、その背景について見ていきたい。

史料六

三石六斗七升八合　りも
一人数三人内　男壱人
　女弐人
りも　三十一　照蓮寺旦那
虎作　十二
病　母　つけ　五十三(22)

この女性から女性への筆頭人の交代であるが考えられる理由として、「つけ」の健康上の理由ではないか。「つけ」には筆頭人交代の以前より宗門改帳には朱書きで病の記載があり、嘉永七年（一八五四）に死亡していることからも、考えられる理由として、「つけ」の健康上の理由から村内において責任を果たせず、筆頭人を交代したとも推測できる。そして虎作（旧正太郎）は幼少であり成年男子に達していないことから、「りも」が一旦相続し、中継の中継を行ったことが示唆できる。その後、虎作が十五歳になると「りも」は虎作へ筆頭人の座を譲った。

本項では女性筆頭人となる前後の様子について事例をもとに紹介してきた。はじめにでも述べたように、宗門改帳で女性筆頭人となった彼女たちは村のなかで、ある一定の役割を果たしていたのではないか。次節では女性筆頭人となった彼女たちの村での役割について検討していきたい。

第二節　女性筆頭人つけ家について

本節では表1に記載された女性筆頭人家の「つけ」家を事例に彼女たちが筆頭人であった期間、村社会でいかなる存在であったのか、またどのような活動を行っていたのだろうか考察していきたい。

「つけ」は天保期、孫四郎の女房で一人娘「りも」と三人暮らしであったが、その後、弘化五年（一八四八）に孫四郎が宗門改帳から帳外となり、「つけ」さらに「りも」が筆頭人となった経緯については前項の通りである。そこで、本節では「つけ」、「りも」が女性筆頭人である期間村社会においてどのような役割を担っていたのか検討していきたい。

（一）　公的世界における女性筆頭人

本項では女性筆頭人が宗門改帳以外で村が作成する公的な文書においてその存在を認められていた事例について紹介していきたい。一例として、年貢徴収のための帳簿である免割帳にはその家の筆頭人が書き出されており、そのなかに「つけ」の名前も記されている。その様子を史料七に示している。

史料七

一高弐石五斗七升八合　つけ

此取壱石六升弐合

此訳

田高壱石四斗八升三合　此取米七斗三升弐合

畑高壱石九升五合　　　此取大豆　三斗三升
　内
悪地弐斗三升五合　　　同五升
本地八斗七升　　　　　同弐斗八升
〆[23]

史料七は弘化四年（一八四七）の五馬市村免割帳の一部である。史料には女性筆頭人である「つけ」家が記載されており、年貢納入に関して「つけ」家の責任が明記されている。その後、「つけ」は嘉永三年（一八五〇）から翌年にかけて娘の「りも」に筆頭人の座を譲っている。そうして弘化四年の免割帳には、史料七の箇所に「此所にりも名前可出来」という紙が貼り付けられ、さらに同箇所には史料八の内容が貼付されている。おそらく筆頭人が交代した嘉永四年前後に、これらの紙が貼られたものと思われる。

史料八

一高三石六斗七升八合　　りも
此取壱石三斗壱升九合
此訳
田高壱石四斗八升三合　此取米七斗三升弐合
畑高弐石壱斗九升五合　此取大豆五斗八升七合
　内

悪地壱石三斗弐升五合　同三斗七合
本地八斗七升　同弐斗八升
〆[24]

史料七と史料八を比較すると「つけ」から「りも」への交代に際し、家の持高が微増していることに気付くだろう。筆頭人が代わった段階で持高が「三石六斗七升八合」とちょうど一石一斗分石高が増えている。この増加を含め、交代時の土地の移動を次に見ていくが、女性から女性への相続において村社会は改めて彼女たちを一軒前の筆頭人として認めているようである。まず、増加分の持高について「田畑高出入下調帳」から確認していこう。この帳面には「天保九年戌八月　壱番田畑高出入下調帳　嘉永六丑年迄　日田郡五馬市村」とあり、天保九年から嘉永六年までの土地所有の移動を備忘したものである。

史料九

大久保　悪地　同
一畑高壱石壱斗　取弐斗五升六合　ぬいヨリ新百姓りもニ入る[25]

嘉永二年八月十七日の段階で史料九にあるように、ぬいから「りも」へ土地が移動しているが、まず移動した時期について、土地の移動が嘉永二年で「つけ」から「りも」への交代が嘉永四年であることから宗門改帳の記載訂正の遅れを考えると、土地の移動が「りも」が女性筆頭人となった時期であると考えられる。しかし、なぜ「ぬい」から「りも」へと土地が異動したのであろうか。「ぬい」は嘉永期において村内の貞右衛門の女房でしか名前が確認されず、ぬいは貞右衛門の女房であろう。この「ぬい」と「りも」との関係は不明であり、「ぬい」から「りも」へと土地が移動した詳細は分からない。参考として貞右衛門家の様相は、筆頭人・貞右衛門を含め、五人家族、家持高は六石弐斗、女房・「ぬい」と、倅・幾太郎、娘・「しん」、「のち」、「なせ」であるが、「なせ」は弘化五年の宗門改め後に病死している。

史料九では、「ぬい」から「りも」へ土地が移動しているが、まず以て女房である「ぬい」の名前で土地が移動していることにも注目される。「田畑高出入下調帳」では、土地の移動については原則的に筆頭人の名前が明記されており、筆頭人の女房である「ぬい」の名前で土地が移動していることの意味はなんであろうか。その他、「ぬい」の名前によって土地が移動している事例が、嘉永三年分のなかにもう一つ記載されている（史料十）。

史料十

宮向上免　　　　　　　　八久保

一田高四斗弐升　取弐斗弐升四合　　ぬいヨリ新平ニ入(26)

史料九や史料十のように、筆頭人の女房の名前によって土地が移動していく事実をどのように受け止めたらよいのだろうか。貞右衛門家と「つけ」家との関係は、同じ村組みの八久保組という以外に、両家で質地証文が結ばれるなど、婚姻関係があるなどの事実は見当たらず、「ぬい」から「つけ」への土地の移動の真相について現段階では不明であるが事実として一石一斗の畑地が移動している。同様に史料十の新平家も同じ八久保組という以外に貞右衛門家との特別な関係は存在しないようである。また、「田畑高出入下調帳」の嘉永三年分おける土地の移動においては史料十一にあるように、「つけ」から「りも」へと、田畑の持高ほとんどが移動している。

史料十一

川尾　中免

一同（田高）壱石四斗八升壱合　取七斗三升二合　同（八久保）同（八久保）
つけヨリりも二入

同　悪地　同　同

一畑高弐斗弐升五合　取五升　同人ヨリ同人ニ入

本地　同　同

一同八斗七升　取弐斗八升　同人ヨリ同人ニ入(27)

弘化四年の免割帳や弘化五年の宗門改帳では、「つけ」家の持高は二石五斗七升八合、史料十一の石高を合計すると二石五斗七升六合であり、ほぼ数値は合致し、嘉永三年に、「つけ」家の家産である耕作地がすべて、娘の「りも」へと移動していると思われる。五馬市村において、通常死亡相続や隠居相続であれ、家の筆頭人を相続する時点で家の家産である田畑を改めて移動させる史料十一のような形式で記載することはない。おそらく、これは女性筆頭人から女性筆頭人という異例の相続であったため、改めて村の承認が必要だったのではないか。まさに史料九の「新百姓りも」という表現が示すように、改めて「りも」を家の筆頭人として認めるということだろうか。

ただし、この事実をもって女性筆頭人が男性筆頭人よ「りも」村社会のなかで、より強い管理下におかれているとも一概には言えないだろう。男性筆頭人から女性筆頭人という交代や逆の場合においては、史料のような記載は見受けられない。やはり、女性から女性へという異例の相続ということが原因であったのであろう。その他、残存する五馬市村の免割帳には、各年代において女性筆頭人の名前が見受けられる。

天保期から弘化期の免割帳には、表1にある、「あさ」、「かね」、「すき」などの名前が記載されており、年貢納入において重要な帳面である免割帳に女性筆頭人の名前が記載されていることは非常に興味深いことである。村で作成する公的な文書にこのような形で女性筆頭人が記載されている意味は大きいであろう。では本項の最後に史料十二の「当亥宗門御改ニ付病人名前書上帳」における女性筆頭人の記載についてみていくことにする。

史料十二

五馬市村密賢坊守　ゑし
同人　厄介　とき
吉兵衛倅　秀作
伝兵衛女房　ゑき
（中略）
りも母　つけ
円平母　ひそ
十兵衛女房　はる[28]
（後略）

史料十二は、五馬市村で毎年一月に行われる宗門改めの際、実際に出向いて踏絵に参加出来ない者、病気やその看病者などの他出している者を調べて宗門改帳の個人名に「病」と加筆している。史料はそのため作成されたものであろう。史料には、「りも母つけ」と記載があり嘉永四年において、「つけ」から女性筆頭人を引き継いだ「りも」が村で作成した文書に正式に記載されていることがわかる。

（二）質地証文における女性筆頭人

では、次に家の家産である田畑の移動について女性筆頭人自身が質地証文を作成出来たのであろうか。「つけ」家及び「りも」家では、弘化期～嘉永期において庄屋が管理していた質地証文の控え書である裏印鑑帳のなかに「つけ」や「りも」が、幾つかの質地証文を取り交わした事実が確認される。

史料十三

六ヶ年切売渡申畑地山野証文之事
字行丸弐ヶ所不残　悪地
一中畑壱畝壱歩　高壱斗壱升
此境　東音平分境　南逸右衛門分境
西道切　北同人境
代十九文銭五百八拾五文也
字同所弐ヶ所不残　悪地
一下畑五歩　高壱升三合
此境　東善平境　南善平境
西逸右衛門　北逸右衛門
此分弘化二巳十一月永代売渡証文ニ成

上行三百目金壱貫百弐拾五文也
　代拾九文銭八百弐拾五文也
〆壱貫四百拾文
右は当巳年ゟ戌迄六ヶ年限売渡証文
弘化二巳年三月
証文仕置ニ付
弘化四未年三月先ニ出

五馬市村本主　善三郎（印）
同断　つけ（印）
受人　寿助（印）
受人　善平（印）
組頭　平右衛門（印）

同村
　逸右衛門殿
　善平殿(29)

史料十三は村組である八久保組の善三郎と「つけ」両名が組惣代である逸右衛門と善平に交わした質地証文である。弘化二年三月に作成しているが、その年の十一月には「永代売渡証文」になっている。「つけ」と並んで本主である善三郎も弘化・嘉永期において、独り暮らしの生活を続けていた。その間に「受人」と記載された親類である寿助によって何度も援助されている。この史料においても、土地を切り売りしている様子が看取できよう。(30)

史料十四

五ヶ年切売渡申畑地証文之事
字行丸弐所元銭　　悪地
一　中畑壱畝壱歩　　高壱斗壱升
　但境　東　音平分境
　　南　逸右衛門境
　　西ハ道切
　　北ハ逸右衛門境
代拾九文銭五百八拾文
右は当未ゟ来ル亥迄五ヶ年証文
割印）弘化四未年三月
五馬市村本主つけ（印）
親類請人　善三郎（印）
同断　寿助（印）
組頭　平右衛門（印）
同村
逸右衛門殿
善平　殿(31)

また史料十四は弘化四年に「つけ」が村組の惣代である逸右衛門と善平に質地証文を取り結んでいる。これにより、女性筆頭人であっても、家の家産である田畑を管理していることになるだろう。ただし、「つけ」は本主（借主）であって、逸右衛門たちのように金銭を貸与する立場でないことを留意しなければならない。また史料には「嘉永四亥仕」とあり、嘉永四年に、この質地証文を仕替えている。この嘉永四年とは宗門改帳において、「つけ」から「りも」に筆頭人が交替した時期である。では、その嘉永四年に仕替えた質地証文を見ていくことにしよう。

史料十五

拾壱ヶ年限畑地質券証文之事
一拾九文銭（印）三百三拾八匁
　此質物
字行丸
一下畑弐歩　　高（印）五合
字同断
一三歩畑二畝拾五歩　　高（印）五升
合畝弐畝拾七歩　　合高五升五合
右は当亥ゟ来ル酉迄
割印）嘉永四亥年三月
　　　　　　五馬市村本主　りも（印）
　　　　　　受人　寿助（印）
　　　　　　　　　善三郎（印）
　　　　　　受人組頭　平右衛門（印）
同村
　逸右衛門殿[32]

史料十六

拾壱ヶ年限畑地質地証文之事

一拾九文銭三百三拾八匁

此質物

字行丸

一下畑二歩　　高六合

同

一三部畑弐畝拾七歩　高五升

合畝弐畝拾七歩　合高五升六合

右は当亥ゟ来ル酉迄

割印）嘉永四亥年三月

五馬市村本主　りも（印）

受人　寿助（印）

善三郎（印）

組頭　逸右衛門（印）

同村

善平殿(33)

この史料十五・十六は嘉永四年において、改めて「りも」が、組物代である逸右衛門と善平に質地証文を結んだものである。それを、逸右衛門と善平それぞれ別して作成している。ただし、史料十五・十六における「合畝」では、史料十三の数値と食い違うのは史料での記載の誤りであろうか。ともかく、ここで強調しておくことは女性筆頭人が交代した時期において、新たな女性筆頭人「りも」と再度質地の仕替えを行っていることである。史料十三では、「つけ」が逸右衛門・善平と質地証文を結び、質地の年限が迫るなかで新たな家の筆頭人である「りも」においても村もしくは村組において、家産管理の能力があると判断したからではなかろうか。

第三節　女性筆頭人の印鑑使用について

前節では、「つけ」家を事例に取り上げ、彼女及び娘の「りも」が、女性筆頭人として村社会において他の家と同様の役割を担っていたことを確認した。しかし、「つけ」という女性筆頭人は村が作成した文書では度々名前を記し、捺印しているが、これらの行為は本当に彼女自身の意志によるものであろうか。女性筆頭人が村社会のなかで生活している姿に少しでも迫るため、本節ではさらに女性筆頭人を取り巻く村社会の状況についても検討を行いたい。多くの文書において、彼女たちは名前を署名しているがそもそも、何故彼女たちが出現したのか、という問題に対して本節を通して私見を述べることにしたい。

これまでにおいて、女性筆頭人が他の男性筆頭人と村社会のなかで同様な役割を果たしていると論じてきたが、では印鑑の使用についてはどうであろうか。百姓家における印鑑使用について千葉真由美氏は、「百姓印は文書の上で個々の百姓の意志や存在を表明した重要なものであること、その捺印形態を検討することによって、当該期においてより有効とされた文書様式が理解できる」[34]として、百姓印の機能と文書作成との関連性について分析されている。その他に、戸石七生氏は南関東の横野村における宗門改帳の分析から、宗門改帳における署名捺印は男性のみに行われていたが、女性が筆頭人になると女性にも印が押される事例を指摘されている。この事実が意味することは重要であり、女性であっても一旦筆頭人に就いたということで、筆頭人の役割を担うものとして村社会が認知していたことになるだろう。[35] また、家における印鑑の使用について大藤修氏は『全国民事慣例類集』から「女当主の場合、親類代判となり親類の後見的監督に服すか、あるいは自ら家の代表者として実印を行使する権限を有していたかは地方によって異なっていたようである」と述べている。[36] このように、各種文書に捺印された印にはその家の意志を表すものであり、本項では女性筆頭人の印鑑使用について考えていきたい。

そこで史料十七として、女性筆頭人「あさ」家を事例に取り上げて考えてみることにする。その前に、極々簡単に、「あさ」が筆頭人となった経緯について触れておく。「あさ」は文政十三年（一八三〇）には庄右衛門家の倅・源助の女房であった。天保六年（一八三五）には庄右衛門は宗門改帳から消え、源助が筆頭人となっている。その後、天保八年（一八三七）年には源助が記載から消えて、「あさ」が筆頭人となっている。それから、弘化五年の間に姉「りを」が記載から消え、代わりに娘・「はや」、倅・栄市、末吉が新たに「あさ」家に加わっている。「あさ」家ではその間、娘が他村へ縁付となっている。文久二（1862）年の宗門改帳に、倅・栄市が筆頭人となるまで、「あさ」は二十年以上女性筆頭人であった。では、史料の分析に移りたい。

史料一七

五ヶ年限売渡畑地証文

うど　本地

一中畑三畝拾五歩　高三斗五升

代十九文銭百五拾目也

右は当辰年より来酉年迄

①

②

五馬市村本主うど　庄右衛門（印①）

真年五年限
拾ヶ年限売渡申証文あさ継添（印②）はやより孫右衛門当出来
弘化四未年三月組合受人之事○　六百弐拾目証文
請人　伊右衛門（印）
同組頭　源兵衛（印）
同村　孫右衛門殿(37)

史料十七の庄右衛門と孫右衛門による質地証文は、天保三年（一八三二）に当初作成されたものである。その後、年限であった五年後において筆頭人は「あさ」に代わっている。そうして、「拾ヶ年限売渡申証文」として、改めて「あさ」が証文を「継添」している。その際、当初、質地証文を作成した時点で、本主は庄右衛門であって、捺印された（印①）は庄右衛門家の印鑑であった。しかし、「あさ」が孫右衛門と再度質地証文を取り結んだ時点で、押した印（印②）は、庄右衛門の（印①）とは異なる印鑑である。五馬市村においては、通常の場合において、筆頭人が代わると印鑑を改める場合や、しばらく前筆頭人の印鑑を使う場合もあり、明確な規範は見受けられないが、史料一七が示す結果は次の通りである。

庄右衛門が筆頭人である時期と「あさ」が筆頭人となった時点で、印鑑が異なるということは、「あさ」自体が独自の印鑑を使用していたことを示唆させるものであろう。つまり、百姓の意志や存在を表明するものとして印鑑を使用していることは女性筆頭人であっても村社会の一員であることを提起できるのではないだろうか。勿論、大藤氏の言われるように地域的な偏差を加味しなくてはならず、この一例をもって結論づけることは難しいだろう。さらに史料一七は質地証文という、家と家で取り決める私的要素が若干強い。他の文書における、「あさ」の印鑑使用はどうかというと、弘化五年の宗門改帳には、「あさ」が（印②）と同様の印鑑を捺印している。また他の女

表2　作間の稼ぎに紙漉を行う村および人数

年月	村名	村高	戸数	総人別	紙漉人数	出典
享保2・6	鎌手村	246石余	87戸	437人	11人	鎌手村明細帳
享保5・10	小五馬村	185石余	30戸	177人	6人	小五馬村明細帳
享保10・3	馬原村	931石余	191戸	1022人	25人	馬原村明細帳
宝暦6	続木村	172石余	53戸	235人	1人	続木村明細帳
天明6	小五馬村	187石余	32戸	150人	11人	懐中開答記
未詳	栗林村	401石余	108戸	488人	10人	栗林村明細帳

注)『大分県史　近世篇Ⅲ』481頁「第31表」引用。

性筆頭人、「つけ」や「すき」においても彼女たちは自分の印鑑を使用しているようである。

第四節　女性筆頭人と紙漉

本節は女性筆頭人の生活に焦点を当て、女性が家の筆頭人となる現象から村社会の変容を考察していく。第一節では主に従来多くの研究手法として用いられている宗門改帳より検討を行った。また第二節では女性筆頭人を宗門改帳以外の史料から分析を行い、免割帳などの公的世界における女性筆頭人の存在、村社会における役割を確認した。

しかし、それだけでは本当の意味で彼女たちの存在を実証したことにはならない。女性筆頭人でいる間、彼女たちがいかにして生活を送っていたのか、このことを証明しなければ単なる記載上の存在となるのである。換言すれば、女性筆頭人が村社会のなかで生活していることを明らかにすれば、「女性筆頭人は単なる中継相続人」という評価にも一石を投じることになるだろう(38)。

これまで確認したように、女性筆頭人となる家は、家産である田畑の持高も僅かであって質地証文を作成するにあたって、多くの場合には質地を差し出す側である。女性筆頭人の多くの家は少人数で構成されており、男性労働不在、さらには幼少者を抱えるケースが多いなかで、彼女たちが日常生活を送るには単に田畑の耕作のほかに家の経営を助ける副業を行っていたのではないか。そのことを示すため日田周辺の地域の特産品であった紙を取り上げる。つまり紙漉を行うことで経営の一助としていたのではないかと考え、本節では日田周辺における紙漉と女性筆頭人との関係を見ていくものである。

（一）　日田周辺地域と紙漉

はじめに日田周辺地域の紙漉が行われている様子について確認していくことにする。史料十八は日田郡、特に奥五馬筋と大山筋の村々の村明細帳に記載された紙漉に関する事項をまとめたものである。史料から享保期あたりより紙漉が五馬市村及び周辺地域で行われていたことが示された。さらに表2は『大分県史　近世篇』に紹介されていた「作間の稼ぎに紙漉を行う村および人数」を参考に挙げたものである。表2に記載された村は主に大山筋の村々であるが、表2から大山筋において紙漉が行われていたことが確認される。

史料十八

「享保拾年乙巳年豊後国日田郡五馬市村明細帳」
一作間之稼事　紙漉　拾壱人
一市場無御座候、紙布綿之類売候者、隈豆田町江出申候、
「天明八年豊後国日田郡鎌手村明細帳」
一作間の稼ハ、紙漉拾人、大工壱人、其外ハ堀稼仕候、
「慶応三年豊後国日田郡鎌手郵明細帳」
一作間の稼は、紙漉三人、大工壱人

一市場無御座候、尤紙売候者隈豆田両町ニ出申候、

「宝暦五年村鑑帳豊後国日田郡出口村村明細帳」
一作間之稼ハ、枝郷川辺之百姓ハ紙漉申候、本村之儀は肥後国道筋ニて御座候間、往来之駄賃日雇等取申候、
女ハ布木綿等仕候、

「享保十年豊後国日田郡小五馬村明細帳」
一作間之稼、紙漉仕候、尤、紙不仕候者ハ堀稼仕候、
一市場無御座候、但、紙之類茶漆苧売候者ハ豆田隈町へ出シ申候、

「天保九年三月豊後国日田郡新城村銘細帳」
一作間之稼ハ、紙漉、葛根蕨堀申候、女は布木綿少々仕候、

このように日田郡周辺地域の村々では山間部を中心に紙漉が盛んに行われていたようである。その中心の一つとして地形的に河川に近い大山筋があり、近隣の五馬市村において和紙の原料である楮の栽培が行われていることから、日田郡の山間部では楮皮の栽培が行われていた。

史料十九
　中極書之事

一牛馬つなぎ方猥ニ相成候而は野焼き之作場かちニ而、野畑をもの村々候間春作楮等をあらし、一同大ニ迷惑
いたし候間、左之通申極候、
一つなき方みたりニいたし作物楮等を食候ハハ、組合立合見斗より相立可申候、
一ねん入ニつなき置候而も万一はなれ作物楮等をあらし候ハハ、其段作主ニ断より儀は相談可致候、もしおし
かくし引帰り候ハハ、みたりニいたし候も同し事ニ候間、組合立合見斗ヨリ立可致し事、
一はなし牛馬いたし候ものハ差おさへ四組打寄急度取しまり可致事、
右之通相談之上はげんかくニより相立候とも相たかい取しまり之ためニ候間、不足申間敷候、為其連印申極書
差出し置候、以上、
慶応元丑閏五月[39]
（後略）

史十九が作成されら背景には幕末期において馬借を行う者とそうでない者との間において森林資源の枯渇などが複雑に絡み、問題が表面化したものと思われる。そのなかで注目すべきは「春作楮等をあらし一同大ニ迷惑いたし候」、「作物楮等を食候」との文言である。つまり、楮の栽培は幕末期において五馬市村ではかなり広く普及していたようであり、紙漉の原料となる楮が作物として重要であり、村において栽培されていたことを物語っているだろう。日田周辺地域の紙漉の盛んな様子は紙漉によって製品化された和紙や原料である楮を買い付けに来ていた日田商人の動向からも窺われる。野口喜久雄氏は日田商人における活動の一端として日田商人の森家において近世中期頃の経営の一端を示す「内証勘定」に「七拾六文銭拾貫七百六匁弐分　大山筋銀小払米代共ニ」、「同　九貫三百拾五匁四分　津江大山筋」と紙や楮を取引した記録が見受けられるとある。[40]

【図1】

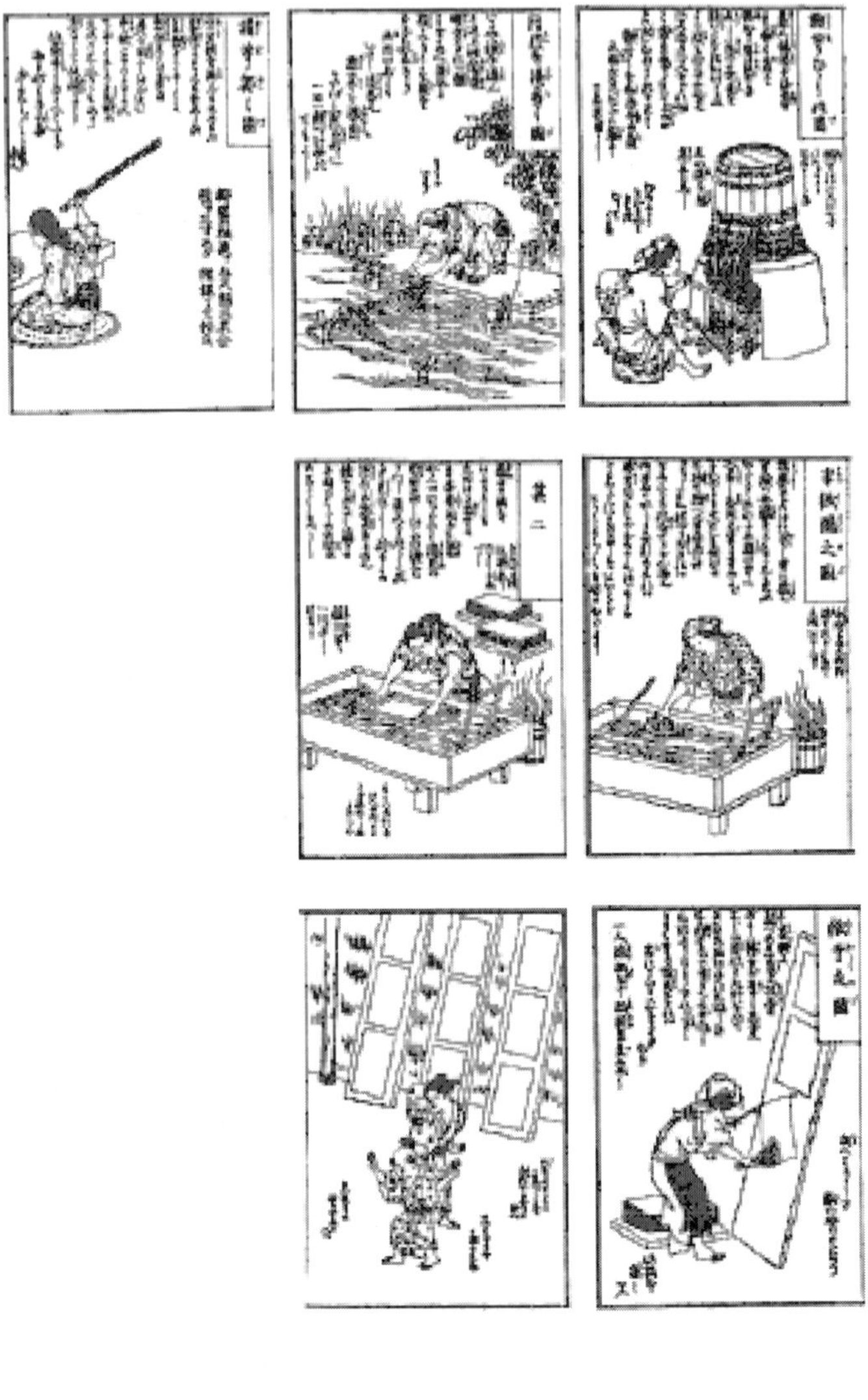

（二）『紙漉重宝記』と女性筆頭人

前項によって日田周辺地域での楮栽培や紙漉が盛んに行われていたことが明らかとなったが、本項ではその紙漉と女性筆頭人との関係を検討していきたい。図1は寛政十年（一七九八）に国東治兵衛によって記された『紙漉重宝記』の一部である。(41) 図をみると実際に紙漉を行う行程が記されるなかで注目すべきは、作業している人物に女性が描かれている。男性は楮を刈り取る図や出来た製品を売買する図のみに描かれており、楮から紙を作る行程の殆どは成人女性が描かれているのである。つまり紙漉という行程において主要な作業は女性によって行われており、紙漉が盛んに行われていた日田地方において女性の季節労働の一つとして紙漉が行われていたことを強く示唆することができよう。それは多くの女性が冬季に村から近隣の紙漉を行う村へ他出していたことを窺わせる。

史料十二の「宗門改ニ付病人名前書上帳」は一月〜三月にかけて行われる宗門改めにおいて病気や他出等で宗門改めを行わなかった村人の名前を記載し役所に提出するものであるが、表3に近世後期の五年分をまとめたものを示したが、そこに記載される村人の殆どは女性であり、女性筆頭人の名前も複数記載されている。おそらく冬季の紙漉稼ぎのために多くの女性が他出していたのではないか。それは田畑など家産の少ない女性筆頭人の家の経営と照らし合わせるとどうであろうか。中村羊一郎氏によれば季節労働とは自分の手のあく季節において手がほしい人に家内労働として雇ってもらうことで、特に女性に期待されることが大きいとされ、(42) まさに冬季の季節労働である紙漉を行うため多くの女性が一時期他出していたものと思われる。そのことを日田出身の農政学者である大蔵永常が記した『広益国産考』にある「国産を拵ふる心得の弁」では次のように述べている。

史料二十

其一二をあげて云うんに、紙を漉んとて、新に紙漉場をつくり、他所より楮を買入れ、余国より漉人を雇ひ、

表３　「宗門改ニ付病人名前書上帳」における女性の割合

弘化四年	弘化五年	嘉永二年	嘉永三年	嘉永四年
記載人数61人 女性人数43人	記載人数58人 女性人数44人	記載人数68人 女性人数50人	記載人数81人 女性人数68人	記載人数82人 女性人数68人

注）「宗門改ニ付病人名前書上帳」（弘化四〜嘉永三年）（『五馬市村文書』）を参考。

手伝の者をかかへ、漉立させたまへり、是ハ利を起すに似たれども、却りて損耗多し、夫紙を漉事ハ農人農業の隙に稼とするもの也、（中略）農業の隙々に漉物なれバ、家内の人数少なくてハ漉事できず、人を雇ひ入て漉ハ引合ふ物ニあらず、(43)

史料では、紙漉については大規模に紙漉場などを設けると利益は生まれず、紙漉は人を雇って行うのではなく、家族程度の少人数で農間余業として行うことを薦めている。この書を記した大蔵永常は日田出身であることから、おそらく紙漉の現状を見知っていた可能性が高く、紙漉について女性筆頭人の家のような、少人数で田畑の耕作等の日雇い稼ぎでは経営が苦しい状況下において、農閑期の冬季の季節労働である紙漉が経営の一助となっていると示唆している。

紙漉のような一連の行動については、深谷克己氏が指摘しているように、従来領主が商業的余業へ移ることを危惧していた状況から変わりつつあるのではないか(44)。つまり近世後期における農業では商品作物などを栽培し、これらの農業形態の変化が「余作」を生み、余業によって家の経営を立ちゆかせようとしたのではないか。そのことを史料二十一では次のように述べている。

史料二十一

一作間之稼ニ紙漉渡世いたし候者ハ、右紙代を以て上納銀足ニいたし、其余徳ニて家相続之手当ニいたし候ニ可有之、且、紙を漉立候処、若し其紙他所差留ニ相成候ては、其所限ニ相成、直段も下り紙漉渡世之詮も無之様可相成候、穀類とは少々訳も可違候得とも、雑穀楮類等一概津留、百姓ニ取候ては難儀ハ凡そ同様之道理ニ付、則自儘之申方ニ候(45)、史料は本書第三章の和紙の原料である楮皮の販売をめぐり、奥五馬筋が販売の自由化を求めて作成した書類の一部である。史料では当時の日田郡代であった塩谷大四郎が紙漉によって年貢銀の足しにして家の経営が向上するならと事実上の余業を容認している。このように西国筋郡代も紙漉によって家経営を維持させるという背景として、田畑耕作の益々の減少による農村荒廃の広がりが予想されるなかで、紙漉を認めざる得ない状況であったことも事実ではないだろうか。

ただし、これまで検討したところ女性筆頭人の家が紙漉を行っていると直接的な指摘は史料的制約から困難であったが、その可能性は十分ではないかと思われる。女性筆頭人が暮らしを支える一つの証拠として紙漉を取り上げたが当然ながら、その他にも彼女たちの生活を支える季節労働のようなものがあったと思われ、今後も検討していきたい。

おわりに

本章では宗門改帳において度々見受けられる女性筆頭人を村社会の変容の一端と捉えて検討を行った。第一節では五馬市村における女性筆頭人の様相について見ていき、そのなかで具体的な事例を幾つか挙げ女性筆頭人となる背景について考察した。また第二節では村社会において女性筆頭人がどのような役割をはたしていたのかを公的な文章に登場する女性筆頭人を取り上げ、印鑑使用の問題などから女性筆頭人女性筆頭人の村社会における活動の一端を検討してきた。さらに第四節では女性筆頭人の暮らしの様子を探るべく、日田地域において盛んに行われていた紙漉を題材にして検討を進めた。女性筆頭人の暮らしぶりといった詳細は分からないものの、彼女たちが家を維持するために日常生活の労働のほかに、季節労働の紙漉が重要であった。

おそらく近世後期の村社会において村は彼女たちを宗門改帳の筆頭人として記載させた背景として、何とか百姓株の維持を行いたいという意識のもと女性筆頭人を誕生させたものであろう。村はこれまでの規範を変えてまでも、家数もしくは百姓株を守ろうとしたのではないか。そのような状況にあり、彼女たちの登場により村社会に変容が起こる。もしかすれば当初は「宗門改帳」の紙面上のみの「筆頭人」であった彼女たちもやがて村社会のなかで徐々に家の顔として認められる場面が出てきたのではないか。それは本章でも確認されたが、二十年以上もの間、家を経営していた女性も存在していた。さらに女性による季節労働として本章では紙漉に注目した。ただし本章では女性筆頭人があくまでも村社会のなかで幾つかの役割を担っていたことを論究したに過ぎず、彼女たちの零細な家がいかにして日常生活を送っていたのか、彼女たちの生活の様相をさらなる具体的な事例から考えていきたい。(46)

（注）

（1）宮川満『太閤検地論Ⅱ』御茶の水書房、一九七五年、三三一～三三五頁参考。
（2）大藤修『近世農民と家・村・国家』吉川弘文館、一九九六年、二四五～二九二頁参考。
（3）大竹秀男『「家」と女性のいる歴史』弘文堂、一九七七年、二〇八～二〇九頁参考。
（4）大藤前掲（注2）二五一～二五四頁参考。
（5）大口勇次郎『女性のいる近世』勁草書房、一九九五年、七四～一〇六頁参考。
（6）大口氏は（大口前掲（注5）一〇七～一一〇頁）藪田貫氏、中野節子氏の批判に応えて「近世後期に村落において社会と家の秩序が動揺し、まさに家の永続が危機に直面したときに村共同体は女性（母親）の力を必要として、若年の男性よ「りも」女性筆頭人を選択したのである」と述べている。
（7）宮下美智子「農村における家族と婚姻」女性史総合研究会編『日本女性史　第三巻』東京大学出版会、一九八二年。
（8）青木美智子「女性相続にみる近世村社会の変容」『歴史評論』七四〇、二〇一一年。
（9）岡田あおい「近世農民家族における家督とその戦略」速水融編著『近代移行期の家族と歴史』ミネルヴァ書房、二〇〇二年。

(10)その他、女性筆頭人に関する研究を挙げておく。成松佐恵子『江戸時代の東北農民―二本松藩仁井田村』同文館、一九九二年。宮下美智子「近世前期における『家』と女性の生活」、長野ひろ子「農村における女性の役割と諸相」、安国良一「近世京都の庶民女性」以上の三論文は次の本に所収されている。女性史総合研究会編『日本女性生活史　第三巻』東京大学出版会、一九九〇年。中埜喜雄「江戸時代大阪町方における女性相続人について」田中真砂子・大口勇次郎・奥山恭子『縁組と女性』早稲田大学出版局、一九九四年。

(11)姉相続慣行については、様々な事例論文が存在する。その一例として次の論文を挙げる。菊池慶子「仙台藩領における姉家督慣行」総合女性史研究会編『日本女性史論集3家と女性』吉川弘文館、一九九七年。

(12)表1における家族構成、持高については欠損している年代については前後年での宗門改帳を参考とした。

(13)大口前掲（注5）七四〜一〇六頁参考。

(14)成松前掲（注10）一七〇〜一八二頁参考。また、岡田氏によるよ下守屋村での女性筆頭人（女性家督継承者）の平均期間は九・一年と男性筆頭人の半分である（岡田前掲（注10）一一九〜一二二頁参考）。

(15)大藤前掲（注2）二四六・二四八〜二五四頁によると女性筆頭人が発生した九件の事例では、家族内に男性がいたケースは二件のみで、いずれも十歳以下である。大口氏（大口前掲（注5）七四〜一〇六頁）によると、下丸子村では成年男子を伴いながら女性筆頭人になった数例の事例が存在している。羽州山家村・畿内東戸村においても同様のケースを確認できる。

(16)成松前掲（注10）一七四頁参考。

(17)「文政十三年宗門改帳」（『五馬市村文書』別府大学附属博物館所蔵）。

(18)「天保八年宗門改帳」（『五馬市村文書』別府大学附属博物館所蔵）。

(19)「嘉永六年宗門改帳」（『五馬市村文書』別府大学附属博物館所蔵）。

(20)「天保八年宗門改帳」（『五馬市村文書』別府大学附属博物館所蔵）。

(21)「弘化五年宗門改帳」（『五馬市村文書』別府大学附属博物館所蔵）。

(22)「嘉永四年宗門改帳」（『五馬市村文書』別府大学附属博物館所蔵）。

(23)「弘化四年免割帳」（『五馬市村文書』別府大学附属博物館所蔵）。

(24)「弘化四年免割帳」（『五馬市村文書』別府大学附属博物館所蔵）。

(25)「田畑高出入下調帳」（『五馬市村文書』別府大学附属博物館所蔵）。

(26)「田畑高出入下調帳」（『五馬市村文書』別府大学附属博物館所蔵）。

(27)「田畑高出入下調帳」（『五馬市村文書』別府大学附属博物館所蔵）。

(28)「当亥宗門御改ニ付病人名前書上帳」(『五馬市村文書』別府大学附属博物館所蔵)。
(29)「裏印鑑帳」(『五馬市村文書』別府大学附属博物館所蔵)。
(30)本書第八章「村の独り身対策について」参考。
(31)「裏印鑑帳」(『五馬市村文書』別府大学附属博物館所蔵)。
(32)「裏印鑑帳」(『五馬市村文書』別府大学附属博物館所蔵)。
(33)「裏印鑑帳」(『五馬市村文書』別府大学附属博物館所蔵)。
(34)千葉真由美「近世百姓印の機能と文書作成―相模国津久井郡牧野村を事例として―」『地方史研究』五三(一)、二〇〇三年。
(35)戸石七生「近世後期横野村の女性戸主―宗門改帳と明治戸籍の分析を中心に―」『秦野市史研究』第二二号、二〇〇三年。
(36)前掲大藤(註2)二五二〜二五三頁参考。
(37)「裏印鑑帳」(『五馬市村文書』別府大学附属博物館所蔵)。
(38)菅野則子氏は農村における女性労働において従来、田植えと刈り入れ時期の短期間労働に注目されていたなかで、近世後期には田植え作業以外にも女性労働の一般化が進むことを指摘されており、女性筆頭人による家の経営、百姓株の相続においても重要であろう。(「農村女性の労働と生活」『村と改革』三省堂、一九九二年)。
(39)「申極書之事」(『五馬市村文書』別府大学附属博物館所蔵。
(40)野口喜久雄『近世九州産業史の研究』吉川弘文館、一九八七年。
(41)国東治兵衛『紙漉重宝記』。
(42)中村羊一郎「季節労働の民俗」『講座日本の民俗学　5生業の民俗』雄山閣出版、一九九七年。
(43)大蔵永常『広益国産考』。
(44)深谷克己「五　農耕と諸稼ぎ」『百姓成立』塙書房、一九九三年。
(45)「楮皮一件書物控(『五馬市村文書』」別府大学附属博物館)より一部抜粋。
(46)青木美智子氏は村社会での女性の村政参加について紹介されており、女性と村社会との関係を検討する事例として注目していきたい。(「近世村落社会における女性の村政参加と『村自治』」『総合女性史研究』二十八号、二〇一一年。

第八章　村の独り身対策について

はじめに

本書の分析対象地である五馬市村では天保末期の御用状留[1]には史料一のような法令がしばしば登場する。

史料一

　戊正月始

前々被　仰出候御法度趣并五人組帳ヶ条書之通、弥相守候儀は勿論、婚礼之節水掛ヶ之類其外喧嘩口論等不致、忠孝を相勤、農業家業を出精いたし、万事費を省き倹約第一ニ心懸ヶ候様可申教候、

（中略）

一百姓共之内、相続人無之百姓之者を他所江遣し候ては百姓株相減候ニ付、右様之のは、他所江差遣間敷候、若無拠子細有之候ハヽ、其段願出差図を可請候、但、百姓株相続可致もの年若ニて独身に候ハヽ、相応の嫁婿を取遣し、及老年、子無之ものは養子を世話いたし遣、都て百姓家名不絶様篤世話可致候、[2]

史料一にある「独身」（独り身）とは独り暮らしの村人として宗門改帳に記載された百姓であり、史料は相続人の無い百姓株について、西国筋郡代の管轄村において独り身の問題を極めて重要な問題として捉え、それを村社会

で解決させようとした法令である。同じく幕領である肥後国天草でも幕末期において、大庄屋の御廻状留では次の史料二のような記載が見受けられる。(3)

史料二

前々被　仰出候御法度之趣并五人組之面、弥堅相守可申候、且婚礼之節石打水懸ヶ之類其外喧嘩口論致不致、忠孝相励農業家業を精出し、万事費を省き倹約第一ニ心懸惣而田畑作方念入耕作手後不相成様為致、且楮櫨茶苗木植付候様小前江可申付候、

（中略）

一百姓株相続可致者年頃ニ成独身ニ候ハヽ、相応之嫁聟を取遣し及老年無子者ハ養子を世話遣し都而百姓家名不絶様致世話遣、且又持高拾石已下之百姓猥ニ分家可致筋ニ無之候間、其旨相心得ニ男已下厄介之もの者奉公稼可致候、(4)

御用状留の記載は五人組帳前書きを参考としたもので、法令は九州の二地域の幕領における百姓株の問題について論じたものであり、いずれ他出するものと予測される独り身の者を村で立て直させようとするものである。また九州の幕領以外の地域において、独り身の問題はどのように受けとめられていたのか。例えば平戸藩が寛政七（一七九五）年に作成した『郡方仕置帳』(5)には、「一、鰥寡孤独之者有之、五人組ハ不及申、其外村中ニ而心を附、致扶持候而も不相届候ハヽ、遂穿鑿其訳申達候ハヽ、早速救米可相渡事、」とあり、鰥寡孤独な独り身については五人組を中心とした村社会によって救済させようとしている。それでは他の地域において、このような百姓株の問題をどのように考えればよいのであろうか。野村兼太郎氏による『五人組帳の研究』(6)では関東周辺の村々の五

人組帳を分析しており、そこでは直接百姓株という言葉は現れないものの、「一、跡式之儀兼而遣状仕、名主・五人組立会、致加印、後日出入無之様可仕事、附、跡目無之者不慮ニ死候ハヽ、所持之品々名主・組頭・五人組立会相改可申事」、「一、独身之百姓若長病抔いたし、耕作成兼候節ハ、五人組として助合、田畑荒し不申様可仕事」(7)などの文言が付された五人組帳が十八世紀から十九世紀にかけてしばしば登場する。

独り身の出現と大きく関係する百姓株との問題については、幕藩体制下において重要な問題であると認識されており、特に西国筋郡代が流した廻状の文言はまさに、この時期独り身の存在が村社会で大きな問題となり、この解決に迫られ、西国筋郡代はそれを村社会に期待していることを物語っているだろう。五馬市村の天保末期の御用状留に見られるような問題を村の共同体組織で解決させようとしたことに関しては、村社会の家どうしの互助機能に依存していると、以前から中村吉治氏(8)によって指摘されている。また最近でも、こうした問題の解決に村独自の相互扶助による村融通などで立て直すという大塚英二氏(9)、村という視点から土地の所有問題に注目された渡辺尚志氏(10)、また、村内部における地域の構造的な問題について言及された町田哲氏(11)、牧原成征氏(12)の研究からも明確にされてきたところである。

特に独り身の場合においては幕府が期待する家族による相互扶助が不可能であるので、大藤修氏(13)や新村拓氏(14)が従来指摘してきたように相互扶助を地縁や隣保的組織としての村内部の五人組や村組などの共同体組織に期待すると言われてきた。また村がいかにして、鰥寡孤独な者を取り扱っていたのか、柳谷慶子氏(15)、川鍋定男氏(16)による家内部で起こる扶養や病人介護についての研究においても同様に村社会の役割の重要性を指摘している。

繰り返すと近世社会において老人や病人の看病や介護・扶養などは直接的な保護が希薄である故に村共同体が主体となって対応してきたとされる。ましてや百姓株を保持している独り身の場合はさらに村社会の協力があったものと考えられてきた。しかし実際にそうなのであろうか。独り身に対する村社会の扶助に関してはこれまで具体的

表1　家の持高と家族人数について（文政四年）

（石）	10～	9～	8～	7～	6～	5～	4～	3～	2～	1～	～1	無高
10人以上												
9人	2		1						1			
8人				2								
7人	2			1		1			1			
6人	1	1	3	2	1				1			
5人	3	1	2	2	5	3	4	1	2	1	1	
4人	2	1	1	2		4	4	3	2	2		
3人			1		1	3	2	2	4	3	1	1
2人			1		1		1	2	2	1	1	
1人							1	2	1	1	1	2

注）「文政四年宗門改帳」（『五馬市村文書』）を参考。

表2　家の持高と家族人数について（嘉永七年）

（石）	10～	9～	8～	7～	6～	5～	4～	3～	2～	1～	～1	無高
10人以上	2											
9人	2											
8人					1		1					
7人	2	1	1				1	2	1			
6人	5	1		1	1	3	2					
5人	2				2	2	2	1		1	2	
4人	3		1	1	4	4	2	2	2	1		
3人	2		1	1		3	4	2	2		2	3
2人					1	5	2	3		1	3	2
1人										1	3	3

注）「嘉永七年宗門改帳」（『五馬市村文書』）を参考。

詳細な分析はあまり行われていない。そこで、本章は村のなかで生活していた独り身についてその存在形態を明らかにして、村社会や家といった社会的な横の繋がりについて再度検討していきたい。

第一節　五馬市村における独り身の存在形態

本節では五馬市村宗門改帳から、各年代を通じて五馬市村の独り身の存在形態について見ていくことにする。はじめに表1・2として五馬市村の独り身を分析するにあたり家の持高と家族との関係について示しておきたい。表1・2は適宜に年代を選んで家族の人数と、家の財産である家産との関係を示したものである。表をみれば、五馬市村において家族の人数は三人～五人が最も多く、家族の人数が少ない程家の持高も減少する傾向である。

このような状況を踏まえ、次に表3にある五馬市村の独り身の変遷について検討していきたい。表3は文化七年（一八一〇）から、文政・天保・嘉永期に至るまでの五馬市村における独り身の存在形態を示したものである。表を見ると、独り身の家は各年代を通じて五軒～十軒程度存在し、持高の下層家に集中する傾向にある。また、独り身となる場合には傾向というものはなく、男性・女性、年齢に偏りなく幅広く分布している。これは近世後期の家が少人数であることから配偶者や両親等の死亡などでふいに独り身になる可能性があり、年齢や性別にもばらつきが起こるもので、独り身となるものが特定者に限られているわけではないと言えるだろう。

さらに表3に注目すると、例えば文政四年に独り身となった春吉の場合、数年間は宗門改帳に記載されるものの、その後は記載されなくなる。このように途中で記載が消える場合においては宗門改帳からの帳外であり他出・死亡・奉公などが想定される。また、再び記載される事例も幾つかあるが、これは数年の奉公等によるものだと推測されよう。このような事例として文政期では、与四郎、茂作、政七、「なつ」、「せき」、「なを」、嘉永期では利七が、一定期間独り身として宗門改帳に記載され、その後記載が消えている。

一方で、「かめ」のように独り身となっても数年後に新たな家族を迎え入れるケースも存在する。これは、家の家産である持高が影響するものだと考えられよう。表3において途中で、家族が加わる場合に往々にして家の持高が存在する場合ではないだろうか。

文政期には、長作、郡右衛門、伊平、順助、嘉永期には、善三郎、貞右衛門が、独り身となるもその後、新たに家族を迎え入れている。ただし、独り身の多くは数年間で記載が消滅することが多く、その場合に絶家となり家が消えることになる。では、減少する百姓株をどのように維持していたのであろうか。この問題の詳細は第三節で検討してくが、先に結論を申し述べると五馬市村において絶家となった場合の百姓株は分家という方法で絶家した家の跡を継承していたようである。

本節では五馬市村における独り身の存在形態について分析してきたが、まとめると、独り身となった場合、死亡や奉公、他出といったケースから多くは数年で宗門改帳から姿を消している。そのなかで、家の持高に注目すると、持高が多少でもあれば独り身の家から脱して新たな家族を迎え入れる可能性も存在している。つまり独り身となった時点で、村から消えるのか、新たに家族を迎え入れるか、大きく分類すれば二つの選択に限られてくる。そこで、五馬市村における独り身の存在形態を踏まえ、次節以降、独り身となった場合も村で暮らし続け、新たな家族を迎え入れる独り身の家と、途中で姿を消す独り身の家という二つの場合を詳細に検討していきたい。

第二節　独り身の家救済のための融通意識

本節では独り身となった場合においても、その後に家族を迎え入れた事例として表3にある善三郎家を参考にして考察を進めていきたい。独り身となった善三郎家が、いかにして百姓成立を継続し、それを村社会のどのような組織が救済、融通していたのか検討していきたい。まず史料一によって、善三郎が独り身となる以前の家の状況について分析していく。

史料一

持高六石六斗九升八合　精太郎

一、人数四人内　男弐人

女弐人

此訳
精太郎　十八才　照蓮寺旦那
姉　そい　弐十九才　そい桜竹村嘉兵衛方江縁付罷越候ニ付送状出ス正月十二日
伯父　七左衛門　四拾九才
母　病　すへ　六拾七才[17]

史料一の天保六年宗門改帳から善三郎（精太郎）家の様相が確認できる。天保六年では家の持高は六石程度あり、またこの年に姉の「そい」が隣村の桜竹村へ嫁いでいる。その後、天保八年の宗門改帳[18]では伯父の七左衛門と母の「すへ」の死亡が確認でき、天保八年より嘉永七年から八年の間において「のへ」が家族として加わるまでの間、善三郎は独り身として村で暮らしている。その間家の経営状況は悪化し、弘化四年の免割帳[19]では二石二斗三升五合、嘉永七年の宗門改帳[20]では九斗六升三合と、経営悪化の一途をたどっている。

では、その間における善三郎の暮らしの様子の一端を窺い知る史料として、善三郎家が取り結んだ質地関係について検討していくことにする。善三郎家の質地証文については裏印鑑帳[21]の質地証文の控え書から知り得ることができる。表4は裏印鑑帳に記載された弘化～嘉永期にかけて善三郎が本主（借用主）である質地証文の内容をまとめたものである。表からは、幾度も土地を切り売りし小口金融で対応していた様子がみえてくるだろう。質地として差し出した土地の石高は二升や六合等と僅かであって善三郎が日々の暮らしに困窮していたことがよくわかる。また、ほぼ一貫して保証人として記載されている寿助という人物にも注目すると、この善三郎と親類の関係である寿助こそが、善三郎の救済に関し重要な役割をはたす存在となるわけである。では寿助と善三郎の深いつながり関係を窺うことのできる史料の検討に移ることにする。

表３　五馬市村における独り身の家の変遷

文化7	文化8	文化9	文化14	文化15	文政4	文政5	文政6	文政7	文政8	文政9	文政10	文政11
友蔵(28)0	→	→	→	→	記載されず							
孫七(46)1	死亡											
藤吉(76)0	→	→	記載されず									
宅平(57)0	記載されず											
伊兵衛(49)1	家族加入											
惣助(59)1	→	→	記載されず									
勘七(68)0	→	→	→	記載されず								
	せき(43)1	→	→	→	→	→	→	→	→	記載されず		
		新右衛門(37)3	記載されず									
			つな(44)9	記載されず								
			万蔵(50)0	→	記載されず							
			なつ(39)3	→	→	→	家族加入					
			作右衛門(39)1未	→	記載されず	→	→					
			与四郎(40)3	→	→	→	→	→	他出			
			郡右衛門(30)3	→	→	→	→	→	→	家族加入		
					春吉(27)0	→	→	常助改名	→	記載されず		
					幸右衛門(31)1未	→	→	→	→	→	記載されず	
					忠左衛門(56)1未	→	→	→	記載されず→	忠左衛門	→	①
					長作(32)2	→	家族加入					
							かめ(62)1未	→	→	家族加入		
							なを(30)1未	→	→	記載されず		
							政四郎(24)3	→	→	記載されず		政四郎(30)0②
							伊平(52)4	→	家族加入			
									順助(29)?	家族加入		
									与助(40)4	→	→	→③
									政七(55)5	→	伊右衛門改名	→④

注）表３は各年代の五馬市村「宗門改帳」(『五馬市村文書』)を基に作成している。表３では、名前・年齢・家持高を記載している。「家族加入」は新たに家に家族が加わった場合、他出は「宗門改帳」から記載が消えている場合、入家は村内の家に入り絶家することである。また、善三郎家は嘉永七〜八年にかけて家族が加わっている。(０：無高、１未：１石未満、)

表３　五馬市村における独り身の家の変遷（つづき）

文政12	文政13	天保6	天保7	天保8	弘化5	嘉永2	嘉永3	嘉永4	嘉永5	嘉永6	嘉永7
①忠左衛門	→	→	→	死亡							
	常助(35)0	→	他出								
②政四郎	記載されず										
③記載されず											
④伊右衛門	→	記載されず									
茂作	→	記載されず									
伝七(49)3	→	→	→	→	→	→	→	→	→	→	→
		順助(40)0	→	→	記載されず						
		庄助(24)1未	家族加入								
		喜六(52)0	→	入家							
		とせ(22)1未	→	→	記載されず						
				利七(37)0	記載されず						
				かわ(74)0	記載されず						
				九兵衛(27)2	記載されず						
					るい(60)1未	→	死亡				
					らち(64)0	→	→	→	→	→	→
					善三郎(31)2	→	→	→	→	→	→
					嘉兵治(40)1	→	→	→	死亡		
					貞右衛門(68)1未		→	家族加入			
					ゑみ(41)0		→	→	→	→	→
							豊助(18)1	→	→	→	→
							伝六(71)？	→	→	→	→
							奥次郎(55)1		→	→	→
										仁右衛門(28)7	

表４ 善三郎「家」の質地証文について（弘化～嘉永期）

題目	宛人（貸主）	保証人	契約年	質地所有	質地高	借入金
六ヶ年切売渡申畑地山野証文	逸右衛門	寿助	弘化２年２月	弘化４年善平所持	１斗２升３合	585文
拾ヶ年限売渡田地証文	新平	寿助	弘化２年２月	安政５年丈右衛門所持	７斗４升７合	460文
永代売渡申畑地証文	逸右衛門	寿助他１名	弘化４年３月		６合	562文
永代売渡申証文	逸右衛門	寿助	弘化４年３月		７合	563文
拾ヶ年切畑地引当証文	逸右衛門	寿助	弘化４年３月		１斗２合	１貫500文
壱ヶ年売渡田地証文	逸右衛門	寿助他１名	弘化５年３月		３斗７升３合	14貫目
五ヶ年切畑地引当証文	逸右衛門	寿助他１名	弘化５年３月	嘉永５年受返し	２升	275文
五ヶ年切畑地引当証文	逸右衛門	寿助	弘化５年３月	嘉永３年受返し	６升	120文
拾三ヶ年切畑地売渡証文	逸右衛門	寿助	嘉永２年３月		１斗２合	２貫320文
五ヶ年切畑地引当証文	逸右衛門	寿助他２名	嘉永２年３月		２升	112文
壱ヶ年切畑地引当証文	逸右衛門	寿助	嘉永２年３月		８升	730文
永代売渡畑地証文	逸右衛門	寿助	嘉永２年３月		１斗２合	２貫130文
拾ヶ年限畑地質券証文	善平	寿助他２名	嘉永３年３月	嘉永５年仕替	６升	250文
壱ヶ年限畑地質券証文	新平	寿助他２名	嘉永３年３月		２升５合	495文
壱ヶ年限畑地質券証文	源蔵	寿助他２名	嘉永３年３月		２升５合	495文
弐拾ヶ年限畑地質券証文	逸右衛門	寿助他１名	嘉永５年３月		２升	215文
壱ヶ年限畑地質券証文	逸右衛門他９名	常右衛門他３名	嘉永５年３月		３斗５升	１貫120文
壱ヶ年限畑地山野質券証文	源蔵	寿助他１名	嘉永５年３月		１升	940文
壱ヶ年限畑地質券証文	新平	寿助他１名	嘉永５年３月		６升	300文

注）「七番　裏印鑑帳」（『五馬市村文書』）を基に作成したものである。

史料二

拾ヶ年切畑地引当証文之事

一、拾九文銭壱貫五百目（印）（印）（印）（印）
字八久保屋敷畑九畝壱反八歩之内
一、上畑弐拾六歩　　高壱斗弐合（印）（印）（印）（印）
右者当ゟ辰迄真年
拾ヶ年切証文
但年季之内善三郎ゟ作請致壱ヶ年ニ利上弐百七拾目ツツ逸右衛門江差遣候事
割印）弘化四未三月　利上弐ヶ年滞候ニ付酉ノ年十三ヶ年売渡と成（傍線部加筆）
本主五馬市村　善三郎（印）
親類受人　寿助（印）
受人　善平（印）
組頭　平右衛門（印）
同村　逸右衛門殿(22)

史料二は善三郎と村内の八久保組の惣代である逸右衛門との間で作成された質地証文である。これにより善三郎家は「八久保屋敷畑」を逸右衛門家へ質入れするが、傍線部の加筆された箇所から、その後小作料の未納によって証文が売り渡されている。では、誰がこの証文を受け取ったかといえば、善三郎の親類の寿助である。ただし史料二において「八久保屋敷畑」の証文を売り渡したとの記載があるが、内情は次の史料三をみると逸右衛門家と寿助家との土地の質地証文の交換であった。

史料三

熟談畑地所替証文之事

字八久保　　本地主　善三郎

一、屋敷畑壱畝八歩　　本地高壱斗五升弐合

是は逸右衛門所持ニ成所此節寿助持分字森の下并上ノ段地所熟談ニ付同地面逸右衛門ゟ作付致本入畝高御上

納高懸之分ハ逸右衛門相勤可申候

字森の下　　本地

一、中畑六畝八歩　　高六斗弐升八合

字上ノ段九畝七畝歩高五斗六升之内　悪地

一、下畑四畝廿三歩　　高

尤内畝米ニ御座候

〆畝壱反壱畝壱歩

是は寿助持分ニ候処此節熟談ニ而逸右衛門持分字八久保屋敷畑面寿助ゟ作付致本入高御上納并高懸ハ寿助ゟ

相勤可申事

右者組合立会熟談之上地所取替候上者後年万一脇方江質券ニ相渡候節者森の下并上之段地面ハ八久保屋敷畝

所壱畝八歩高壱斗五升弐合相添売渡可申候、八久保屋敷畑面ニハ森の下并上之段畝高合壱反壱畝壱歩組入売

渡可申候且又組合親類立会熟談之上者後年ニ至り異変無之候、依之畑地取替証文双方も一札ツツ取替置候処

如件、

嘉永二年　　本主五馬市村　　組合

酉三月　　逸右衛門（印）　圓平（印）　初蔵　（印）

同 寿助（印） つけ（印） 嘉三治（印）
親類 善平（印） 藤右衛門（印）
同 善三郎 仁兵衛（印）
組合 十平（印） 七三郎（印）
同 源助（印） 立会組頭 平右衛門（印）

前書之趣承置候以上

酉 三月 庄屋 信作（印）[23]

史料三には土地の交換の内情が詳細に明記されている。史料は「熟談畑地所替証文之事」と題し、傍線部二箇所「是者逸右衛門所持ニ成所此節寿助持分字森の下并上ノ段地所熟談ニ付同地面逸右衛門ゟ作付致本入畝高御上納高懸之分ハ逸右衛門相勤可申候」、「是は寿助持分ニ候処此節熟談ニ而逸右衛門持分字八久保屋敷畑面寿助ゟ作付致本入高御上納并高懸ハ寿助ゟ相勤可申事」によって寿助家と逸右衛門家が畑地を交換しており、善三郎家が逸右衛門家に質入れした「八久保屋敷畑」の質地証文が、この段階で寿助へと渡っている。そうして、この旨を村組の八久保組の総意であるとして、村組立会のもとにおいて取り極め、庄屋によって認めさせている。

史料四

永代売渡畑地証文之事

悪地

一、屋敷畑拾弐歩（印） 高四升
代十九文銭（印） 五百目也
嘉永二年
酉三月

本主五馬市村 寿助（印）
組合受人 善平（印）
同 藤右衛門（印）
組頭 平右衛門（印）
逸右衛門（印）

（割印）

同村 善三郎[24]

さらに、史料四では寿助が善三郎に「永代売渡畑地証文之事」として、寿助が交換して入手した「八久保屋敷畑」の一部を事実上、善三郎へ戻している。ここで、注目すべきことは寿助が逸右衛門と交換した「壱畝八歩」のうち、善三郎へ「永代売渡畑地証文之事」として譲り渡したのは「拾二歩」であって、全部戻さずに一部が寿助家の方に残っており、すべてが融通的意識というわけではない。寿助家においてもこのような旨味を得て経営状態を発展させ、土地集積を行っていたものと思われる。

事実、弘化五年の宗門改帳[25]では寿助家は持高九石程度であったが、安政五年の宗門改帳[26]では持高十四石程度となり、この時期において裏印鑑帳では、寿助家と他家との質地書文作成が頻繁に行われており、このような事実を付き合わせると、善三郎家への融通を行いながら、同時に土地集積も行っていたのではなかろうか。因みに、独り身を脱した善三郎は、その後安政五年には家の持高が一石七斗余で、女房「のへ」と倅の廉太郎と三人で暮らしている。

本節では独り身となっても村内に居住し、やがて家族を迎え入れ、その後においても家を経営していた事例をみてきた。しかしながら、独り身でいる間には、田畑耕作を行うにも労働力が不足し、結局のところ表4の如く善三郎は幾度も土地を切り売りしている。その意味で、善三郎にとって親類の寿助の存在は大きく、史料四による寿助家からの融通策ともいえる方法によって、何とか生活してものと思われる。

第三節　村から消える独り身—百姓株をめぐって—

前節では独り身となりつつも親類の協力によって何とか生活していた善三郎の例を検討してきた。第二節の事例は、独り身となっても新たに家族を迎え入れるケースに該当するが、本節ではもう一方の事象、独り身となって宗門改帳から消される、村から消えていく場合について検討していきたい。

表3からもわかるように独り身となった場合、多くの事例は数年後に村から消えていくことから、独り身として村で生活していく困難さを窺い知ることができるだろう。つまり独り身ではかろうじて百姓株を保持しているわけだが、独り身が村から消えることとは、その百姓株を放棄することになる。百姓株における問題としては近世初期において内藤二郎氏[27]や木下礼次氏[28]が言われたように村の成員資格としての要素が強いが、近世後期においては、野口喜久雄氏[29]や佐藤常雄氏[30]、桜井昭男氏[31]の研究からも確認できるように、百姓株については潰れた家の再興等において、家産の分配など土地をめぐる問題にも発展するなど、誰が引き継ぐのかということも重要であろう。本節では独り身が村から消える、家が潰れるという問題から百姓株に視点を当てて検討していくことにしたい。

(一) 吉三郎家の場合

はじめに、筆頭人である吉三郎が死亡した直後において、独り身の「へん」が村から切り離された事例について検討していきたい。

史料五

高三石六斗七升八合　吉三郎

一、人数弐人内　男壱人

女壱人

女壱人（加筆）

吉三郎　七十三　専称寺旦那

女房　へん　六十七(32)

史料五は文政十三年の宗門改帳である。宗門改帳をみると筆頭人の吉三郎には墨消しがなされ、「女壱人」と加筆されており、おそらくは文政十三年内に吉三郎が死亡したものと思われる。吉三郎の死亡により、「へん」が村での独り身となって、その直後に「へん」は宗門改帳から帳外となり消えている。宗門改帳は文政十三年以降は史料の欠損のため、天保六年まで待たなければならない。その間に「へん」が死亡した可能性も充分にあり得ることだが、次の史料六によって、「へん」が他出したものと断定できるだろう。

史料六

譲渡畑地証文

花の後　　　本地

一、屋敷畑四畝廿壱歩　高四斗七升

大くぼ　　　本地

一、下畑七畝拾五歩　　高六斗

外山野壱ヶ所　此境　東久保迄新兵衛境

　　西北品右衛門きし切

　　　下新兵衛きし切

右は吉三郎持高二候処百姓株相施候二付

当卯ゟ永代譲渡ス

　　　　　　　　吉三郎組合　下毛組

　　　　　　　　　　　　伊平

　　　　　　　　同　作右衛門

　　　　　　　　同　小右衛門

　　　　　　　　同　元七

　　　　　　　　与頭　伝兵衛

村同組　忠兵衛殿(33)

史料六は「裏印鑑帳」に記載されたもので、傍線部には「右は吉三郎持高二候処百姓株相施候二付当卯ゟ永代譲渡ス」とあり、忠兵衛が吉三郎家の百姓株を継承することが明記されている。忠兵衛家は五馬市村においても持高十石以上を有する上層の家にあって、天保六年の宗門改帳では忠兵衛家から倅の品右衛門が分家していることから、分家によって絶家となった吉三郎家の百姓株は品右衛門によって継承されたものと考える。残された「へん」の行方は知ることができないが、おそらくは出身村などに身を寄せることになったのかもしれない。

本項のケースでは宗門改帳に独り身として記載される前に、「へん」が共同体から切り離されて、おそらくは他出している。残された百姓株は忠兵衛が引き継ぎ、分家という形で対応し、残された吉三郎家の家産についても、百姓株引き継ぎの代償という意味合いもあり、しっかりと取り込んでいる。やはり高齢で独り残された「へん」にとって、独り身として村で暮らしていくことは困難なことであったと推測される。

(二)「やそ」家の場合

次に、「やそ」家の事例についてみていくことにする。史料七は養子と思われる婿の直助の離縁によって残された女性二人が絶家して里親の元へ帰村するわけだが、本項の事例は独り身ではないものの、女性二人となり、独り身に近い状況であることは間違いないだろう。

史料七

熟談之事

やそ事、聟直助離縁ニ相成候得ハ、何分百姓門相成兼候、勿論是迄之組合不軽世話に相成候聊村内ニ対し不足節ハ無之候得共、難渋続之末病身之儀ニ而迚も暮し兼ね候間、親里江引取段歎出候処、右之通御取極被下忝奉度候、一、家財不多、一、畳不多、一、外に戸板不多、是迄百姓相立候ニ付御譲り被下やそ受取申候、一、銭三百目儀銀として御渡被下受取申候被下右之通御取斗被忝奉度候、然上は家屋敷畑は勿論の川はた山田畑狐塚田地三ケ所之儀質券ニ入暮方備置諸百姓相立候得共、売払共組合宜敷様御取斗可被下候ハ此度やそみち共送り、手形受取候上ハ跡式ニ付やそみちハ勿論親族らも故障毛頭無御座候為後年一札差出」置候処如件、

慶応四辰三月

本主　やそ（印）
父　戸畑村　良平（印）
組合　源平（印）
同　安左衛門（印）
同　市右衛門（印）
同　利作（印）
同　平次郎（印）
同　親兵衛（印）

庄屋　謙平殿(34)

史料七の記載について繰り返すと、「やそ事、聟直助離縁ニ相成候得ハ、何分百姓門相成兼候」とあり、絶家して里親の元へ帰りたい旨を申しのべている。その際に、「勿論是迄之組合不軽世話に相成候聊村内ニ対し不足節ハ無之候」として、これまで村において村組などによる互助のもと生活していたことが看取できよう。また、「屋敷畑は勿論の川はた山田畑狐塚田地三ケ所之儀質券ニ入暮方備置諸百姓相立候得共、売払共組合宜敷様御取斗」可被下候」との記載から、残された家産については組合（村組）へ譲渡している。

このように、「やそ」においては「難渋続之病身之儀」ということから村組が中心となって「百姓成立」が困難

であると判断し、村社会からの離脱が実行されているわけであるが、本当に「やそ」達が親元へ帰村を申し出たのかは不明である。また、「やそ」達の様に共同体から離れていく一方で、親が住む村、「やそ」達を受け容れる共同体も存在するのである。

（三）孫七家と儀右衛門家の場合

最後は孫七家の百姓株をめぐる組合と村組惣代、儀右衛門家との取り決めが行われた事実についてみていくことにする。

史料八

孫七株取立熟談書之事

孫七并養子伊右衛門去丑年引続死去、後家ゆき江聟越取相続罷在候得共不如意ニ相成両人共親里江引取、親母はん壱人ニ相成組合ニ而養子茂世話致候得共、元来貧家之事ニ而、取続兼不得止事浮借銭之分者家財配当いたし銭家財類頼母志持越、古郷塚田村政七方江引取候故潰竈ニ相成罷立候処、此度順《ママ》儀右衛門茂順《ママ》養子惣八へ家相譲別宅致度ニ付、右孫七株為相建呉候様親類儀平組頭伝四郎ヲ以申出候間組中相続仕候迚も外方入百姓ニ而者相建兼永く潰竈ニ致置候茂恐入奉之義ニ付熟談相遊申候、尤株付田畑組合引受借用銭利上致居候分来午春跡より引渡可申筈、然上は孫七家儀右衛門方より御勝手ニ取繕来ル午春より田畑山野一円同人分ニ可致候、後日故障為無之一同連印極書差出置申候以上、

明治二巳年正月

五馬市村本人　儀右衛門（印）

弟　惣八　（爪印）
父　新八　（爪印）
親類　儀平　（印）
本城村同断　重左衛門（印）
組合　谷五郎（印）
（組合八人後略）
組頭　伝四郎（印）
立合組頭　次右衛門（印）

御庄屋　謙平殿(35)

史料八では「孫七并養子伊右衛門去丑年引続死去、後家ゆき江聟越取相続罷在候得共不如意ニ相成両人共親里江引取、親母はん壱人ニ相成組合ニ而養子茂世話致候得共、元来貧家之事ニ而、取続兼不得止事浮借銭之分者家財配当いたし銭家財類頼母志持越、古郷塚田村政七方江引取候故潰竈ニ相成罷立候処」として、孫七や養子の伊右衛門の相次ぐ死亡により独り身となった「はん」が、組合による互助も限界であり、養子を迎え入れることも難しいとして、郷里である塚田村に帰村する様子が記載されている。その際に、儀右衛門弟の惣八が分家を行い、孫七家の百姓株を引き継ぐわけだが、孫七家の家産についても、儀右衛門と惣八の間で分配されており、惣八家の家産については史料九の「分家証文之事」に詳細に配分が明記されている。

史料九

分家証文之事

字辻の堂　　　本地

一　畑地壱ケ所　　此高四斗八升

字ふくしま　本地

一　同　壱ケ所　此高壱斗八升

字大山

一杉山　壱ヶ所　但　差出惣高壱万三千本之内百本

字同所　　　　　　此度立会人境踏分ヶ候事

一竹山　壱ヶ所　但　右杉山地続小平

字同所

一薪山壱ヶ所　但　薪山地続小平　但儀平ゟ買南分ハ木斗り

一馬　弐疋　但　ひはる　黒かけ

一牛　壱疋　但　赤

一頼母子　下釣　壱口

一家財家具　親新八留より見斗り相渡可申事

一粮米　年娩（ママ）有俵七分　本家

　　　　三分　儀右衛門

一遣銭　分家筋之節見斗

御庄屋　謙平殿

一孫七株借用銭元利惣八より相払可申事
右之通熟談之上取極候上ハ異乱無之候為其
極書差出置申候以上
明治二年　本主五馬市村山口
巳正月　　　　　　　儀右衛門（印）
　　　　　　同　　惣八（爪印）
　　　　同　新八（爪印）
　　　親類　儀平（印）
本城村　同断　重左衛門（印）
　　　組合　谷五郎（印）
　　　組頭　伝四郎（印）
（組合八人後略）
立合組頭　次右衛門（印）(36)

史料九では傍線部の「一孫七株借用銭元利惣八より相払可申事」とあるように、孫七家が残した頼母子等における借用銭の元利を惣八が支払うように取り結んでいる。このように、孫七家の百姓株をめぐっては儀右衛門の弟の惣八との分家による形から問題を解決しており、本節第一項の忠兵衛家における事例と照らし合わせても、五馬市村では百姓株継承の問題に対して分家という方法で対応してきた事実が浮かび上がった。

忠兵衛家や儀右衛門家の場合では、村において分家可能な条件を満たし、該当する村組の有力な家、もしくは家族人数が多い家が残された家産を取り込みながら分家していたのではないだろうか。村においては独り身から絶家となる場合が多く、その場合それぞれの村組の有力な家が、潰れた家の家産を取り込んで分家する方法が一般的であったものと思われる。

大藤修氏は羽州村山地方において「一族内に潰百姓が出た時は、一族の有力者がその跡式を請け込み、一族としてその土地の確保を図ることに主眼が置かれ、その跡式には一族内のいまだ『抱水呑』の境遇にある者、あるいは分家せずに生家に残留している者をして立ち替わらせ、潰百姓は一族内の誰かの『抱水呑』となったのであり、その場合、『立替百姓』の『抱』となるのが一般的であった」(37)と分析している。

五馬市村においても、潰れた場合には村内の村組における有力な家の分家という方法が用いられているが、潰れた家の者の多くは離村している。本章の事例では家に残された独り身が男性であるのか女性であるのかで村社会の対応も異なっていたのか、検討の余地が残る問題である。いずれにしても潰れた場合にその家に耕作地などがあれば問題となるのは家産の相続であり、五馬市村において各年代の免割帳には村組ごとに多少の惣作地があり、本章分析地と同じ豊後国である森領を分析された野口喜久雄氏がいわれるように、近世後期において潰れが多く発生し村における惣作地の負担は大きく、村としても何とか新たに家を再興させようとしたものと思われる。(38)

おわりに

本章では近世後期において村社会に発生した独り身の家に、村がいかにして対応していたのか検討を試みた。第一節では独り身の存在形態の分析から、結果として新たに家族を加えない限りにおいて、独り身の家は数年間で消えていく。村で生活していく場合に、独り身の家がいかに危うい存在であるかが確認された。次に第二節・第三節では、独り身の家となった場合に村で生活し、やがて新たな家族を迎えいれた善三郎のケースと、独り身として村で生活が出来なくなり、郷里へ帰村する二つの場合を検討してきた。はたして、五馬市村における天保末期の法令の記載内容が示すような、村社会の互助機能が善三郎の場合においても働いていたのだろうか。実際のところ、独り身の善三郎をバックアップしていたのは親類の寿助ではないだろうか。つまり、善三郎の場合、独り身となっても村で辛うじて生活できたのは善三郎において寿助という親類の援助が大きかったものと考えられる。

また、村社会から離れる場合においても、「やそ」のように村組が主体となって問題の対処することが一般的であると考えられるが、吉三郎家の事例においては、忠兵衛の倅が分家して対応し、「はん」が帰村する場合における百姓株の対応では、儀右衛門は弟の惣八を分家させて、百姓株を継承させ、そのことを村の組合に了承させている。つまり、独り身の家などが絶家という状況になれば、村共同体というよりも、組合のなかの有力な家が残された家産を取り込みつつ分家して対応していたのではないだろうか。「はん」の事例においては、村組は「組合ニ而養子茂世話致候得共元来貧家之事ニ而、取続兼」として共同体からの離脱を選択している。

ただし、独り身となっても善三郎のように救済される場合もあるが、多くの場合に絶家となり潰れている。その意味で独り身であっても、村から必要とされるならば、宗門改帳に一軒の家として記載される。大藤氏が言われるように「無高の『水呑』といえども村内の居住権まで否定されたわけではない」[39]ということである。さらに言えば、独り身となった場合に家産が多少あろうとも、共同体から百姓成立が立ち行かないと判断されると、共同体からの切り離しが起きてくるのではないだろうか。「はん」や、「やそ」のように、高齢である女性ならば、その傾向は一層強いだろう。

はじめにでも述べてきた独り身に対する幕府や藩の対策は、村の五人組等の互助機能で解決を促しているが、五馬市村において実際には親族や村内部における有力な家によって実行されてきたのではないだろうか。独り身の家等などが潰れた場合には有力な家が家産と取り込みつつも、分家という形で百姓株を継続させていた。村共同体による独り身の対策では持高上層の有力な親類などの援助が大きく作用し、村共同体といいつつも、内情は家と家どうしの融通的意識によるものが大きかったであろう(40)。

つまり村の機能を検討するうえで本章が問題とした独り身対策にしても、実際のところは、親類や有力な家の援助が非常に大きく、家内部や家相互の関係にも留意する必要があるのではないだろうか。

(注)

(1) 別府大学附属博物館所蔵の日田郡五馬市村「御用状留」で、現存しているものは以下の通りである。天保九年、十年、十一年、十三年、十五年、嘉永五年、嘉永六年、安政二年、安政五年、万延二年、文久四年、慶応二年、明治三年、明治四年。そのうち、百姓株についての法令は天保九年、十年、十五年の「御用状留」に記載が存在する。

(2) 「天保九年御用状留」(『五馬市村文書』別府大学附属博物館所蔵)。

(3) 幕領である天草領の本戸組・大庄屋である木山家における天明八(一七八九)年〜明治三(一八七〇)年の「御用触写帳」は、本渡市教育委員会から、現在第一巻〜第六巻まで分冊され『天領天草大庄屋木山家文書』として翻刻刊行されている。なお、百姓株についての法令は、弘化五年、嘉永三年、安政五年、六年、万延二年、文久二年の「御用触写帳」に記載されている。(『天領天草大庄屋木山家文書』五巻、二〇〇〇年・六巻、二〇〇一年)

(4) 「弘化五年　御用触写帳」『天領天草大庄屋木山家文書　第五巻』本渡市教育委員会、二〇〇〇年。

(5) 「郡方仕置帳」『長崎県史　史料編第二』長崎県史編集委員会、一九六四年。

(6) 野村兼太郎編著『五人組帳の研究』有斐閣、一九四三年。

(7) 史料は「天保十二年上野国新田郡尾島村五人組帳」であるが、その他にも「独身」や潰れた場合における「跡式」に関する記載が存在した五人組帳は以下の通りである。「明和四年武蔵国高麗郡中藤村五人組帳」、「天明八年遠江五人組前書」、「寛政十年武蔵国都筑郡山田村五人組御改前書帳」、「文化八年武蔵国多摩郡上長淵村御條目五人組御改書上帳」、「文政五年信濃国佐久郡茂沢村五人組帳」、「文政十一年下総国葛飾郡大畔新田五人組御仕置帳」、「天保十二年武蔵国埼玉郡樋遣川村中山御役所御條目」。野村兼太郎編著『五人組帳の研究』有斐閣、一九四三年。

五人組帳等にある、このような記載は寛永十九(一六四二)年、寛文六(一六六六)年に出された幕府法に基づいているものと思われる。

寛永十九年『牧民金鑑』
一独身之百姓、或相煩、又ハ無人ニ而耕作成兼候輩ハ、為其一村互助之可申事、
寛文六年『徳川禁令考前集五』
一百姓を追出、其跡之田畑不可致持添、前々よりの百姓相果、跡目於無之ハ、其趣申聞、男女ニよらず其筋目の者を取立、得差図、其跡無相違可渡之、断なく家をこほち取、四壁を荒し、田地を持添、百姓をつふし候ハヽ、可為曲事、惣而独身の百姓相煩、紛なき二於てハ、五人組ハ不及申、村中之者相互ニ助合、田地を仕付ヶ、身体持立様ニ致シ、年貢等も収納候様可仕候、

（8）本章で認識する村社会とは幕藩制における村請制という原則を考慮しつつも、村内における地縁的集団や生活集団などの結束による活動を重視するものであり、家の集合など社会的繋がりを村社会としてみなすものである。そのうえで、中村氏の「家連合こそが第一義的に農村としての共同体的性格をもたざるをえず、そして村というごとき制度による地域は第二義的となっている」との指摘は重要であり、本章は序章において村を一つの社会とする考えを基軸としている（中村吉治『日本の村落共同体』ジャパンパブリッシャーズ、一九七七年）。

（9）大塚英二氏は近世期における地主関係を個人と個人による私的関係と見なすのではなく、地主小作関係を共同的・集団的な関係としてみるべきであると述べている。大塚英二『日本近世農村金融史の研究―村融通の分析』校倉書房、一九九六年（「第一章　近世期の地主小作と村共同体」）参考。

（10）渡辺尚志『近世の豪農と村落共同体』東京大学出版会、一九九四年、（「第五章　土地と村落共同体」、「第六章　信州諏訪郡における村借について」、「第七章　村落共同体による村域の土地保全」）参考。

（11）町田氏は村落共同体の動向を探るうえで、村における村落内部構造の分析の重要性を指摘されている。町田哲「地域史研究の一課題―村落の内部構造分析との関連について―」『歴史評論』第五七〇号、一九九七年。

（12）牧原成征「近世村落の村運営と村内小集落」『史学雑誌』一〇四篇、第4号、一九九五年。

（13）大藤修『近世農村と家・村・国家』吉川弘文館、一九九六年、一一四～一四九頁参考。

（14）新村拓『老いと看取りの社会史』法政大学出版局、一九九一年、一三一頁参考。

（15）柳谷慶子「日本近世における家族・地域の扶養介護」岩本由輝・大藤修編『家族と地域社会』早稲田大学出版部、一九九六年。

（16）川鍋定男「江戸時代、隠居・老人の扶養と村・地域社会」神奈川大学日本経済史研究会『日本の地域社会の歴史と民俗』雄山閣出版、二〇〇三年。

(17)「宗門改帳」(『五馬市村文書』別府大学附属博物館所蔵)。
(18)「宗門改帳」(『五馬市村文書』別府大学附属博物館所蔵)。
(19)「免割帳」(『五馬市村文書』別府大学附属博物館所蔵)。
(20)「宗門改帳」(『五馬市村文書』別府大学附属博物館所蔵)。
(21)「裏印鑑帳」(『五馬市村文書』別府大学附属博物館所蔵)。
(22)「拾ヶ年切畑地引当証文之事」(『五馬市村文書』別府大学附属博物館所蔵)。
(23)「熟談畑地所替証文之事」(『五馬市村文書』別府大学附属博物館所蔵)。
(24)「永代売渡畑地証文之事」(『五馬市村文書』別府大学附属博物館所蔵)。
(25)「弘化五年宗門改帳」(『五馬市村文書』別府大学附属博物館所蔵)。
(26)「安政五年宗門改帳」(五馬市村文書』別府大学附属博物館所蔵)。
(27)内藤二郎『本百姓体制の研究』御茶の水書房、一九六八年。
(28)木下礼次「近世百姓株の成立と展開」『社会経済史学』第二九号、一九六四年。
(29)野口喜久雄「豊後国森領の『潰れ』」『大分県地方史』第八〇・八一合輯号、一九七六年。
(30)佐藤常雄「潰百姓賄の構造」『信濃』三二巻・八号、一九八〇年。
(31)桜井昭男「近世後期における潰株再興と村―相州大住郡石田村を例として―」『史叢』第三五号、一九八五年。
(32)「文政十三年宗門改帳」(『五馬市村文書』別府大学附属博物館所蔵)。
(33)「譲渡畑地証文」(『五馬市村文書』別府大学附属博物館所蔵)。
(34)「熟談之事」(『五馬市村文書』別府大学附属博物館所蔵)。
(35)「孫七株取立熟談書之事」(『五馬市村文書』別府大学附属博物館所蔵)。
(36)「分家証文之事」(『五馬市村文書』別府大学附属博物館所蔵)。
(37)大藤前掲(注13)二〇四~二〇五頁参考。
(38)野口前掲(注29)参考。
(39)大藤前掲(注13)六八頁参考。
(40)家どうしにおける融通意識としては、五馬市村において近世後期には、零細の家救済の為の有力な家における講の参加などがみられる。本書「第六章　村融通と家の対応」参考。

（補遺）

本章の初出である「近世後期、幕領村落における村の独り身対策について」（青木美智男編『文政・天保期の史料と研究』ゆまに書房、二〇〇五年）は、渡辺尚志氏の御著書（渡辺尚志『惣百姓と近世村落』岩田書院、二〇〇七年）のなかで、著者自身の独り身に対する村社会の互助機能に親類や家の役割を過度に重視しているとして批判が寄せられている。内容をまとめると、渡辺氏は村社会における親類・縁者・同族団・五人組・小集落（組）などの諸結合が存在するなかで相互に補完し合いながら村人たちの生活を支えるもので、「家」・親類などによる救済と村落共同体とは相互に関連しつつ、重層的に存在していたのであり、その一方のみを強調するのは正しくない。そのなかにあって村落共同体が枢要の位置を占めていたと述べている。

渡辺氏の指摘は正当であり本書では村で独り身となった場合において親類の救済のよって独り身を脱した善三郎を紹介したが、本書全体を通して考えると村社会における互助機能では村組を中心に互助機能を果たしており、村組による互助が難しいとなるなか、表3にあるように多くの独り身は数年後村から消えている。村社会では一旦百姓成立を否定されると救済は困難であり、そのような場合においても最終的に救助に手を差し伸べてくれるのは親類や縁者であることを強調したかった。

第九章　村社会における「百姓成立」

はじめに

近世後期の村社会が変容している状況を本書各章で検討してきたなか、本章では村社会が社会の変容にどのように対応していたのか各家の動向から検討していきたい。特に五馬市村において近世後期の文化期から明治期まで家数は表1に示すように百軒前後で推移しており、近世後期には村のなかで女性相続や独り身家という絶家と隣り合わせの家も複数あるなか、家数の維持、百姓株の継承について分析し、「百姓成立」がいかにして行われていたのか考察していきたい。

近世社会における百姓の理想として「農耕専一をめざす家業を経営体として継承してゆく」ことで、農業経営を成立・持続させ百姓として村で連綿性をもって家を継承することを幕府や村も目指していたとする「百姓成立」論が深谷克己氏によって提示され[1]、本章各節における考察の視座としている。

村における百姓家経営の保護については、質地による土地の循環によって小農経営分解の阻止を防ごうとする本百姓維持の融通機能を論じた大塚英二氏や落合延孝氏の研究や白川部達夫氏による無年季質地証文の請返し慣行の分析、さらには神谷智氏によって村内における百姓高請地の所有意識などが論じられている[2]。また藩によっては百姓の経営立て直しを報徳仕法により打開していこうとする動きも見られるなかで[3]、本章では村社会でどのように家数＝百姓株の数が維持されていたのか、各家に

表1　五馬市村における家数の推移

年代	文政7	文政8	文政9	天保6	天保7	天保8	嘉永4	嘉永7	安政5
家数	105	106	102	106	105	100	105	107	105

注）各年代の「宗門改帳」（『五馬市村文書』）を参考。

おいて経営の規模は異なるものの百姓が家を継承していくために村社会ではどのような互助機能が備わっていたのか、五馬市村における百姓成立の具体的事例について検討していきたい。第一節では村社会における互助機能について指摘していき、第二節では伝六家という百姓の歴史を事例に村社会における百姓成立を検討していく。

第一節　村社会における互助機能

本節では村社会における互助機能について考えていきたい。村における各家もしくはその家族は百姓として生活を続けていくにおいて、村社会に備わる互助機能によってある程度の融通的救済を受けることができる。それは各家の経営の規模や状況によって異なるものの、村としても各家の所有する年貢地が絶家することで物作地となることを避けるために幾つもの社会的な救助の網を設けることになろう。

(一)　頼母子講における融通

近世後期に五馬市村では頼母子講が多く開催されている。この頼母子講参加を通して村社会では融通を展開しようとする意図が見受けられる。その一例として庄屋周平は玉来宮祭礼における市を賑わせるための頼母子講として「万栄講」が催している(4)。講の参加者については毎座四〇～五〇名程度で、隣村の新城村からも五馬市村に土地を所有する者が参加している。そのなかで家の持高が判明する五馬市村の参

表２　五馬市村万栄講参加者の持高階層

10石台	周平　小右衛門　文蔵　伝兵衛　品右衛門　新兵衛　次右衛門　丈右衛門
９石以上	徳右衛門
８石以上	
７石以上	
６石以上	平右衛門
５石以上	元右衛門　庄左衛門　伝四郎
４石以上	吉兵衛
３石以上	
２石以上	吉右衛門
１石以上	春逸　由右衛門
１石未満	千代蔵　徳四郎　伝左衛門
無高	

注)「天保十一年万栄講取立帳」(『五馬市村文書』)を参考。

加者について庄屋が作成した「天保十一年の万栄講取立帳」（以後「取立帳」とする）を参考に持高階層として表2を示した。万栄講は庄屋が開催したもので品右衛門が世話人とあり、彼ら二人が属する村組を中心に参加者が構成されている。そのなかで参加者の持高階層に注目すると、上層～下層まで幅広く、講の参加にあたって階層的な偏りはみられない。特に注目されるには経営規模が小さな家においても講に参加しているが、「取立帳」には庄屋が参加者のなかの講銭の「不足人」として十数名を備忘している。

このような頼母子講については百文～百五〇文が一座ごとの掛け金であり、それが十数回継続されると参加者の負担は大きく、講において不足金が生じることもある。そのため近世後期の質地証文では史料一のように村内外で行われていた頼母子講に参加する者が当選金を引当に質地を差し出す事態が増加する。この場合、その後も座料は払い続けることから必ずしも融通的な意味を持つとは限らないが、まとまった金銭を得ることが出来る。

史料一

頼母志銭引当証文之事

一拾九文銭三貫五百六拾八匁

此引当

天神の木

一上田六畝歩　中地　高八斗四升

同所

一同　五畝拾八歩　中地　高七斗八升五合

表３　天保十一年万栄講鬮当選金からの返済項目

次右衛門（２貫１０文）	直右衛門（１貫３４３．４文）
１４４文（掛け金）	１８５．５文（掛け金）
３６０文（渡し）	１０５文（渡し 20 日）
２４０文（渡し）	１４５文（渡し 23 日）
４文（いわい）	１６０文（新右衛門）
４３７文（借地ゟ受取）	４文（鬮祝御代）
９０文（11 月 12 日渡）	４０．５文（品右衛門）
４１文（徳右衛門入）	１１５文（弥四郎）
５７．５文（小五馬栄助）	５７．５文（伝四郎）
５７文（勘右衛門）	４５文（六右衛門）
	５０文（助七）

注）「天保十一年万栄講取立帳」（『五馬市村文書』）を参考。

〆

右は当丑冬座ゟ終座迄弐百三文五歩ヅツ座毎ニ可掛出事

元治二丑年三月

奥印）

本主　孫右衛門（印）

頼母子組合　源七（印）

同　忠兵衛（印）

同組頭　弥兵衛（印）

同村　秀右衛門殿

座受衆中

では天保十一年での庄屋主催の万栄講における当選の様子などを見ていくことにする。頼母子講においては一口を負担するのが困難な場合、複数で一口を掛けることもあり、この場合も次右衛門と直右衛門が六対四の割合で参加し、当選金もその割合で分配される。

鬮に当たった二人であるが、表３は鬮の当選金「三貫三百三拾五文」のその一部を様々な負債の返済に充てており、その返済項目を表にまとめたものである。そのなかで直右衛門に注目すると、当選金の中から、各方面へ支払いがなされている。まず、掛け金の「百八十五・五文」が差し引かれている。その他にも新右衛門や品右衛門などに金銭を渡している。また、両者にある

「渡し」とあるのはおそらくこの「万栄講取立帳」を作成した庄屋自身への支払いではないだろうか。このように、鬮で配当された金銭で多くの負債を支払っている様子が確認できるだろう。

近世後期には万栄講の他に数多くの頼母子講が開催されている。そのため特に幕末期の「八番　裏印鑑帳」には万延年間～明治期に三十七件の「頼母子借用引当証文」（以後「頼母子証文」と呼ぶ）が確認される。これは全質地契約の一割強であって文政期には殆どなく、弘化期頃より徐々に増加している。先述したように頼母子講による質地契約では比較的大きな金銭が借入できるものの、その後も毎座ごとに借用した程度の金銭を払うため、それほど経営改善にはなったとは思えない。ましてや「八番　裏印鑑帳」で確認した「頼母子証文」の契約の半数は家の持高が十石程度の家と村内では上層にあたる。

五馬市村における頼母子講では経営規模の零細家は頼母子講に参加することにより鬮当選金を得ることが可能で、万栄講においては講の掛け金に不足金が生じても庄屋の方で一定の負担を行いながら講を運営している。また経営規模が大きな家の参加により講の円滑な運営が期待され、さらには「頼母子証文」においても割と持高上層の家の契約が目立ち、結果的にはそれらの家が座元の方に融通的意識のもとで質地を出すことになろう。

（二）　村社会における百姓株の維持

五馬市村では近世後期を通じて表1にみられるように家数の数が変わらない。この結果から村社会において一定の互助機能がはたらいていたことが指摘できよう。それは村内において百姓株を調整することで、特に絶家などによる家の減少を村社会はどのように受け止めていたのだろうか。村と家との関連性について藤井勝氏は「農民はそれ（百姓株）を保持することによって村落社会で生きるために所持しなければならない『一軒前』としての資格であり、農民はそれを保持することによって村落の本来の成員となり、共有財産の利用、水利の運営、祭祀集団への所属など、村落生活上不可欠の権利・義務を獲得する」(5)として、村は百姓株を媒介として家を認識しており、百姓株の保持によって権利と義務が附加される。そのため村では百姓株の継承である家の相続などにも一定の関心を払っており、その一場面を紹介したい。

史料二

高七石弐斗八升四合　浅右衛門（加筆　伊右衛門）
一人数五人内　男三人
女弐人
此訳
浅右衛門　五十四　専称寺旦那
四（加筆）病もと　母　四十六
一（加筆）徳蔵（加筆伊右衛門）　倅　十七
二（加筆）しけ　女子　十三
三（加筆）病林吉　倅　六(6)

史料二は文政十一年（一八二八）の宗門改帳における浅右衛門家の記載箇所である。史料浅右衛門には墨消しがされ、筆頭人を記載する箇所と倅徳三には伊右衛門と加筆されている。その他に家族名にも番号が記されている。翌年の宗門改帳には伊右衛門が筆頭人となっていることから、おそらく浅右衛門の死亡に伴う家の相続での相続順位などを庄屋の方で加筆した可能性が高い。不慮の事故か、相続する徳蔵が若年であるのか、加筆した背景はわか

表4　文政期の市左衛門家の別家状況

文政11年　持高7.555（石）7人家族　専称寺旦那	文政12年　持高5.492（石）4人家族　専称寺旦那	持高2.133（石）4人家族
（筆頭人）市左衛門67 （倅）百右衛門36 （女房）ちよ34 （倅）清五郎32 （女房）りき20 （孫）佐太郎3 （倅）吉蔵20	（筆頭人）百右衛門37 （女房）ちよ31 （倅）吉蔵21 （女房）かを20	（筆頭人）清五郎32 （女房）りき21 （倅）佐太郎4 （親）市左衛門68

注）文政11・12年「宗門改帳」（『五馬市村文書』）より作成。

らないものの、宗門改帳にはこのように相続時に順位を記す事例は数例ほど存在し、庄屋などが宗門改帳に相続の順位を加筆するなど、村において百姓株を継承していく家の相続には女性相続を認めるなど一定の関心を寄せていたものと思われる。

実際に家が絶家となった場合に村はどのような対応で家数を保っていたかといえば、一つの手段として、家を二分する別家を行い減った百姓株を補っていた。その一例として市左衛門家の別家を分析していく。市左衛門家は文政十一年の宗門改帳では七人家族で持高は七石五斗五升五合と村内において比較的大きな経営規模の家である。それが文政十一～十二年にかけて家を分ける別家を行い、市左衛門は隠居し、倅の百右衛門と清五郎が新たな筆頭人となっている。形式的には隠居相続のように思えるが、文政八年～九年にかけて同じ村組の女性筆頭人で独り身の二つの家が絶家しており、このことが別家の背景にあるのではないか。

市左衛門が別家するまでの状況を説明すると、文政八年の段階では三人家族であった市左衛門家に翌九年、新たに三人清五郎、吉蔵、「りやう」が加わる。その後「りやう」は帳外となるも、文政十年に「りき」、佐太郎が加わり、表4の状況となる。二家の絶家に前後して市左衛門家では新たに家族が増えており、新たな家族を迎えいれることから別家にむけての対応ではないかと考える。それは別家直前の文政九年には庄屋周平から清五郎に差出した質地契約（史料三）において庄屋との間で合計質地一石三斗を一年限で結んでいるが、直後の文政十年にはその質地の一部を庄屋周平に十年限の質地契約で結ばせることから、これも別家にむけた融通的な意味合いが強いのではないか。

史料三

壱ケ年限質地証文

高の　　本地
一中畑五畝壱歩半　　高五斗五合

のりこし　　本地
一中畑七畝弐拾八歩半　　高七斗九升五合

〆（半印）　代拾九文銭壱貫目也

右は当戌ゟ明亥迄壱ケ年限質地証文

文政九戌年三月

質地主　　周平（印）
請人　新左衛門（印）
同組頭　伝兵衛（印）

栃井　市左衛門(7)

例えば文政九年に事実上手に入れた「のりこし」の土地を直後に庄屋へ質地として出しており、さらに質地の石高を比較すると史料三と史料四の質地石高は同程度であるが、そこで渡される金銭は壱貫と三貫で大きく三倍の差がある。

史料四

拾ケ年限売渡申田畑証文

栃井川ばた　悪地御免

一中田弐拾八歩　高壱斗壱升弐合

同所　下々免

一上田五畝歩　高七斗

のりこし　本地

一中畑七畝弐拾八歩半　高七斗九升五合

〆（半印）代拾九文銭三貫目定

右は当亥来申迄真年十年限

文政十年亥三月

質地主五馬市村　市左衛門（印）

（中略）

村御庄屋　周平殿(8)

村組内で百姓株が二つ減ったことを同組内で別家が可能な市左衛門が実行し、それを庄屋である周平も一定の融通的な援助を意図した質地契約を結んだと考える。本書第八章においても独り身の家が絶家となった場合に別家に

表５　質地契約による土地の循環

文政９年（１年限）※史料３		文政10年（10年限）※史料４
伝右衛門→周平（周平→伝右衛門１貫400目）	市左衛門→周平（１貫目）	
高の　中畑５畝１歩半（５斗５合）	周平→市左衛門	のりこし＋川ばたを質地 市左衛門→周平 （周平→市左衛門３貫目）
のりこし　中畑７畝28歩半（７斗９升５合）	周平→市左衛門	
宮ノ向ひ　上田３畝歩（４斗２升）	周平→伊八（10年限） 伊八→周平（700目）	天保７年周平に戻る 周平→逸右衛門（１年限） 逸右衛門→周平（１貫目）

注）「六番裏印鑑帳」（『五馬市村文書』）を参考。

よって百姓株を継いだ事例を紹介したほか、同様に絶家となった前後に比較的経営規模の大きな家が別家を実施していることから、五馬市村において家が絶家となった場合の対応策のひとつに別家によって家数を維持していたことが確認された。

（三）小結

これまでの検討を受けここでは村社会における互助機能についてまとめていきたい。村社会において家数を保つためには第一に絶家を防ぐことが重要であり、経営破綻を防ぐことを意図し村内では多くの頼母子講が開催されている。庄屋が開催した万栄講では参加費の座料をある程度猶予する事実がみられる。また頼母子講の当選金を先取りする形での質地契約も幕末期を中心に結ばれているが、この契約においては経営に余裕のある家も多数確認でき、経営規模の大きな家は講に参加することで経営零細家の参加を促していたのではないか。また質地契約を通しての土地の循環は複雑で、先ほど史料三・四で検討した別家における融通的な質地契約を見てきたが、その前後を含めた土地の循環を表５から示していきたい。そもそも庄屋と市左衛門との間で循環した質地「高の」「のりこし」はその直前に伝右衛門から庄屋へ一貫四百目で事実上売買した土地の一部である。伝右衛門が差し出した質地は三カ所で、市左衛門と質地契約を行わなかった「宮ノ向ひ」も周平は直ぐに伊八と十年限の質地契約を結んでいる。その後天保七年に受け返し、再び庄屋周平の土地となったものの、また直ぐに周平は村内の逸右衛門と一年限の質地契約を結んでいる。表５のように土地を循環させ、さらに契約にあたって支払う代金は同程度の質地でも金額が異なることから、このように土地を移動させ質地への借入金に差をつけることで各家の経営に一定の配慮を行っていたと思われる。

ただし、百姓成立という視点から考える場合、経営を立て直すことではなく、直接的な援助が必要な場合もある。一つには人的な配慮である。田畑の耕作地を所持していてもそれを耕す労働力がなければ家は傾く。五馬市村宗門改帳では家族人数の少ない家で養子など新たな家族をむかえいれる事例も多くみられる。持高が無い無高の家などは日雇いなどで生計を立てており、まさに絶家と隣り合わせである。このような家などは結局のところ互助にも限界があり、第八章でみたように独り身となっても持高が僅かでもある場合には新たな家族が加わっており適宜に村などが配慮して斡旋していたと考える(9)。それでも独り身や女性筆頭人などの家が絶家となった場合には村及び村組内で家を二分する別家を行うなどの方策や新たな家を興し新百姓として百姓株を継承することもあり(10)、何とか百姓株を保持しようとしていた。つまり、近世後期における村社会として最も重要なのは百姓株の維持であり、むやみに増えることも避けていただろうし、減っていくと残された土地が惣作地となる場合もあり、貢納の負担も考えなければならない。村社会のなかで責任をはたせなくなれば独り身家の多くが数年後村から消えたように、村社会は融通的な世界と反面の顔も持っている。

第二節　伝六家からみた村社会と百姓成立

これまで本章では五馬市村における家数の維持に村がいかにして動いていたかを検討してきた。本節では家と村社会との関係を示す事例を紹介していきたい。本節では特に村で暮らす村人の視線から村社会の様子を見ていくことにする。ここで紹介する事例は伝六家である。伝六家は文化・文政期では、村内において持高も多く文化十四年には持高十三石余と比較的経営の安定した家の一つであった。その後、年貢銀の借用が嵩むなかで庄屋や村組と幾度にも及ぶ質地証文を取り交わし、その場を凌ぐことができた。ただし、天保期には家産の持高が一石未満となり没落してしまう。その後も零落な経営となりつつも家は別家や養子を受け入れるなど行いながら、幕末期まで続いている。当初、借金が膨らむなかで、庄屋をはじめとして、伝六家の所属する村組などは持高以上の石高を質入させるなど融通策を講じながら、なんとか伝六家の破綻を防ごうとする動きを見せている。しかしながら、ある時点で村は共同体としての機能を維持するために、伝六家への融通策を止め、村組などに整理した借財の一部を分配する動きを見せていくのである。(11)

(一)　近世後期における伝六家

はじめ伝六家の文化・文政期にかけての家の様子を概観していく。宗門改帳から文化期の伝六家の様子を見ていくことにしたい。五馬市村において残存するなかで最も古い宗門改帳の文化七年（一八一〇）の伝六家は史料五に示す通り、伝六と弟の豊吉、母親の三人暮らしであった。

史料五

高五石弐斗五升壱合　伝六
一人数三人内　男弐人
女壱人
此訳
伝六　三十　専徳寺旦那
弟　豊吉　弐十七

病人　母　六十六[12]

その後文化九年には養子と思われる新吉（七歳）が新たに記載されている。さらに文化十四年の宗門改帳には豊吉が伝七と改名し、翌年の文化十五年（一八一八）には伝六家から弟・伝七が母親を伴って別家している（史料六）。

史料六

高三石九斗八合　伝七
一人数弐人内　男壱人
女壱人
此訳
伝七　三十四　専徳寺旦那
病　母　あき　七十四

高九石九斗九升七合　伝六
一人数内　男弐人
伝六　三十八　専徳寺旦那
倅　新吉　十三[13]

文政八年（一八二五）になると伝六家には新たな家族である「いし」、「ふて」の女性二人が記載されている。宗門改帳には、伝六との続柄が母いし（六十歳）、妹ふて（三十五歳）と記載されているが、この二人がどこから来たのかは不明である。しかしながら、暫くすると二人とも家から消えている。「ふて」は文政十一年（一八二八）、「いし」は天保六年（一八三五）を最後に宗門改帳から帳外となった。

文化〜文政期にかけて伝六家の様子を見てきたなかで、大きな出来事に別家という事実が確認される。後年、伝六家の経営が破綻となり別家を行うものの、この文化十四〜十五年にかけての別家は本章第一節で検討した百姓株を保持するための別家ではないか。文化十五年には同じ村組内の二人家族で持高五斗と零細経営の兵蔵家が宗門改帳を帳外となっており、絶家したものと思われる。そのため伝六家の別家は残された百姓株を引き継ぐために別家を行ったと考える。

次いで伝六家の経営状況についてみていきたい。文化期頃にかけて伝六家では複数の質地契約が確認され、質地契約の様子として表6に示している。文化期のはじめは「宛人」として質取主での契約が連続しているが、文化十四年以降は質地を差し出す方の質入主となる。文化期以前に伝六家の質地契約は享和期の一件のみで、質取から質入への急な転換については不明であるが、おそらくこの時期すでに伝六家に何らかの異変が生じていたのか。例えば文化十二年の質地契約表6③では作右衛門が合計一石九斗二升を質地に差し出しているものの、伝六が渡した代金は僅か六百文である。また表6の⑤では村組が一年限の質地契約において質地高四石余を伝六家へ移動させているものの、この契約でも伝六が払う代金は七百文と、例えば表6⑥で結んだ契約で伝六が一斗を質地として庄屋から一貫四七〇文の借入金を渡されており、このような一連の契約自体が伝六家にとって非常に有利であり融通策の一環ではないだろうか。伝六家において宗門改帳ではわからないものの、すでに文化末期の時点で静かに家の経営危機は進んでいたと考える。

また、文政八年に伝六家に入家した二人の女性の存在であるが、「いし」は経営破綻が表面化した天保六年に帳外となっており、この理由は家の経営破綻等が理由ではないかと推測するが、「ふて」についてはどうであろうか。「ふて」は文政十二年に帳外となっているが、この女性二人が家に入った理由に村が伝六家の経営を立て直そうとして斡旋したのではないか。

天保期に入り伝六家ではいよいよ経営破綻の危機を迎えることになる。そもそも伝六家の家産である持高は村内において上層であった。文化期の別家後も、目に見えない借金は膨れていたものの、文政期においては七石~九石所持している。しかし天保六年(一八三五)の宗門改帳において持高が「壱石壱斗三升五合」と激減した。同様に分家した弟の伝七家も同時期、持高は二石程度に減少している。さらに、伝六家の持高は翌年の天保七年には「六石弐斗弐升七合」と一旦は増加し記載されるものの天保末期の宗門改帳では持高「三斗七升四合」と事実上経営が破綻する。文化期より天保期にかけて伝六家の経営破綻がどのように起きたのだろうか。次項では伝六家の経営破綻の原因と、その経営に村社会がどう関連するのか検討していきたい。

(二) 伝六家の経営状況

ここで改めて伝六家が取り結んだ質地証文の分析から行いたい。表6は伝六家の経営が破綻する直前の時期にもあたる文化・文政期の伝六家の質地証文を「六番　裏印鑑帳」からまとめたものである。まず表6の文化十四年までは、川原組を中心として質地契約を伝六家と取り結んでいるが、先述したように、この事実は決して伝六家の経営に余裕があるわけではない。文化十四年を境にして急に伝六家は土地を質入するようになる。おそらく、これらの質地が意図することは、伝六家へ貸付けた形式を取っているが事実上融通策であって、村及び村組の融通として質地証文を作成し、複雑な契約を行うことで安価な代金と引き替えに土地の一部を伝六家へ戻しているのではないだろうか。その証拠に表6④では栃井組の勇助と質地契約を質取人として結んだものの、その後質地証文の期限が

表6　文化・文政期の伝六家の質地契約について

質地証文	本主（借主）	宛人（貸主）	質地高	年代	備考
①十五ヶ年質券証文	伝左衛門	伝六	7斗	文化8	
②十年限質券畑地証文	平太郎	伝六	5斗1升	文化11	
③十ヶ年限質券畑地証文	川原組作右衛門	川原・伝六	1石9斗2升	文化12	
④拾五年質券証文	栃井組・勇助	川原・伝六	2斗7升	文化13	受返→天保2年勘蔵
⑤壱ヶ年限田地証文之事	川原組・組合中	川原・伝六	4石6斗3升6合	文化13	
⑥元銭返拾ヶ年限申質券証文之事	伝六	庄屋・周平	1斗	文化14	受返→文政10年忠兵衛
⑦壱ヶ年限元銭返田地証文之事	新城村・諌吉	伝六	3石2斗9升5合	文化15	
⑧元銭返拾ヶ年限質地証文之事	伝六	新城村・茂兵衛	3石2斗9升5合	文化15	
⑨元銭返拾ヶ年限質地証文	伝六	庄屋・周平	1石4斗5升	文政5	小作利上1ヶ年160文宛
⑩五ヶ年限質券畑地杉山証文	伝六	庄屋・周平	2斗8合	文政5	
⑪元銭返拾ヶ年質地証文	伝六	忠兵衛	1斗	文政10	⑥受返
⑫拾ヶ年限質地証文之事	伝六	新城村・勘助	3石2斗9升5合	文政11	

注）「六番裏印鑑帳」（『五馬市村文書』）より作成。

来ると、勇助に土地が戻るもののその土地の質券を勇助は八久保組の勘蔵へ渡している。再び伝六へと土地が戻り、天保二年に伝六はその土地を勘蔵へ売り渡している。

また表6⑥の証文は庄屋・周平と結んだ証文である。今度は質入主という立場であるが、期限が切れると庄屋から新たに忠兵衛へ証文が渡る受返しが行なわれている。さらに伝六家の苦しい経営状況が表6⑦・⑧からみえてくる。表6⑦は新城村の諌吉が伝六と三石余の土地を質地契約している。これも融通策の一環ではないだろうか。なぜなら、表6⑧では、⑦で得た土地を直後に新城村の茂兵衛と質地契約し事実上土地を手放している。まさに自転車操業的な経営である。その後、この質地証文の期限が来た文政十一年、この土地が再び表6⑫として、新城村の勘助との間で質地契約が行われている。この質地契約では茂兵衛・勘助いずれも新城村の村人であり、契約をめぐって新城村内で茂兵衛と勘助との間で何かしらの動きがあったかもしれないがともかく、伝六家において文化・文政期より質地証文の作成が頻発し、村の融通策から経営破綻を乗り切っていた。その融通策が施されていた伝六家への庄屋の対応をめぐる史料を掲げておこう。

史料七

去ル文政十二丑年五馬市村庄屋周平ゟ同村伝六江拾九文銭拾八貫目預り書差出宜右預り銭之内勘定向之儀ニ付、伝六ゟ願書差上候段会所迄申出右様御立入内納被成下候得共、最早年久敷儀ニ付、双方申勘定突合兼候儀茂有之、右様御取扱を以此度拾九文銭六貫五百目丈周平ゟ差立預り書引戻し内済仕候、然上ハ右銭之儀ニ付此以後毛頭願筋無御座候、勿論両人共諸勘定一才相済出入無御座候、且双方熟談之上納跡仕和融内済仕候上ハ向後意趣遺根等無之、諸事睦間敷百姓出精可仕候、依之済口連印書附差出置候処如件、

五馬市村庄屋　周平（印）
同村百姓　伝六（印）

天保六年未六月

同村同人弟　伝七（印）
組頭　伊吉（印）
取扱人出口村庄屋弥惣治（印）

取扱人　藤山貫平殿
御会所　秋原村奥五郎殿
桜竹新三郎殿
前書之通和談内済いたし候処相違無御座候ニ付、済口書付十六貫奥書致印形一通宛双方ニ相渡置申候已上、
会所詰　桜竹新三郎（印）
同断　藤山貫平（印）
同断　出口弥惣治（印）
五馬市村庄屋　周平殿(14)

史料は天保六年に取り交わされたものであるが、史料から文政十二年に周平から伝六へ十八貫目の預り書を差し出し、その勘定向について伝六から差出した願書を会所が確認したとあるが、「年久敷」と時間が経っており、当時の双方による勘定の付け合せが出来ないことを述べたうえで、この度周平から伝六へ六貫五百文の預書を戻すとする内済を取り交わしている。史料に記載されたことが事実であるならば、文政十二年において庄屋周平は伝六家へ十八貫目にも及ぶ金銭を伝六へ貸付していることになるが、会所による内済を取り交わした背景として伝六家への融通的事実を曖昧にしたことが露見し、村内で対応について不満が生じたのかもしれないが詳細を得ない。ただし双方の勘定をつき合わせることが困難であるとし、内済するように取り決められている。これら真相はわからないものの結果として伝六家に金銭的援助が施されたのではないか。しかし、このような一種の融通策も根本的解決を導くものではない。

（三）　村社会の決断

文化～文政期の伝六家の状況を確認してきたが伝六家の経営が逼迫しているなかで、村社会は伝六家への融通策を講じてきた。そうして表6において取り交わした質地契約の期限が迫る天保期末に村は決断をしたのである。史料八では、それを「伝六ヶ人落ニ相成」と表現している。伝六家の家産を負債返済に充てることを村社会は決断し、家産の分配を話し合っている。

伝六家が経営の破綻に追い込まれる原因については不明であるが、このような一連の融通策をみると伝六家の家格が特別であったことが窺える。文化期頃には同じ村組である川原組の村人を中心に伝六家において何とか経営を立て直してほしいと、伝六へ土地を譲渡するような質地証文を取り交わしている。まさに組内の互助機能というべき融通策であろう。しかし、その後も伝六家の経営は持ち直すことなく、次々と質地契約を結ぶ状態に陥っていた。天保期には庄屋・周平による伝六家への貸付などが明るみとなるなか、村を運営する庄屋としてもこれ以上は放置できないと考えたのではないか。とうとう伝六家は村による指導のもと経営を破綻させてしまう。それでも、破綻後において村内で暮らし続けており、家は存続することになり、辛うじて百姓成立として居住権までは奪われなかった。史料は天保十一年（一八四〇）の御用状留から伝六家の経営破綻と家産分配をめぐる取り決めの様子を示したものである。

史料八

　　惣村立会極書之事

一、高八石三升七合　当子迄伝六　持分

　　此訳

五石七升五合　川原組ゟ質物之分此節差返ス極メ
五斗四升七合　下駄組ゟ質物之分右同断
五升　　栃井組江返ス
壱斗三升　　川原組伝七江戻ス
是は、伝六ゟ人落ニ相成、此節調見候処相違無御座候、
六斗　　八久保組勘蔵江売渡ス分、
四斗九升八合　本組吉兵衛へ売渡ス
七升　　下駄組源兵衛ニ売渡ス
売渡候田地残高此節可入候事、
　〆七石六斗六升三合
　残高三斗七升四合　当子年ゟ伝六持高ニ成、
右之通、伝六所持致候処、年々御上納銀相滞、当月迄之〆辻丁銭六拾三貫七百四拾三文有之候処、伝六倅新吉
何分返済方出来不申、右高所持致居候而ハ、後日村方迷惑ニ相成候間、此節惣村立会之上、高書面之通、取計
仕候処、相違無御座候、仍而村方惣代立会人加判仕、差出置候処如件、
天保十一子年四月十一日　五馬市村　山口　利右衛門（印）
下毛品右衛門　目の平三郎　上ミ元右衛門　宇土要助　川原正右衛門
川原伝七　同善右衛門　同由右衛門　八久保勘蔵　下田安右衛門
組頭源兵衛　同伝兵衛　同平右衛門　同逸右衛門
同村庄屋　信作殿(15)

史料の前半箇所をみると、各面々への家産分配が行われ伝六家が年貢銀「六拾三貫」余を滞納し膨大な借金に膨らんでいることがわかる。天保十一年段階では家の持高は「七石六斗六升三合」とあり、分配された田畑の石高と数値が若干ずれているが文化・文政期において、伝六が属する川原組を中心に村内で何度も質地契約を行っていたことがわかる。

伝六家の負債問題をこのまま放置しておくと後になって村内で大変なことになると判断され、伝六家の八石余あった家産である持高は僅か「三斗七升四合」へと激減し経営が事実上破綻した。そのことを村中の立会によって決定したのである。その後、伝六家は嘉永三年（一八五〇）に隣村の塚田村から新吉、「たき」福太郎、「みや」の四人家族を迎え入れ、翌年には「別家と相成候、家改」[16]と宗門改帳に記載され倅の新吉と分家している。独り身となった伝六は嘉永七（一八五四）年に死亡し絶家となったものの別家した新吉家は幕末まで村で生活している。

おわりに

本章では村社会における百姓成立について近世後期を通して殆ど変わらない家数に注目し、村社会がいかにして対応していたのか検討してきた。庄屋をはじめ村内には複数の頼母子講が催されているのも各家の経営の一助と考えたものと思われる。そのなかで村社会は質地契約による土地の移動をはじめ、契約において渡す借入金の調整による融通的な質地契約を取り交わすこともあった。ただし家産もなく独り身となった者の多くが数年で村から消えるように、村における融通策も限界があり、絶家となった場合にその対応として別家という手段を用いた。これは同じ村組の家が隠居相続などの分家の形式を用いて絶家となった家の百姓株を引き継ぐわけだが、別家する家は残された家産を取り込むなど、村は一定の配慮をしていた。また村社会における互助機能として村に在所する寺院の役割も重要であり、その点については次章で検討したい。

百姓成立をめぐる家と村との関係では村社会の意志を検討するなか融通策とその後の経営破綻という伝六家を事例に取上げた。近世後期において負債を重ねるなか融通によって経営が維持されてきた伝六家であるが、ついに村は伝六家の家産を処分することを決めた。これにより伝六家は経営を破綻させたものの、その後も村で暮らす百姓成立は何とか許された。伝六家のように庄屋や村組から厚く融通策を施される家もあり、その家の家格や伝六家における村での歴史・伝統などが融通の許容を大きくしたことになろう。それでも村社会がこれ以上は無理だと判断して、直ちに経営を破綻させたのである。ただし伝六家はその後も居住し続けており、第八章で検討した多くの独り身の場合と対応は異なる。独り身で絶家となる家の多くは百姓成立を村社会によって否定され村社会から消えていくわけである。家と村社会との関係は決して融通のみではなく百姓として村社会で責任をはたすことで互助されるる。

大塚英二氏によって分析された報徳仕法や領主仕法などでは農村の荒廃を防ぐことへ一定の効果があったことを指摘している[17]。まさに高利賃資本の村内への侵入とそれを様々な「共同体内部の活動」で防ごうとするこのような活動こそが融通意識の現われであるとするならば、五馬市村において百姓株を維持し家数を減らさないという村社会の動きも、融通策の一つであろう。村社会は融通策を講じる条件として百姓成立が可能であるかどうかを判断していた。

（注）

（1）深谷克己『百姓成立』塙書房、一九九三年。

（2）大塚英二氏における村融通研究では、以下の著書・論文を参考にした。（大塚英二①『日本農村金融史の研究—村融通制の分析』校倉書房、一九九六年。大塚英二②「質地戻し・土地戻しと『家』・村共同体」藪田貫編『民衆史運動3』青木書店、二〇〇〇年。大塚英二③「豪農経営と地域金融秩序」『歴史評論』六一一、二〇〇一年。）

また、村融通に関する研究論文では以下の論文を参考とした（落合延孝「近世村落における贈答慣行と融通—碓氷郡東上磯部村の事例を通して—」『群馬大学教養部紀要』二二、一九八八年。佐藤常雄「潰百姓賄の構造」『信濃』三二の八、一九八〇年。舟橋明宏「村再建にみる『村人』の知恵」渡辺尚志編『新しい近世4』新人物往来社、一九九六年）。

無年季質地証文の分析については以下の著書を参考とした（白川部達夫①『近世質地請戻し慣行の研究』塙書房、二〇一二年。②『日本近世の村と百姓的世界』校倉書房、一九九四年。神谷智『近世における百姓の土地所有』校倉書房、二〇〇〇年）。

（3）報徳仕法に関しては様々な研究が存在するなかで、以下の論文を参考にあげておきたい。（大藤修①「関東農村の荒廃と尊徳仕法」『史料館研究紀要』十四、一九八二年。大藤修②「戦後歴史学における尊徳研究の動向」二宮尊徳誕生記念事会編『尊徳開顕』有隣堂、一九八七年。）①②の論文は次の大藤氏の著書に所収されている。大藤修③『近世の村と生活文化—村落から生まれた知恵と報徳仕法』吉川弘文館、二〇〇一年。

大塚氏は（註2）大塚①（「第六章近世後期北関東における小農再建と報徳金融の特質」）において、報徳金融による救済対象を中間層とし零細な「家」に対しては夫食米による最小限の救済と村内の居付権を認められていたと紹介され、大塚氏が指摘されるように零細な家に対する救済には質地証文からの土地循環ではなく直接的な保護が重要であるとして、それぞれの階層における融通の重要性を述べている。

（4）本書第五章（第一節）においても一部紹介している。

（5）藤井勝「近世農民と家父長制」比較家族史学会監修『家と家父長制』早稲田大学出版会、一九九二年。

（6）「文政十一年宗門改帳」（『五馬市村文書』別府大学附属博物館所蔵）。

（7）「六番裏印鑑帳」（『五馬市村文書』別府大学附属博物館所蔵）。

（8）「六番裏印鑑帳」（『五馬市村文書』別府大学附属博物館所蔵）。

（9）本書第八章（表3）をみると、独り身となった場合、数年で村から消えているものの、家産がある家では新たな家族が加わり独り身という絶家の危機から逃れるケースが多い。

（10）村内において新たな新百姓を迎えいれ百姓株を引き継ぐ事例については次章において検討していく。

（11）伝六家の経営規模は村内上層であったが突出していたわけではないが、有力農民の潰れにおける村社会の対応として大塚英二氏による「有力農民の『潰れ』と相続」（大塚前掲（注2①）を参考とした。

（12）「文化七年宗門改帳」（『五馬市村文書』別府大学附属博物館所蔵）。
（13）「文化十五年宗門改帳」（『五馬市村御文書』別府大学附属博物館所蔵）。
（14）「覚」（『五馬市村文書』別府大学附属博物館所蔵）。
（15）「天保十一年御用留帳」（『五馬市村御文書』別府大学付属博物館所蔵）。
（16）「嘉永三年宗門改帳」（『五馬市村御文書』別府大学付属博物館所蔵）。
（17）大塚前掲（注2）参考。

（第九章補論）村社会における寺院と厄介の出現

はじめに

本章は第九章「村社会における『百姓成立』」の補論として、村社会の互助機能を村に在所する寺院の役割から検討していきたい。近世村落における寺院についてはこれまで寺院自体の持つ社会的機能についての分析が行われ、多くの研究蓄積から寺院が村の運営において重要な役割をはたしていたことが明らかになっている。一例を挙げると、斉藤悦正氏によって近世社会における寺院の社会的な機能として入寺慣行や紛争調停に関する寺院の関与について分析が進められている。(1) また、佐藤孝之氏は入寺のなかでも出火における駆け込み慣例の事例から、寺に駆け込むまでの過程や背景について詳細に考察されている。(2) これまでの研究蓄積において村の寺院が村内の秩序維持に一定の役割を担っていたことが明らかになりつつある。さらに、寺院には公権力とは異なる力量の働く空間であり、それらの影響力が村の秩序維持に安定をもたらしていただろう。本章は第九章で説明出来なかった村内の家数を保つための方法のひとつ、新たな百姓をむかえいれるにあたり寺院がはたした役割を説明しながら五馬市村における村社会の互助機能を示していきたい。

本章で検討する寺院は五馬市村内に所在する専称寺という寺院である。『天瀬町誌』(3) によ

表１　宗門改帳にみる五馬市村内の檀家寺の割合

浄念寺	光明寺	西林寺	長福寺	広円寺	照蓮寺	専徳寺	浄満寺	専称寺
真宗	真宗	真宗	真宗	真宗	真宗	真宗	真宗	真宗
出口村	芋作村	万々金村	中城村	竹田村	竹田村	玖珠郡 山浦村	竹田村	五馬市村
5軒	7軒	20軒	2軒	7軒	3軒	1軒	1軒	60軒

注）「弘化五年宗門改帳」（『五馬市村文書』）を参考。

れば、専称寺の開創は永正十二年（一五一五）で、本尊は阿弥陀如来とされ、小田了称により開山している。当初は五馬市村ではなく隣村の桜竹村に在所していたが、六世の時代に寺院が焼失し、それを期に五馬市村に移転し再建したという。五馬市村の明細帳には「豊後国玖珠郡小田村万徳寺末寺」とあり、享保十年には寺院の概観として「専称寺　五間半　七間、茅葺、庫裏　二間半　六間　同断（茅葺）」とある。[4] 五馬市村及び奥五馬筋の七ケ村はすべて真宗の寺院の門徒であり、表1には弘化五年の宗門改帳より五馬市村における各家の門徒の割合を示している。村内では他村の寺院を旦那寺としている家もあり、その家の出自にも関係するものと思われる。そのなかで専称寺の門徒である家が村全体の半数を越えている。さらに廣瀬淡窓が旅のついでに何度も専称寺に立ち寄っていたことが廣瀬淡窓の日記などから確認され、日田の町とも何らかの親交が存在していた。[5] これまで専称寺においては寺院としての役割のひとつである出火の際に火元の村人が駆け込んで謹慎し救済を乞う入寺慣行の事例も存在する。[6] また寺院が村人どうしの揉め事を仲裁するなど従来進められてきた寺院としての社会的機能も確認できる。[7]

本章では特に村の寺院による百姓成立への互助における役割について検討していくものである。宗門改帳には天保期を過ぎた頃から、従来筆頭人との続柄ではみられなかった「厄介」という記載が現れ、その記載は幕末期まで続く。しかも、厄介という記載のある名前の村人の多くは寺院に所属している。この厄介と呼ばれる者の存在を明らかにしていき、村内における寺院の社会的機能について考えていきたい。

第一節　専称寺と村社会

天保末期弘化期より五馬市村宗門改帳には「厄介」と記載される者が寺院などを中心に出現してくる。そこでまず天保期以前における文化・文政期より寺院の様子を確認していきたい。文化七年（一八一〇）の宗門改帳には専称寺の住持である「尭寛」、坊守「ゑみ」、倅の「皆乗」とその母と四人で生活していた。その後、文化八年～九年にかけて尭寛の名前が宗門改帳から帳外となっているが、文化七年に六十六歳であり年齢的なことを考慮すれば死亡した可能性が高い。新たに専称寺の住持に就いた皆乗であるが就任後、大きな出来事が二つ起こる。一つは文政五年（一八二二）に寺院の坊守であった「ゑみ」の名前に貼紙がされ、「まつ」という名前が記されている。

史料一

高八石三斗壱升壱合　皆乗
一人数四人内　男三人
　女壱人
此訳
皆乗　三拾六　専称寺住持
坊守
まつ　拾八
堯寛　拾四
茂　弐ツ(8)

史料一にはその様子を示しているが、その際新たに尭寛と茂が加わっており、この二人はどのような経緯で専称寺に来たのかは分からないものの、先代の住持である「尭寛」の名前を継いでいることから、尭寛が皆乗の次の住持となる可能性が高いわけである。しかしながら尭寛は皆乗の突然の隠居によりその後、口五馬筋の赤岩村の寺院へ養子に入っている。文政七年の宗門改帳に皆乗は隠居という記載が付され、翌年の宗門改帳では持高が「六斗五升」と記載されている。その背景として史料二にあるように先代の尭寛から住持を継いだ倅の皆乗が文政八年に隠居しており、文政八年前後において専称寺の住持が交代している。

史料二

玖珠郡小田村満徳寺末寺日田郡五馬市村専称寺住持皆乗儀近来仏前向不得ニ相成候ニ付、京都本山表ゟ隠居差控へ相慎罷在候段被申付、依之専称寺門徒中相談之上触頭大分郡森町村専相寺弟子蜜賢与申僧を以看取相勤度

奉存候間、何卒御願之通御聞済被下置候様奉願上候、右願之通被為仰付被下置候ハヽ、難有奉存候、以上[9]、

史料二は庄屋の備忘した書類に記されていたが、隠居の理由として皆乗が仏事を出来なくなったとあり、代わりに蜜賢という僧侶が寺院の住持に就いている。文政八年ではこれまで「専称寺住持」という記載が「専称寺旦那」と記載されていることから村ではこの前後に皆乗から蜜賢へと専称寺住持が交代したのだろう。寺院の選定には村の影響力が大きいことは斉藤悦正氏も指摘しており、何らかの理由で「仏前向」が出来なくなり、代わりの住持については村人によって相談されている。

文政九年に新しい住持である密賢が就任し専称寺に入っている。その後、隠居した皆乗は名前を「良民」と改名し、天保六年までは寺院内に留まっていた。その後については詳細を得ない。先述したように、文政十年（一八二七）には倅の尭寛は赤岩村の玉泉方へ養子に送り出されている。

史料三

高十石四斗二合　密賢

一、人数五人内　男弐人

表２　各年代における厄介の変遷

年代	厄介	厄介所属家（持高・筆頭人）	年代	厄介	厄介所属家（持高・筆頭人）
弘化２年	三代吉	5.023（石）伊平	嘉永５年	銀吉	13.733（石）信作
〃	伸吉	15.72（石）忠兵衛	〃	とき	10.599（石）密賢・専称寺
〃	なつ	15.72（石）忠兵衛	〃	やつ	10.599（石）密賢・専称寺
〃	伝蔵	1.96（石）ふさ	〃	弥助	10.599（石）密賢・専称寺
〃	はつ	2.489（石）喜左衛門	〃	なつ	14.731（石）忠兵衛
〃	えと	11.716（石）密賢・専称寺	〃	しつ	5.722（石）逸右衛門
〃	ゆき	11.716（石）密賢・専称寺	〃	喜作	5.722（石）逸右衛門
〃	茂市	11.716（石）密賢・専称寺	嘉永６年	とめ	18.528（石）信作
弘化４年	銀吉	14.338（石）信作	〃	とき	11.674（石）蜜賢・専称寺
〃	三代吉	5.023（石）伊平	〃	やつ	11.674（石）蜜賢・専称寺
〃	伸吉	15.29（石）忠兵衛	〃	弥助	11.674（石）蜜賢・専称寺
〃	なつ	15.29（石）忠兵衛	〃	なつ	16.811（石）忠兵衛
〃	はつ	2.389（石）喜左衛門	〃	みせ	12.881（石）新兵衛
〃	とき	11.715（石）密賢・専称寺	嘉永７年	とめ	14.3434（石）謙平
〃	茂市	11.715（石）密賢・専称寺	〃	みつ	10.599（石）勝信・専称寺
弘化５年	伸吉	15.29（石）忠兵衛	〃	やつ	10.599（石）勝信・専称寺
〃	なつ	15.29（石）忠兵衛	〃	なつ	10.599（石）勝信・専称寺
〃	とき	10.116（石）密賢・専称寺	〃	みせ	14.181（石）源左衛門
〃	銀吉	13.879（石）信作	安政３年	弥助	12.874（石）勝信・専称寺
〃	とめ	13.879（石）信作	〃	仁平	12.574（石）吉兵衛
〃	三代吉	5.023（石）伊平	〃	なつ	15.467（石）忠兵衛
嘉永２年	銀吉	12.648（石）（信作）	〃	みせ	14.182（石）源左衛門
〃	とめ	12.648（石）（信作）	〃	とめ	17.568（石）謙平
〃	とき	14.399（石）密賢・専称寺	安政５年	とめ	15.692（石）謙平
〃	佐平	14.399（石）密賢・専称寺	〃	弥助	12.874（石）勝信・専称寺
〃	ゑと	14.399（石）密賢・専称寺	〃	亀助	15.705（石）源七
〃	ゑつ	14.399（石）密賢・専称寺	〃	なつ	15.367（石）忠兵衛
〃	やつ	14.399（石）密賢・専称寺	安政５年	みせ	14.183（石）新兵衛
〃	伸吉	11.86（石）忠兵衛	安政７年	とめ	14.778（石）謙平
〃	なつ	11.86（石）忠兵衛	〃	亀助	16.285（石）源七
〃	喜作	6.221（石）忠兵衛	〃	なつ	15.046（石）忠兵衛
嘉永３年	銀吉	14.959（石）信作	〃	新助	14.183（石）新兵衛
〃	とめ	14.959（石）信作	〃	喜三治	4.879（石）喜左衛門
〃	とき	15.599（石）密賢・専称寺	〃	亀次郎	5（石）官平
〃	佐平	15.599（石）密賢・専称寺	〃	善六	7.857（石）源兵衛
〃	ゑと	15.599（石）密賢・専称寺	〃	松之助	5.755（石）丈右衛門
〃	ゑつ	15.599（石）密賢・専称寺	文久２年	亀助	15.644（石）源七
〃	やつ	15.599（石）密賢・専称寺	〃	新助	14.183（石）新兵衛

〃	弥助	15.599（石）密賢・専称寺	文久２年	松之助	5.755（石）丈右衛門
〃	伸吉	11.66（石）忠兵衛	文久４年	新助	16.1（石）新兵衛
嘉永４年	銀吉	13.733（石）信作	〃	松之助	5.855（石）丈右衛門
〃	とめ	12.874（石）密賢・専称寺	〃	久市	14.983（石）常右衛門
〃	とき	12.874（石）密賢・専称寺	〃	やえ	10.599（石）法渓・専称寺
〃	佐平	12.874（石）密賢・専称寺	〃	銀蔵	10.599（石）法渓・専称寺
〃	ゑつ	12.874（石）密賢・専称寺	慶応４年	みつ	7.742（石）丈右衛門
〃	ゑと	12.874（石）密賢・専称寺	〃	久市	13.699（石）常右衛門
〃	やつ	12.874（石）密賢・専称寺	〃	亀助	11.514（石）源七
〃	弥助	12.874（石）密賢・専称寺	明治２年	みつ	7.742（石）丈右衛門
〃	なつ	12.874（石）密賢・専称寺	〃	久市	13.699（石）常右衛門
〃	喜作	6.403（石）逸右衛門			

注）残存する各年代の「宗門改帳」を参考に作成（弘化2･4、安政5･7、文久４年は『五馬市村森家文書』大分県立先哲史料館所蔵）（弘化５、嘉永２～７、安政３、文久２、慶応４、明治２年は『五馬市村文書』別府大学附属博物館所蔵）。

女三人
此訳
密賢　五十七　専称寺住持
坊守　ゑし　四十三
病　勝信　二十四
娘　ふさ　十八
ゑと　九[10]

その後、蜜賢が専称寺の住持となり、その間に新たに「勝信」なる人物が寺院に入っている。勝信はその後住持となるため蜜賢の後継者として入寺したものと思われる。このように史料三は天保期の専称寺内の状況を示しているが、天保末期より寺院内には厄介と記載された者が寺院を含め複数確認されるようになるが、天保期以前で専称寺において厄介と記された者は見受けられない。ここでは文化～天保期にかけての専称寺の状況をみてきたが、住持の交代は確認されたものの、この間寺院内には寺族以外に記載された者はいない。では次節において厄介と呼ばれる村人が出現する背景やその様相を考えていきたい。

第二節　村社会と厄介

（一）厄介の登場

本節では宗門改帳に記載された厄介について、その出現の要因を考えていきたい。まず、厄介についての語句の説明から行いたい。『事典家族』では厄介について、「同居の傍系家族や縁故の非血縁者で扶養されている者。居候や食客と同意。近世の公式文書には家長某の厄介某と書かれ、多くは家長の弟・オジ・オバなどが該当する。他家へ婚姻や養子などで出た者が不縁により生家に戻った場合も肩書きとして使用された。迷惑をかける存在として家父長的な家族のなかで冷遇され、社会的にも蔑視される立場にあったが、彼らの労働力が家の経営や存続に大きく寄与していた側面を見落としてはならないであろう」[11]という説明がなされている。また大藤修氏は、「跡取り以外の子女が何らかの理由で成人後も生家に留まらざるをえなかったときには、家内では厄介として位置づけられ、死後は「無縁仏」として扱われる」と述べておられ、厄介と呼ばれる者は家の当主からみてオジ・オバ、甥・姪などの親類であって、さらに一度養子や婚姻で生家から離れた者が戻ってきた場合にも厄介と呼ばれている。このように厄介と呼ばれる者には家のなかで労働力としての期待はあるものの冷遇される存在として認識されている[12]。五馬市村の宗門改帳では、天保末期から弘化期にかけて宗門改帳から厄介という記載が見受けられるようになるものの、厄介と記載が始まった後もオジ・オバ等とは別して記載され、さらに年季奉公などで一時的に家に属する場合の肩書きの「下男・下女」とも記載を分けており、厄介には特別な理由が存在するものと考えられる。その厄介が専称寺を中心に村内には天保期以降、毎年数人程存在している。

五馬市村の宗門改帳で初めて厄介が確認されるのは天保十五年の宗門改帳から現存する最後の明治二年までであ

るが、天保十五年の段階において正式に厄介とは記載されてはいない。宗門改帳が完成した後に貼紙を張っており、そこに厄介を記載したようだ。そこで最初に弘化二年から明治二年までに及ぶ、五馬市村の厄介の様子を確認したい[13]。表2をみると、弘化二年より明治二年まで年次により多少のばらつきはあるものの厄介は男女の別なく毎年村内に幾人か存在しており、そのうち厄介の大半は寺院内に属している。また寺院以外で村内にいる厄介の殆どは家の持高が十石以上という五馬市村では比較的経営規模が上層な家に属する傾向にある。

（二）「厄介」出現の背景

なぜ天保末期において村社会では厄介と呼ばれる者を記載しなければならなかったのだろうか。最初に厄介の記載が確認されたのは天保十五年の宗門改帳である。そこには厄介と記載された村人は宗門改帳のなかでは貼紙がされている。このことから宗門改帳が完成して暫く経ってから庄屋が厄介を付け加えたのである。その理由として日田役所が出した宗門改帳の記載についての法令が大きな影響を与えているのではないか。天保十五年に日田役所から出された法令を確認していこう。

史料四

申渡

一村々人別改方近年猥ニ相成、巨細取調方之儀、去卯年被　仰出猶亦当正月中申渡候次第之儀有之候処、村役人共等閑ニ相心得候哉、改方不行届候間、此度取調之上左之通申渡候、

一家内与唱倅并弟等別家いたし竈行別れ候而義、父兄之家内人数へ入差置又ハ他家ゟ参り住居いたし候者、百姓株ニ不相立株親与唱右株親家内人数ニ差加置候村方も有之、右躰之儀は無之筈ニ候間父親ゟ家内人数金候

分ニ而も、全ク同居之無之別竈有之、住居いたし候者ハ以来壱軒之積相心得事実之取調いたし差出可申候、

一他家抱之名目ニ而主人同居不致居小屋別ニ有之候もの五人組相立決百姓之通相心得名前之肩書江誰家抱与相しるし可申候、

一下女下男之儀是迄召抱候もの家内人数ニ不差加村方も有之右は私領之者又は他村之者ニ而茂奉公中は召抱候もの人数ニ差加可申筈ニ付たとへ壱ヶ年限之奉公人候共先方ゟ掛合之上送書付取之人別ニ差加へ□［虫損］其段改書いたし且奉公ニ差出候村方ニ而は人別相除外書ニ相認差出追而帰住いたし候ハバ、人別入可致旨相抱し置可申候、

一人別ニ加リ候村方ニ居住不致他村ゟ引移リ罷在候もの、元居村江早々為立退可申、若当時之村方ニ住居いたし□［虫損］心底ニ候ハバ先方村役人与掛合書付取之人別ニ差加へ元居村之方ニ而は人別相除差出可申候、

但、御料所ゟ私領村方江家内一同引移リ人別は御料所之方江差加へ置候もの右之趣相聞右躰之類は早々引戻可申候、若難引戻子細有之は其段訴出差図請可申候、

一他方ゟ入縁ニ参り其所住居いたし度存念ニ而出生国所相分請人書之慥成ものニ候ハヽ、人別ニ入申ニ付、壱人ニ而も人別帳外之もの差出申間敷候、

一出生之男女始婿養子或は縁付離縁受、立帰リ候もの等、前年改後出来候ハヽ人別相除翌年人別帳ゟ差加其段改書いたし可差出候、

一縁付候もの又は欠落帳外之もの或は病死いたし候もの前年改後出来候ハヽ人別相除、翌年人別帳ゟ差加其段改書いたし可差出候、

一永尋之者有之候ハバ、外書ニいたし年々差出可申候、

一村役人相勤候もの名前届書ニ役名相認何之何年ゟ村役人相勤候趣改書いたし差出可申候、

一養子并女房は何国何郡何村誰倅・弟・妹・娘記ニ而何ヶ年以前縁付参り候趣改書いたし可差出候、
一幼少又は父母相果女子ニ而親類身寄之もの方ニ同席いたし居候分は何村誰方ニ罷在候改書いたし差出候、
一夫病死いたし女房名前ニ相成候ハバ誰後家、父母病死いたし娘名前ニ相成候ハバ、誰跡之肩書ニ相認可差出候、
一平日農業不致酒造又は商人職人一ト通り之ものは名前之肩書江其名目相認、且農業の外ニ右名目内渡世いたし候もの有之候ハハ、農業之間何々いたし罷在候与是又名前之肩書ニいたし可差出候、
一牛馬是迄寄セ斗リニ認差出以来ハ壱人別ニ相認可差出候、
一名前并年齢之儀毎度相違有之候間、当人江聊与相尋文字違等無之様取調、印形之儀前年人別帳江突合候得は、相違致与候、村方も有之候間以来印形改リ候ハバ、其段、名前之下江下ヶ札いたし可差出候、
一他方出稼之もの人別改之節は立帰リ可申処、中ニは三四年茂不立帰稼、先ニ而悪事いたし吟味請候節ニ至り後悔いたし候、村方も可有之尋□村役人共調方等閑故与相聞候間以来ハ急度申渡人別改之節不立帰候ハバ、早々訴出可請差図候、
一寺院山伏社人之類人別帳前文之通、相心得宗旨は勿論本寺并本所之名前社号等迄相認神道葬祭等ニ而は別証文を以、差出候分是又前同様巨細取調可差出候、
但、穢多非人共本文ニ准取調人別帳之儀帳面ニいたし可差出候、
右之通人別改之儀申渡候間、来己年ゟ壱人別吟味致取調宗門帳五人組帳家数人別増減差引帳とも毎年正月晦日限無相違差出可申候、尤、認方別紙案紙相渡候間、右振合之通り相心得会得いたし兼候廉有之候ハバ、可申出若等閑ニ致し差出候ハハ急度沙汰可及候間、心得違無之様可致候、
辰十月

右之通被　仰渡承知奉畏候、依之、御請印形差上申候処如件、
天保十五辰年十月(14)

① 近年、宗門人別改めが等閑になっている。詳細な調査を昨年申し付けたが、また今年の正月にも申し渡す次第である。村役人たちが怠惰であり宗門改めが行き届いておらず次のように取調べを行うことを申し渡すものである。

② 倅や弟が分家した場合、父兄の家の人数へ加えること。また他家より来て居住する場合は百姓株を立てず、家の人数に加える村がある。このようなことがあってはならない、父親から分かれて分家した場合はそれ以後一軒前として心得るべきである。

③ 他家抱（奉公人）としての同居ではなく、別に小屋で暮らす者は五人組として百姓であるものと心得て、名前の肩書に誰家の抱であると記すように。

④ 下女・下男については召抱えた家の人数に加えない村もある。私領の村々または他村の者でも奉公中は召抱えた者を人数に加えるようにすべきである。たとえ一年間の奉公でも先方より話し合い送書を取り、人別に加えるように、また送り出す村では人別から除くようにし、帰村次第再び人別に加えるようにすること。

⑤ 人別に加わった村に居住せず、他村へ引き移った者は早々に元の居村へ戻るように。仮にその村に居住するならば先方の村役人と話し合ってその村の人別に加え、元の村の人別から除くように。但し、幕府領から私領へ一家ごと引っ越す場合、人別は幕府領の方へ在帳させること、右の趣旨を聞いてそのような場合は早く戻すようにする。

⑥ 他より嫁いで来て、そこに居住する場合、出生国が判明し身元が明らかな者ならば人別に加え入れ、一人でも

宗門改帳から外す場合は届け出ること。

⑦ 出生した男女をはじめとして婿養子あるいは縁付、離縁して帰村しり者は前年、宗門改め後人別から除き、翌年の人別帳から加えたものを提出するように。

⑧ 縁付、欠落により宗門改帳から除かれる者、あるいは病死した者は前年の宗門改め後人別帳から除き、翌年人別帳に書き加え提出するように。

⑨ 永尋の者がいたならば、外書にし、毎年提出するように。

⑩ 村役人の者は名前届書きに役名を認め、何年より村役人を勤めたのかを書き提出するように。

⑪ 養子ならびに女房は何国何郡何村誰倅・弟・妹・娘と記し、何年前から居住しているのかを書いて提出するように。

⑫ 幼少で、父母が死亡するなどして親類に身を寄せる者は何村誰方の居住しているのかを書いて提出するように。

⑬ 夫が病死し女房名前になれば、誰後家と、父母病死し娘名前になったならば、誰跡という肩書きを記し提出するように。

⑭ 日頃、農業を致さず酒造または商人・職人として活動している者は名前の肩書きにその名目を記し、農間余業があるならば同様にその肩書きを入れ提出するように。

⑮ 牛馬については合計の数ではなく、家別に所有状況を記し提出するように。

⑯ 名前ならびに年齢については毎回間違いがあるので当人に尋ね文字間違いなど無く調べるように。印形を行う場合は前年の人別帳と付け合せると間違いがあるだろう。そのような間違いがあるならば村方で印形を改め、名前の下に下げ札いたし提出するように。

⑰ 他方へ出稼の者、人別改めの折は帰村するように申し出ているが、なかには三、四年も戻らず先方にて悪事を

致し吟味をうけることになり後悔している村もある。村役人たちの怠惰が原因であると聞いている。以来は必ず人別改めにおいて帰らなければ、早々に訴えるように指示しなさい。

⑱寺院・山伏・社人においては人別帳前文のように宗旨は当然、本寺ならびに本所の名前社号まで記し、神道葬祭などは別に証文をもって提出する分は以前と同様に詳細な調査を行うように。穢多・非人ともこれに准じ人別帳を作成し提出すること。

長文ではあるが史料の条文とその内容を記した。法令の大筋としては宗門改帳の記載の徹底を行うように通達されている。確かに、五馬市村の宗門改帳では、史料四が通達された直後の弘化期の宗門改帳から、これまでの文化・文政期と異なる詳細な記載形式となっている。その様子として史料五の弘化五年の宗門改帳の記載方法と史料三とを比較してほしい。また弘化二年には「宗門人別一切下調帳」という村の人数の増減などを詳細に記した冊子が作成されるなど、天保末期の法令に即した形式で弘化年間において日田役所は支配地の村々に対して村内の人別の動向を詳細に把握させようとして史料四を発令した。

史料五

一持高拾石壱斗壱升六合　西本願寺流　豊後国玖珠郡満徳寺末　専称寺住持　蜜賢

蜜賢　七拾歳　真宗専称寺

是は文政八酉年ゟ住職仕候

坊守　ゑし　五拾六歳　同寺内

是は同郡桜竹村新三郎妹三拾三ケ年已前縁付参申候

新発意勝信　三拾六　　同寺内
坊守　むつ　三拾六歳　同寺内
　是は同郡桜竹村新三郎姪六ケ年已前縁付参申候
厄介　とき　拾弐歳　　同寺内
　是は同村藤兵衛娘七ヶ年已前厄介相成申候
厄介　佐平　三拾四　当年新兵衛ゟ入
同　　ゑと　廿三
同　　ゑつ　二才
同　　やつ　十四才(15)

そうすると、天保十五年の宗門改帳に厄介の記載が突然に出現したのは記載上の問題であって、おそらく厄介と記載されるような村人は以前より村内に存在していたのではないか。このような申し渡しが出された際、宗門改帳の記載を正式に改めようとしたものの、家のなかで史料四の法令に該当する呼び名、続柄が該当しないことから、厄介と記したのではないか。さらに弘化二年正月には「諸国掛合留」なる冊子が作成されている。その冒頭箇所を史料六として紹介する。

史料六
　新城村掛合状留
以手紙得御意候、然は宗門人別帳御取調ニ付、村方相糺候処、御村人別之もの当村内被仰居いたし候もの共江

元居村之方江早々引取様申聞候得共、何分元居村江難立退当村内被仰居渡度段申出候間、御村人別相除送書付御遣シ可被下候者を以、速人別帳下書差出候、御改請候様会所ゟ申来候間、即刻送状御遣可下候、右之段以書中如斯御座候、以上、
十二月廿三日　五馬市信作様　新城彦左衛門
御留守　組頭中(16)

史料では五馬市村の隣村である新城村に対し五馬市村を他出して小屋などで住居している者へ帰村を促し、村の人別に加わる旨を新城村の村役人に申し出ている。この時期宗門改帳に記載されてはいるものの村外に出ている者もおり、村内外で公的書類には現れない者が多数存在していたのではないか。つまり以前より村内には厄介と呼ばれる存在の村人が暮らしていたが、その存在は宗門改帳には記載されることはなかった。しかし天保末期における人別の徹底により村社会において厄介のような村人が存在することが明らかとなったのではないか。では、厄介と呼ばれる村人とは村社会においてどのような存在であったのか、その点を厄介の動向を追いながら検討していきたい。

第三節 「厄介」のその後

前節では天保末期~弘化期にかけて、日田郡における宗門改帳作成の記載形式を詳細に変更する法令によって厄介の存在が明らかとなった。しかし、厄介と呼ばれた人々は天保期以前においても村内に居たことも示唆でき、厄介が村に居る意味が問われるだろう。そこで本節では、五馬市村における厄介の動向を考察していきたい。

（二）「厄介」佐平と村社会

嘉永二年の宗門改帳には専称寺には厄介が四名存在している。佐平、「ゑと」、「ゑつ」、「やつ」である。佐平は厄介となる以前、弘化四年には村内の新兵衛家の養子として一旦入村している。弘化四年の宗門改帳の新兵衛家において、佐平は二男と表記され、「是ハ同郡求来里村兵右衛門倅壱ヶ年已前養子参申候、」[17]とある。また、「ゑと」は五馬市村の「喜兵衛」の娘であったが、弘化二年において専称寺の厄介となっている。その後、弘化四年の宗門改帳では新兵衛家に娘として記載されていたが、「是ハ同村専称寺厄介去年御改後縁付参申候、」と記載され嘉永二年の段階では、専称寺の厄介として記載されていた。

佐平は他村から、「ゑと」は村内から、五馬市村の新兵衛家に一旦入家したものの、嘉永二年において二人とも専称寺の厄介となる。その後、専称寺の厄介として数年過ごした後、嘉永四年の宗門改帳には佐平、「ゑと」、「ゑつ」が「宇土組ニ新門立」[18]との記載があり、村内の村組である宇土組へ新たに加入している。その様子は嘉永四年の宗門改帳から確認され、貼紙ながら新たに佐平家に加わっていることが史料七から確認できる。

史料七

当子新門
一人数三人内男壱人
女弐人
此訳
佐平　三十六
女房　ゑと　三十五

娘　ゑつ(19)

その後、嘉永五年の宗門改帳には、家産である持高は「八石弐斗四升三合」と記されている。このように佐平は一軒前として村社会のなかで生活を行うことになったが、何故、宇土組に新たに加入されたのか、また新たに得た持高八石余はどのように入手したのか、という疑問が浮かび上がる。この両方の疑問に対し明示できる史料はないものの、表3を参考にすると宇土組は天保・弘化期と絶家する家が続き、弘化二年の宗門改帳には仁平家が新百姓となっていることから、推測として専称寺にいた厄介を宇土組内が百姓株を補うために厄介であった佐平、「ゑと」を夫婦として新たな家を創設させ、村社会の一員としてむかえ入れることを取り決めたのではないか。

新百姓となるにあたり持高の家産を八石余得たわけだが、それはどのような経緯で得たものか全貌は分からないけれど、一つには村の物作地などが充てられた可能性もある。宇土組から新百姓の佐平に土地が譲渡された経緯があり、その史料を次に挙げる。

史料八

譲渡申田地証文之事

字こせか藪　下々免

一下田弐拾弐歩半　高六升

宮ノ後　悪地

一中田壱反武　高壱石弐斗

（中略）

合畝弐反八畝拾三歩　　合高弐石七斗六升五合
右は新百姓相立候ニ付、書面之田畑当戌ゟ永々譲渡証文之事
嘉永三戌年八月

五馬市村　　専助（印）
組合受人　久兵衛（印）
孫右衛門（印）
受人　　善平（印）
組頭　　伝兵衛（印）

同村　佐平殿(20)

史料八では新たに加わった、佐平に三石近い家産を譲渡していることが確認される。土地を譲り渡した専助とは宇土組を実質的に差配する儀左衛門の父親である。確かに、嘉永三年において儀左衛門家の持高は十三石六斗七升四合であったが、その後、嘉永五年では十石二斗八升六合と減少している。ただ、その譲渡した土地は「下々免」や「悪地」であったことは、儀右衛門家としても家産のなかでどの土地を譲渡するか選択していたことは見過ごせない。このように他村からやって来て一旦専称寺の厄介となった佐平たちは、そこで家族となり新たに宇土組にむかえ入れられて村社会で百姓として生活をすることになった。まさに、村社会のなかの互助機能として捉えることができ、寺院が斡旋し厄介という立場から新たな家を創設させ、責任ある立場へと導いている。

表3　宇土組における家数の推移

筆頭人名	天保8	天保12	弘化2	嘉永3	嘉永5
忠左衛門	11.371石	14.111石	忠左衛門 14.111石	久兵衛 14.746石	久兵衛 15.946石
伊右衛門	12.646石	13.372石	13.346石	伊右衛門 12.426石	伊右衛門 12.426石
孫右衛門	10.757石	5.36石	10.06石	10.433石	10.113石
あさ	0	0.45石	0	0	0
民蔵	2.74石	初太郎0	絶家→万々金村（他出）		
忠右衛門	0	絶家			
喜兵衛	15.106石	吉兵衛 19.466石	13.236石	13.326石	12.394石
三右衛門	5.932石	9.735石	7.382石	6.222石	4.682石
太七	3.388石	6.986石	7.86石	8.073石	8.994石
丈八	10.015石	11.983石	儀右衛門 11.43石	13.674石	10.　286石
佐四郎	5.675石	2.975石	7.214石	官平 7.69石	7.69石
源兵衛	8.93石	7.96石	7.46石	6.83石	9.348石
			仁平6.74石（新百姓）	3.9石	3.91石 佐平8.234石（新百姓）

注）天保8・12、弘化2、嘉永3・5年の「宗門改帳」を参考に作成。天保8、嘉永3・5年は（『五馬市村文書』）、天保12、弘化2年は（『五馬市村森家文書』）。

（二）「厄介」のその後

これまでは専称寺の厄介となり、その後に五馬市村の百姓となった事例を見てきたが、おそらくこのように、厄介となりながらも多くの家産を所持し百姓として暮らしていける事例は稀であったと思われる。他にも専称寺や各家の厄介となった者のその後どうなったのか、本項ではその点を見ていきたい。

まず専称寺内の厄介についてみてきたい。「とき」は、村内の藤兵衛の娘であったが弘化三年～四年の間に専称寺の厄介となっている。その後は嘉永五年に近隣の赤岩村へ縁付として他出している。また、「やつ」はどこから来たのは不明であるが、嘉永二年に厄介となり、嘉永七年に赤岩村へ養子として送り出されている。「なつ」のように専称寺内に一旦入るも再び忠兵衛家に戻る場合もある。専称寺に嘉永三年に厄介となった弥助の場合は、嘉永二年の宗門改帳に「嘉永三戌正月十四日右往主密賢殿ヲ以申出候間加入致候」とあり、弥助が専称寺の厄介となった背景には専称寺の住職の密賢からの申し出があり、寺院から厄介の受け入れを働きかけていたことが確認できる。

その他に各家の厄介の者たちも多くは村外に他出している。忠兵衛家の厄介伸吉は嘉永四年に隣村の新城村・四右衛門へ入り婿として他出、伊平家の厄介三代吉は嘉永二年に万々金村の善右衛門家へ縁付し村を離れている。庄屋家の厄介銀吉は嘉永六年に出口村へ送り出されている。また専称寺においても文政期に住職が交代した際、前住職の倅であった、堯寛は赤岩村の玉泉方へ養子とあり、他の数名の厄介も赤岩村の方へ縁付や養子として送りだされるなど、専称寺を通して赤岩村との交流が存在していたのではないだろうか。赤岩村には浄光寺という寺院があり、おそらく近世後期には五馬市村の専称寺との間で交流があり、その関係を通じて厄介を受け入れたり送り出したりという人的な融通も行われたものと思われる。

新たに家を立てた佐平であるが村社会のなかで地縁的関係を築き上げていたのだろうか。嘉永四年に新たに五馬市村の一員となった佐平は幕末期の質地契約で、「頼母子講引当証文之事」において同じ村組の三右衛門へ貸付を行っている事実が確認された。「頼母子講引当証文之事」では村内で行われている頼母子講による鬮当たりの金銭を代金として渡し、田畑を引当とする質地契約である。

史料九

頼母講引当証文之事

一、拾九文銭壱貫三百四拾目
　　此引当
字本その　　本地
一上畑三畝廿五歩　　高四斗六升

右は当春座鬮当ニ付、終座迄壱ヶ年ニ六拾九文ツツ両度

元治二丑年二月

本主
三右衛門

頼母子組合
久兵衛（印）
（半印）
伊右衛門（印）
喜兵衛（印）
喜七（印）

組頭
源兵衛（印）

佐平殿
御連中(21)

史料にあるように質入主である三右衛門は自家の畑を質に出し、佐平と契約を結んでいる。頼母子講による質地契約については第九章で確認した通りであり、近世後期、特に幕末期の「七番　裏印鑑帳」には「頼母講引当証文」なる題目での質地証文が数多く出現しており村内において幾つかの頼母子講が存在している。そのなかで佐平は貸付を行っており厄介であった佐平は村組及び村において、一軒前の家と宗門改帳等の公的書類では認められ、さらには地縁的な関係を深めることにより強い社会的な関係を築き上げていたと思われる。ただ、佐平のような事例は例外的で多くの厄介は数年間村に留まり、時期をみて他村へ入婿・縁付として他出していた。

おわりに

天保末期の日田役所の法令により、従来曖昧にされていた村人の存在が明らかなった。その村人は法令の規定に当てはまらなかったため厄介と記載されるようになる。近世後期において宗門人別の記載内容の厳密さが若干弛緩していることは史料六に挙げた「諸国掛合留」からも明らかである。つまり専称寺などには天保期以前においても、宗門改帳に記載されないいわゆる厄介と呼ばれる村人は存在していただろう。公的文書に記載された厄介は、他村から養子や縁付で入村したものの、何らかの理由で、最初に属した家から離れ、多くは寺院内に留まっている。このような村人の多くは他村から入村しており、おそらく絶家などにより村から離れなければならなかったのではないか。実際に五馬市村において絶家となれば、宗門改帳から帳外となる場合が多い。

また本章でみた佐平のように専称寺で厄介となりつつも、五馬市村で新たな一軒前の百姓として暮らしていく者もいた。天保期以前においても、絶家によって減じた百姓株を補う形で新たな百姓家が入村しており、宇土組の仁平なども新百姓として一軒前となっているが、おそらく数年間は村内に留まっていたのではないか。そのような百姓成立の予備的存在としても村社会のなかに厄介は逗留している。それが天保末期の法令によって表面化したと考える。

ただし多くの厄介は専称寺に留まりつつも機会を見計らって村外へ養子や縁付として他出する者や一部、「とめ」「みつ」「なつ」などは専称寺内の厄介から庄屋家などに移っている。村内には寺院以外に比較的経営状況のよい家にも厄介がおり、厄介と表記される者のなかには甥や姪などの親類もいたが、経営規模の大きな家で一旦労働を行いながら必要とされる家に入っていったのではないか。特に専称寺などは率先して、そのような厄介を他村へ送るような役割を果たしており、本章で確認される事例では、専称寺となんらかの交流がある赤岩村に多くの厄介を送っている。

厄介と村の寺院という視点から問題を設定してきたが、当然ながら村に所在する寺院には、村内の揉め事の仲裁や入寺慣行という特殊な役割があることは従来から指摘されている。そのほかに本章では村社会における百姓成立において、第九章の補論として五馬市村における互助機能の一つとして、寺院を中心とした厄介の動向から問題を検討してきた。第八章における独り身家をめぐる問題では多くの独り身が村から消えており、そのような者の多くはおそらく他村において本章における厄介的存在となっていたのではないか。村社会は周辺の村とも連携し、そのような村人を循環させ、必要となれば佐平のように新たな百姓として村で暮らす者もいたであろう。多くの厄介は数年間村社会に留まりながら受け入れ先を探していたのではないか。その一旦の受け入れ先として寺院があり、寺院は何らかの理由が発生し自村で行き場のなくなった村人を救済しつつ、再び百姓として再出発を援助したり、どこかの家の養子や女房へと導く手助けをしたりと、村内外に再び送り出す役割を担っていた。

〔注〕

（1）齋藤悦正①「村落秩序と村秩序―下野国河内郡高松村を例として―」『史料館研究紀要』第三四号、二〇〇三年。齋藤悦正②「近世村社会の『公』と寺院」『歴史学評論』五八七、一九九九年。

（2）佐藤孝之『駆込寺と村社会』吉川弘文館、二〇〇六年。

（3）『天瀬町誌』天瀬町教育委員会、一九八六年。なお、五馬市村の宗門改帳等の史料で確認できる歴代の専称寺の住持は以下の通りである（堯寛―皆乗―密賢―勝信―法渓）。

（4）「享保十年五馬市村村明細帳」（『五馬市村文書』別府大学附属博物館所蔵）。

（5）前掲（注3）参考。

（6）例えば、出火による入寺慣行では、次の史料が確認される。

乍恐入書付御届奉申上候（『五馬市村文書』）

（中略）

右は昨十一日四ツ時頃、小右衛門灰屋かき灰ゟ火起候ニ付、居村は勿論近村ゟ茂早速駆付、相防候へ共、折節風強く何分難消留書面之家数焼失仕候、尤、御高札場郷御蔵元無難其外人畜之怪我怪敷風聞等無御座、火元小右衛門は早速入寺仕相慎罷在候、依之此段以書付御届奉申上候、以上、

子十二月十二日

右村百姓代　卯右衛門
組頭　逸右衛門
庄屋　信作

日田御役所

御見分無御座候事

（7）これまで内済に関し専称寺が奥印し仲裁する文書が確認される。本書においては第六章の村組での史料十一では専称寺が幕末期に村組を離れた者を元の村組戻るための文書において仲裁役を果たしている。

（8）「文政六年宗門改帳」（『五馬市村文書』別府大学附属博物館所蔵）。

（9）「品々書上扣帳」（『五馬市村文書』別府大学附属博物館所蔵）。

（10）「天保六年宗門改帳」（『五馬市村文書』別府大学附属博物館所蔵）。

（11）比較家族史学会編『事典家族』弘文堂、一九九六年。

（12）大藤修『近世農民と家・村・国家』吉川弘文館、一九九七年。

（13）宗門改帳で「厄介」は筆頭人との続柄の記載箇所において記されている。ここではいr地例として嘉永四年（『五馬市村文書』別府大学附属博物館所蔵）の五馬市村宗門改帳を掲載した。

持高拾石五斗九升九合　勝信

一、人数七人内　男弐人
　　　　　　　　女五人
　　　　　此訳
　　　　　勝信　四十二　専称寺住持
坊守　　　むつ　四十二
母　　　　ゑし　六十二

厄介　みつ　二才
厄介　とき　十八　真宗専称寺内
同　　やつ　十九
（半印　嘉永七寅年四月送り出候赤岩村門入
同　　弥助　五十九

(14)「申渡」（『五馬市村文書』別府大学附属博物館所蔵）。
(15)「弘化五年宗門改帳」（『五馬市村文書』別府大学附属博物館所蔵）。
(16)「諸国掛合留」（『五馬市村森家文書』大分県立先哲史料館所蔵）。
(17)「弘化四年　宗門改帳」（『五馬市村森家文書』大分県立先哲史料館所蔵）。
(18)「嘉永四年宗門改帳」（『五馬市村文書』別府大学附属博物館所蔵）。
(19)「嘉永四年宗門改帳」（『五馬市村文書』別府大学附属博物館所蔵）。
(20)「譲渡申田地証文之事」（『五馬市村文書』別府大学附属博物館所蔵）。
(21)「頼母子講引当証文之事」（『五馬市村文書』別府大学附属博物館所蔵）。

本書のおわりに

本書は「近世村社会の変容」と題し、豊後国日田郡五馬市村《いつまいちむら》を対象として近世後期から近代へと一つの村社会が変容していく姿を村社会の実態の把握とともに地域・家の動向から分析したものである。そこで本書を閉じるにあたり、明らかになった点や今後明らかにしていく点について示していきたい。

本書は村社会の変容を検討するにあたり四つの視点を設定し三部構成とした。第一部では「日田郡地域社会と村社会」として、村社会に変容をもたらす要因について考えると、一つには村社会と結びついている地域との関係があると考えた。地域とは概念であり、そこで生活する人々が共通の認識をするもので、その地域は行政的組織として発足するにせよ、社会的関係の延長として生活する人々が認識するにせよ、村社会のあり方に大きく影響を及ぼすものである。五馬市村という一つの村社会が地域の範囲として認識され、影響を与えたり影響を受けたりする範囲の最大は日田郡であると考え、日田郡に属する五馬市村の村社会の変容を検討するにあたり、日田郡が行政組織として設定した筋に着眼した。日田郡全体で九筋が設定され、筋は郡の行政的組織であり、その筋は近世期以前より存在した地域のまとまりを基軸に近世期に設定されたもので、日田郡の地域性について筋を分析し、そこに属する五馬市村との関係を示すことにした。

第一章においては日田郡の行政的組織としての地域性を確認するため日田郡行政組織における筋の機能と筋代の活動から日田郡役所―会所―筋代（筋）という組織のもとで郡行政が行われる様子を分析していった。筋は郡を便宜的に支配上するための組織として機能し、各村の庄屋は行政官僚としての顔も持ち合わせていることが確認できた。また第二章の筋と地域との関係では、日田郡で設定された九つの筋は近世期にはじめて組織されたものではなく、筋は中世期において信仰圏として存在していた地域のまとまりを基軸に編成されたものであることを指摘した。

五馬市村が属する奥五馬筋の七ケ村や口五馬筋六ケ村は中世〜近世初期において五馬庄と呼ばれており、近世期において口・奥五馬筋に分かれたものの、祭礼等においては両村で開催しており五馬庄という人々の地域の認識は近世期より以前において培われたものであった。また第三章では行政組織としての筋が日田郡における地域的単位として活動していたことを指摘した。行政機能として設定された筋が幕末期には訴願の単位としてまとまり、奥五馬筋では自らの筋内の利益を最優先として人々は奥五馬筋という地域認識のもと、地域楮皮販売自由化をめぐり役所と対立する場面もあった。

特に第一部では村社会の変容の外的要因である地域の状況を示していった。一つの村社会の変容を検討するためには村社会と結びついている地域の状況を把握しなければならず、日田郡各地に設定された筋の動向を見ると行政的組織として、また筋単位の地域としての活動が行われている。筋さらには近世初期の地域的まとまりは結果として日田郡＝日田市と今日の行政単位と近いものとなり、人々の地域認識の歴史や伝統を感じることができる。また一方で日田郡における地域性として日田郡下の村々の兼帯庄屋の割合の多さも目を引くものである。幕末期に半数近い村の庄屋が不在という、兼帯庄屋という現象は日田郡全体に関わる問題であると同時に一村における村運営の様子を知るために不可欠であろう。そのことは今後における課題の一つとして、明治維新における村社会の状況のなかで、明治初期に発生した日田県竹槍一揆との関係性を考えなければならない。奇しくも五馬市村が騒動の発端であり、多くの庄屋家が打ちこわしの対象となった一揆の背景として、著者は兼帯庄屋が多く在村化しづらく、庄屋が郡行政の官僚化として在地社会との意識の乖離が存在したのではないかと思う。この点は兼帯庄屋がこれ程多いという地域性の問題とともに個別の村社会のなかでも更なる検討を要する問題である。

次いで本書第二部では「村請制村にみる村社会の実態」として村社会の変容を村請制下における村の運営状況や村内の社会的関係から検討していった。近世後期において村社会はどのように変容していたのか、そのことを分析するためには村社会の実態を探る必要がある。村を年貢納入の対象で、支配者の視点として村を見るのではなく、社会として横の繋がりや村人による社会的関係から村の運営を考えていくことで村社会の変容を明らかにした。

先述したように村の運営において日田郡では近世期に多くの村で庄屋不在のまま他村の庄屋による兼帯庄屋が見られるなか五馬市村においても長年兼帯庄屋が続いていたが寛政期に百余年ぶりに庄屋が入村する。まさに庄屋入村が村社会の変容の契機となった。第五章では近世後期の庄屋入村から幕末期まで村社会における庄屋の在村化の様子を検討していったが、特に天保期の庄屋就任に対し一部組頭からの異論など庄屋の在村化を阻害する要因であり、庄屋家が経営規模の拡大や村政の主導権を持つことは難しい状況にあった。この天保期の庄屋就任をめぐる異論は組頭たちの貯穀持ち出し事件へと続き村内の組頭の数やバランスは崩れ、従来組頭による合議制で村政を進めてきたなかで庄屋の入村は社会に大きな変容をもたらした。そのため庄屋の在村化に対し一部村内から反発を招いた。ただし庄屋が在村に基盤を持ちにくい状況であっても、庄屋は筋の惣代的な役割を果たしており、郡行政を担う官吏として会所組織と一体となることで村内における指導力を保持しようとしていたのではないか。

また村社会での社会的関係において第六章では村内に枝郷を軸とした村組と呼ばれる小集落について検討した。この村組は村内に複数点在しており、村組は「村のなかの村」として村組内部における「組社会」を踏まえることで村社会の実態にせまった。特に村の運営において庄屋の動向とともに村組がはたした役割は大きい。土地の移動や貢納においては村組の意向が強く、村社会において村組による互助機能の有無が家の存亡にも直結する。近世後期の五馬市村における村運営では庄屋が各村組を差配するわけではなく、村組の意向を尊重し調整していくことが重要であり、天保期以降、庄屋信作の代になると村社会は大きく動揺していく。庄屋家自体が経営を縮小させるなか村組の惣代、組惣代が頻繁に内済文書などの奥書に署名しており、村組を代表する惣代が村内の秩序維持にも務めていた。殆どの村組には一名の組頭が就いているが、組頭自体も村内において決して経営規模が大きいわけではなく、五馬市村において小前惣代をはたすべく百姓代も組頭に準ずる役割の要素が強く、幕末期における村運営では庄屋・組頭・組惣代の微妙なバランスによって村社会は成り立っていた。

村社会は他村との関係においても様々な社会的関係の形成によって大きく変容していく。第四章では隣村間との間で形成される社会的関係をみていき、村社会が外的要因によって変容する様子を隣村との関係から検討していった。隣村との関係では村対村という構図のみではなく、様々な社会的関係によって両村のなかを縦断するような社会集団が誕生し、そこからも村社会は変容していく。本書では五馬市村と関係の深い隣村の新城村を事例に、両村での馬借役をめぐる社会集団の誕生、それに伴い他村への居住による人別の登録をめぐる宗門改めの問題などが両村に起きている。また嘉永期には庄屋信作が新城村の庄屋を兼帯するなど、村社会における地域との結びきは第四章のような隣村間における社会的関係の形成から徐々に生まれてくるものであろう。

第三部「百姓成立からみる村社会の変容」では家や家族の問題に注目した。これまで村社会の変容を地域や村運営から検討してきたなかで、村社会における家や家族の微細な変化を取上げ、そのような変化こそが村社会の変容の兆候だと考えた。そして、その変容とは従来の規範から逸脱した現象である。近世後期を通して五馬市村は家数を百軒前後と推移させていくが、その背景には女性相続や独り身家という村請制村の危機的な状況をむかえていくなかで、村社会はそれでも家の存続のための百姓成立として、家の経営を維持していくために村組を中心に融通策を講じている。

第七章では女性相続によって村社会には女性筆頭人が複数存在したことを紹介し、村社会における役割のなかで中継相続人であろうとも彼女たちが村社会のなかでどのようにして生活を行っていたのか、そのことを考えることで社会の実態や変容を見ていこうとした。また第八章では絶家と隣り合わせの独り身家を取り上げ、独り身家の多くが数年で村から姿を消していることから、村社会における互助も一定の限度があり、百姓成立が困難であると判断されると村社会から切り離されている。そのなかで親類などの互助によって独り身を脱した事例を紹介したが、最終的に村社会は経営規模の大小はあるにせよ、百姓として家を維持できるかできないか、そのことを村社会で生活するための条件としていた。ただし、第九章の伝六家のように家の経営規模を遙かに超える借入があっても、庄屋や村組が一体となり伝六家に融通をしている事例もある。これは、その家の家格や歴史なども関係するため家の存続は村社会独自の判断となる。結局、伝六家は経営破綻するわけだが独り身家の場合とは異なりその後、村から消えることなく村社会には留まれている。また質地契約なども各家の経営を互助していくための融通的な契約もあり、村は質地契約によっても独自の世界を形成し、一定の融通策によって経営を援助し社会の繋がりを深めていく。

村社会の変容とは従来の村請制村として村を運営していくために生じる社会の変化であって、領主に提出する宗門改帳や村明細帳などの公的な書類と実態の村社会とは若干異なっているのではないか。その象徴として第九章補論でみた「厄介」はまさに近世期を通し宗門改帳などに記載されない村人が村社会のなかに存在していたことをほのめかすもので、村で作成する公的文書、幕府が想定する村請制村と村社会の実態とが近世期において徐々に乖離していたのではないか。その乖離こそが村社会の変容であり、村社会は地域の影響や村運営を通して変容していくものの、変容は村請制を維持するための現象なのである。

本書は近世後期における変容の過程を論じたもので、近世後期から近代にむかい明治維新によって村社会は更に変容していく。そのため今後は変容の姿を追い明治期における村社会の変容を分析することが課題であると認識している。明治維新とその後の村社会はいかなる変容を見せるのか、また大きく世の中が変革するなかで村社会の繋がりは残るのであろうか、変容の「その後」を分析することを課題として今後も検討を重ねていきたい。

あとがき

本書『近世村落社会の変容―微視《ミクロ》の村落史―』は二〇〇五年度に専修大学へ提出した博士論文とその後の研究成果を加えたものである。博士論文の審査にあたって主査の青木美智男先生、副査をお願いした新井勝紘先生、深谷克己先生には深く感謝申し上げます。次いで本書のもとになった拙稿の初出を記す。旧稿を本書に収めるにあたって気づいた誤記・誤植などの訂正、体裁の統一などのために若干の手入れを行った。


序章　新稿。

第一章「近世後期における豊後国日田郡会所と村社会」（菅原憲二編『記録史料と日本近世社会』二〇一〇年）。

第二章　新稿。

第三章「近世後期、豊後国日田郡における楮皮販売と地域社会」（『ゆけむり史学』第四号、二〇一〇年）。

第四章「近世後期、隣村間にみる地域社会の形成過程」（『専修史学』第四七号、二〇〇九年）。

第五章　新稿。

第六章「近世後期、村組と村社会の変容」（『専修史学』第三九号、二〇〇五年）の一部を改稿。

第七章「女性筆頭人にみる村社会の変容」（青木美智男編『日本近世社会の形成と変容の諸相』ゆまに書房、二〇〇七年）。

第八章「近世後期、幕領村落における村の独り身対策について」（青木美智男編『文政・天保期の史料と研究』ゆまに書房、二〇〇五年）。

第九章　新稿。

（第九章補論）新稿。

「鉄の街」北九州市の八幡で生まれ、大学・大学院博士前期課程は「湯の街」大分県別府市で過ごし、その後、博士後期課程進学のため上京、現在は「彫刻の街」山口県宇部市で暮らしている。凡そ一〇年の研究を一書にまとめるにあたり思うことは、これまで多くの方々との「出会い」があり、今日の自分があるのだと改めて実感している。

別府大学では後藤重巳先生に古文書を習い、江戸時代の農村の世界を知ることができた。後藤先生には拙い卒業論文・修士論文の指導・主査をお願いし感謝申し上げます。大学院博士前期課程に進学してからは院生研究室と同じ大学院棟に研究室のあった中世史の田村憲美先生と親しくさせていただき、先生の演習にも参加した。また別府大学大学院では、毎日院生研究室で同輩の東洋史専攻の津坂貢政さん、西洋史専攻の黒木敏弘さんと共に過ごした。彼らとは時に議論し（研究の話以外でも）、よく酒も飲んだ。そうしてお互い他分野の研究の話を聞くなかで、院生全員が参加する研究会を作ってみてはどうかという話となり、二〇〇〇年の十二月に院生研究報告会（現「湯けむり史学会」）が誕生した（その経緯については『千葉史学』第五十八号の「歴史随想」において紹介している）。とにかく別府大学大学院では彼らと多くの時間を共有し、刺激を受けた。そうして、さらなる進学を考えたものの自身の実力不足によって一年間浪人をすることになる。

一年間、研究生として過ごすなかで進学・研究に迷っていた私に、毎年集中講義に来られていた佐藤和彦先生が専修大学大学院の博士後期課程への試験をすすめてくださった。佐藤先生には幾度となく励まされ、別府観光や温泉などご一緒したことを思い出す。二〇〇六年、急逝されたことが本当に残念でたまらない。

二〇〇三年、私は幸運にも専修大学大学院の博士後期課程に進学することが出来た。指導教授、青木美智男先生との出会いである。歴研大会などの学会でお見かけした青木先生は、正直こちらから声をかけづらい雰囲気にある先生で、まさか自分がその青木先生に指導を受けるとは…。しかし、先生は優しかった。この私に辛抱強く指導してくださった。力不足の私には厳しく接することができなかったのではないか。ゼミが終わると向ヶ丘遊園の駅前の居酒屋で、青木ゼミ第二部がはじまる。そこでの学問の話も刺激的だったが、たまに話す先生自身の体験談や雑談などもためになった。青木ゼミの諸先輩にもいろいろお世話になった。特に西沢美穂子さん、小林風さんには優しくしていただき感謝している。他のゼミの方々とも分野を超えて親交を深めることができた。日本近代史専攻の後藤康行さんや近代中国史専攻の小笠原強さんとは研究者としても友人としてもお付き合いしている。さらに各ゼミの院生との研究会も行い親交が深まるなかで、その一つの成果としてスペイン史専攻の横藤田稔泰さんが音頭をとり、各分野の院生に声をかけ、完成した論文集『近代社会の諸相』が二〇〇五年に刊行できたことは喜ばしいことだ。

博士後期課程を修了し、専修大学で任期制助手や非常勤講師、埼玉県八潮市で資料館勤務を経験することができたのは、専攻以外の勉強をすることになり、研究だけでなく物事の考え方の視野を広げることができた。三年半勤務した埼玉県八潮市立資料館では公文書整理や展示など経験することができた。学芸員の髙山治さんからは展示の「いろは」を教えていただくと同時に、髙山さんの行う展示作業をお手伝いしながら、展示を通して来館者に地域の歴史を知っていただく重要性を感じた。また、そこで同時期に勤務した美術史専攻の水野裕史さんからも多くのことを学んだ。

史料との出会いにも感謝している。学部の卒業論文で五馬市村の史料と出会い、これまで研究の中心を五馬市村の村社会の変容を考えてきた。村人の顔を浮かべることはできないものの、凡そ四五〇人の村人の名前や家族構成などは頭に入っている。五馬市村の史料に出会えたことに感謝したい。本書の舞台である五馬市村に関する史料は現在、別府大学附属博物館と大分県立先哲史料館に収蔵されている。史料閲覧においては別府大学の針谷武志先生、大分県立先哲史料館では平井義人館長をはじめ多くの方々にお世話になった。平井義人館長には、これまで大分県地方史研究会での部会・大会報告でもお世話になり史料閲覧で訪ねると研究の進捗状況などを聞いていただいた。また大分県地方史研究会をはじめ専修大学歴史学会、ゆけむり史学会、九州史学会や千葉歴史学会などこれまで私に報告の場を与えてくださった方々にもお礼を申しあげたい。そこでの報告がなければ本書が形になることはなかった。

私事になるが家族にむけても一言。大学院進学から現在まで、まがりなりにも研究を続けることができたのは両親のおかげである。辛抱強く温かく見守ってくれた父・修悟と母・晴子に感謝すると共に、二人の息子であることを誇りに思う。妻、殊恵には最大限の感謝を送りたい。彼女は寺院の住職として、毎日地域の方々との絆を大切にしている。彼女を尊敬するとともに、彼女の励ましによって今の自分があるのだと思う。

最後に、地味な仕事であるにもかかわらず、本書の出版を引き受けてくださった日本経済評論社の栗原哲也社長に感謝申しあげます。

二〇一二年五月二〇日

内田鉄平

【著者紹介】

内田鉄平（うちだてっぺい）

1976年　福岡県北九州市に生まれる。
2000年　別府大学文学部史学科卒業。
2002年　別府大学大学院文学研究科歴史学専攻博士前期課程修了。
2006年　専修大学大学院文学研究科歴史学専攻博士後期課程終了。博士（歴史学）。
現　在　浄土真宗浄円寺歴史事務局研究員。
主要論文：「近世後期における旅行と往来手形」西川正雄・青木美智男監修『近代社会の諸相』ゆまに書房、2005年。「近世村社会における村医者の活動」『大分県地方史』第198号、2006年。ほか

近世村社会の変容—微視《ミクロ》の村落史—

2012年7月20日　第1刷発行　定価（本体5500円＋税）

著　者　内　田　鉄　平
発行者　栗　原　哲　也

発行所　株式会社　日本経済評論社

〒101-0051　東京都千代田区神田神保町3－2
電話　03-3230-1661　FAX　03-3265-2993
info@nikkeihyo.co.jp
URL：http://www.nikkeihyo.co.jp

装幀＊徳宮　峻　印刷＊閏月社・文昇堂・製本＊高地製本

乱丁・落丁本はお取替えいたします。　Printed in Japan

ISBN 978-4-8188-2223-8　C3021

富澤一弘著
北関東地方史研究　生糸と人びとのくらし
A5判　一二〇〇〇円

生糸直輸出奨励法制定の推進者星野長太郎のこれまでの評価を検証しつつ、茨城、群馬など北関東の村々のくらしを描く。（二〇一〇年）

金原左門著
相模の美酒と福沢諭吉
四六判　三〇〇〇円

福沢諭吉はなぜ相模地方にこだわったのか。交詢社を媒介として地域の開発とリーダーの育成を提唱・指導しつつ、相模の美酒に舌づつみを打つ知られざる諭吉を描く。（二〇一〇年）

今西一著
近代日本の地域社会
四六判　二八〇〇円

社会的なマイノリティの問題を解明していくことが、歴史学の方法的な変革を迫る重要な前提である。地域史に真正面から向きあいながら新たな視座を提示。（二〇〇九年）

木村千恵子著
ある家族と村の近代
四六判　一八〇〇円

筑波山のふもとに暮らす家族の物語。茨城県の本豊田、それは祖父母、曽祖父母が生れ育った村である。明治維新から戦争の昭和を生きた農民の歴史が鮮やかに描かれる。（二〇〇六年）

原田勝正・塩崎文雄編
東京・関東大震災前後
A5判　四九〇〇円

東京の市街地拡大と鉄道網の拡張、近郊農村の変化、詩人たちと震災、永井荷風のみた下町、東京の風致地区問題など一九一〇年代から四〇年代にかけての社会的変動を多面的に考察。（一九九七年）

中条唯七郎著　青木美智男校注　中村芙美子訳
善光寺大地震を生き抜く
（現代語訳善光寺地震大変録）
A5判　四八〇〇円

信州森村の村役人・中条唯七郎が遭遇した弘化四年の善光寺大地震。その夜から絶え間なく続いた余震におびえる記録。東日本大震災の被災地に思いを重ねて訳す。（二〇一一年）

（価格は税抜）

日本経済評論社